복음은 삶을 선명하게 한다

복음은 삶을
선명하게 한다

2019년 4월 27일 1판 1쇄 발행
2019년 6월 20일 1판 5쇄 발행

지은이 | 이선일
펴낸이 | 이병일
펴낸곳 | 더메이커
전　화 | 031-973-8302
팩　스 | 0504-178-8302
이메일 | tmakerpub@hanmail.net
등　록 | 제 2015-000148호(2015년 7월 15일)

ISBN | 979-11- 87809-28-9 (03230)

괴짜 의사
Dr. Araw의
성경 강의 2

이선일 지음

τὸ εὐαγγέλιον τῆς χάριτος τοῦ Θεοῦ

복음은 삶을 선명하게 한다

더메이커

추천사

이홍남 목사, 벨국제학교 교장

누구나 한 번은 읽었으면 하는 성경 가이드북이다. 복음을 입체적으로 보게 하고 서라운드로 들리게 한다. 원어 연구와 함께 풀어낸 해박한 역사 지식과 통찰력으로 복음을 우리의 삶 가운데 다시 살아나게 한다.

'내가 어디서 왔으며, 내가 누구며. 어떻게 살아야 하는가?'를 더욱 분명하게 제시한다. 벨 현장에서 교육 이전에 세계관을 먼저 다루고 있는 이유도 복음이 잘못된 가치관 위에 서게 되면 예수님을 이용해 엉뚱한 곳에 복음을 사용하는 우를 범하게 되기 때문이다. 저자는 평생을 청년들과 함께 공동체 사역을 하면서 수많은 제자를 양육해 왔다. 지난 삶의 현장은 만만치 않았다. 살아오며 사람 때문에 많이 다치기도 했다. 내가 바로 그 목격자이다. 마음이 많이 아팠다. 그럼에도 그는 지금도 아픔의 현장에서 복음의 증인으로 살아가고 있다.

그는 단순히 복음을 제시하는 것이 아니라, 복음을 통해 '삶을 어떻게 살아야 하는가?'를 제시하고 있다. 멋진 삶을 살고 싶은가? 그렇다면 《복음은 삶을 선명하게 한다》를 읽어보라.

김범석 목사, 시드니 순복음교회

이선일 선교사님은 2010년 뉴질랜드 코스타에서 처음 뵈었습니다. 그때 저는 깜짝 놀랐습니다. 다음 세대를 향한 뚜렷하고 분명한 비전을 가진 분을 처음 보았기 때문입니다. 당시 그는 늦은 밤 10시가 지나서야 코스타 캠프장에 도착했습니다. 강사들에게 늦어서 죄송하다는 말만 남기고 곧장 청년들에게 달려갔습니다. 밤이 새도록 청년들을 상담하고 함께 아파하고 울며 기도하는 모습을 보았습니다. 가슴 뭉클한 광경이었습니다.

청년들을 미치도록 사랑하게 만드는 힘은 무엇일까요? 그를 알고 있던 다른 강사의 말에 의하면, 그는 청년들에게 시간, 물질, 달란트, 건강 등 모든 것을 투자해 온 사람이었습니다. 나는 점점 더 궁금해졌습니다. 그렇게 살아가는 그의 삶 뒤에는 무엇이 있을까? 그 후로 지금까지 교제하며 가만히 지켜보았습니다. 이제 한 가지를 깨닫게 되었습니다. 그가 가는 길은 분명하고 선명했습니다. 복음이 그가 가는 길 앞에서 끌어주고, 뒤에서 밀어주었습니다.

그는 오로지 하나님의 은혜의 복음만을 붙잡고 살아가고 있었습니다. 그런 그에게는 최우선순위로 청년들만이 보였던 것입니다. 그는 수시로 청년들에게 달려갔습니다. 오직 복음만이 청년들의 아픔과 절망을 기쁨과 소망으로 바꿀 수 있다는 확신이 있었기 때문입니다. 이선일 선교사님의 책은 단순히 지식을 담아낸 책이 아닙니다. 그의 삶을 담아낸 책입니다. 이 책을 읽는 모든 이의 삶이 선명해지기를 축원 드립니다.

김병삼 목사, 분당 만나교회

이선일 원장님은 참 놀라운 사람입니다. 저뿐만 아니라 이분을 아는 사람이라면 모두가 하나같이 그분의 열정에 놀라곤 하지요. 의사로서 병원에서 환자들을 돌보는 것만으로도 하루하루가 빠듯할 텐데, 청년과 복음에 대한 뜨거운 마음을 가지고 세계 곳곳을 누비고 있기 때문입니다.

청년들을 만나고, 올바른 신앙의 길을 안내하는 데에 그치지 않고 이제는 자신의 연구와 강의가 담긴 책까지 쓰고 있으니, 그 열정에 힘찬 박수를 보냅니다. 빛 되신 예수님을 전하는 사람으로서 Dr. Araw로 불릴 때 가장 행복하다는 그의 인생이 하나님 안에서 해처럼 빛나기를 응원합니다.

저자가 《복음은 삶을 단순하게 한다》에 이어 《복음은 삶을 선명하게 한다》를 쓴 이유는 사랑하는 청년들에게 성경을 제대로 가르치고 싶었기 때문입니다. 이 책은 말씀이 송이꿀보다 더 달다는 것을 앞서 체험한 신앙의 선배가 전해주는 성경 가이드북입니다. 오랜 기간 청년들에게 성경을 가르치며 쌓인 저자의 노하우가 이 책에 고스란히 담겨 있습니다. 특히 이전 책에서 언급했던 내용들을 좀 더 자세히 풀어간 것이 눈에 띕니다.

청년들뿐만 아니라 성경을 더 알고 싶은 모든 성도들에게 도움이 될 것입니다. 책 제목처럼 이 책을 통해 성경을 보는 눈이 더욱 선명해지고, 성경대로 살아가는 삶 또한 선명해지기를 바랍니다.

신상언 선교사, 낮은 울타리 대표

흔히 성경 공부와 복음 공부를 혼동한다. 성경 공부와 복음 공부는 다르다. 성경 공부가 성경이 어떤 책이며 누가 어떻게 썼고, 문화적 역사적 배경은 무엇이며 구조는 어떠한가 등을 배우는 데 목표를 둔다면, 복음 공부는 계시로 되어 있는 성경을 신학으로 해석하는 데 목표를 둔다.

데이비드 웰즈는 《신학 실종》이라는 책에서 현대 서구 교회의 몰락은 신학을 잃어버렸기 때문이라고 설명하고 있다.

성경 공부가 대세인 요즘에 정형외과 의사가 이런 방대한 내용을 정리할 수 있었던 비결은 복음에 대한 사랑 때문이다. 그는 복음을 지극히 사랑하는 사람이다. 왜냐하면 그는 시력을 잃어가는 중에 이 글을 썼기 때문이다.

그가 말하는 복음의 핵심은 예수 그리스도이며 예수 그리스도의 구속사이다. 은혜의 복음은 우리의 행동이 하나님과의 관계에 영향을 미칠 수 없음을 분명이 밝히고 있다. 많은 기독교인이 성경을 행동지침서 정도로 여기는 시대에, 저자는 성경을 파헤쳐 그 속에 담긴 복음의 의미를 정확히 설명하고 있다.

복음을 정확히 알면 성경적 문화관은 물론, 인생을 이끌어주는 가치관과 세계관이 정립되는 복을 얻는다. 그뿐 아니라 우선순위대로 살 수 있어 삶의 방향이 뚜렷해진다. 이 책에서 그것을 발견한다면 성공한 기독교인이라고 말할 수 있다. 복음이 사라져 가고 궤변이 난무하는 시대에 의사라는 직업을 가진 한 사람을 통해 복음을 알려주시는 주님의 사랑에 깊이 감사한다.

조창인 작가 , 《가시고기》 저자

프레임은 인식의 틀입니다. 판단과 선택의 잣대입니다. 어떤 프레임으로 세상을 바라보느냐에 따라 참과 거짓, 선과 악, 정의와 불의가 나뉩니다. 세상에는 숱한 프레임이 존재합니다. 프레임은 시대의 흐름과 개인의 성향에 따라 요동칩니다. 돌부리가 많으면 넘어지는 법입니다. 너무 많은 프레임이 우리의 삶을 뒤흔들어 혼돈 속으로 빠뜨립니다.

믿는 자의 프레임은 오직 말씀입니다. 말씀만이 세상의 허다한 프레임을 잠잠케 합니다. 말씀 안에서 삶의 복잡다단한 인식들이 간명해집니다. 복음의 중심에 섰을 때 삶은 올곧고 흔들림이 없습니다.

바로, 저자의 전작 《복음은 삶을 단순하게 한다》를 관통한 메시지였습니다. 믿음의 프레임으로 단순한 삶을 살기를 바라는 기원이었습니다. 이제, 저자는 신작 《복음은 삶을 선명하게 한다》를 통해 또 하나의 메시지를 전해줍니다.

창 너머 세상을 선명하게 바라보려면 창에 묻은 더러움부터 제거해야 합니다. 믿음의 프레임 역시 그러합니다. 어느 결에 달라붙은, 믿음을 흐리는 세상의 유혹과 허상과 누추함을 끊임없이 닦아내야 합니다. 오직 말씀 안에서, 말씀의 능력으로 가능합니다. 그때 비로소 믿음의 프레임이, 삶의 가치와 목표가 선명해집니다. 단순한 삶에서 선명한 삶으로의 진전. 저자가 독자를 향해 복음의 핵심에서 세밀한 부분까지 전해주는 이유이자, 간절한 소망일 것입니다.

선명해야 할 이유는 분별키 위함입니다. 우리는 이미 믿음의 프레임으로 삶이 간단해야 할 당위성과 만났습니다. 그것으로 끝이 아닙니다. 그 프레임의 누추함을 끊임없이 닦아내야 합니다. 그것이 저자가 기대하고 소망하는 바이리라 짐작합니다. 바로 복음으로 삶이 선명해야 할 이유입니다.

양승훈 교수, 전 밴쿠버 기독교세계관대학원 원장

본서의 가장 큰 강점이라고 한다면 저자의 열정이라고 할 수 있습니다. 저자는 의사라는 바쁜 직업을 가진 전문인으로서 보기 드물게 말씀과 복음에 대한 열정을 가진 분입니다. 그런 열정이 본서 곳곳에서 묻어나고 있습니다. 자칫 직업적인 이유를 내세우면서 말씀을 멀리할 수 있는 전문직 종사자들에게 저자는 말씀과 복음을 사랑하는 사람들이 어떻게 살아야 하는지에 대한 도전을 제시하고 있습니다.

전광식 교수, 전 고신대 총장

살면서 저자를 만난 것은 기쁨이다. 게다가 저자의 책을 만난 것은 더 큰 기쁨이다. 가일층 저자의 명저에 졸문이나마 몇 자 끄적이게 된 것은 더할 나위없는 기쁨이다. 그렇게 큰 책은 아닌데도, 다루고 있는 주제들이 다양하고 방대하여 마치 온종일 헤매도 빠져나오지 못할 거대한 숲 같다.

본인이 파악한 본서의 성격은 다음과 같다. 첫째, 서문에 드러난 대로 작은 신앙적 자서전이다. 짧은 서문이지만 저자는 과거의 뿌리와 현재의 고민을 어거스틴의 《고백록》처럼 적나라하게 적고 있다. 본문에서도 자신의 삶을 근저에서 움직였던 중요한 영적 교훈들을 드러내고 있다.

다음으로 본서는 탁월한 성경 해설서이다. 마치 경험 많은 낚시꾼답게 저자는 성경에서 월척 같은 핵심개념들과 중심 진리들을 낚아 올려 신구약 학자들처럼 해박하게 풀어낸다.

마지막으로 본서는 기독교의 다양한 주제들을 요목조목 다루고 있는 방대한 신학 전집과 방불하다. 본서에는 정경론과 삼위일체 같은 교의학의 핵심 주제들과 기독교의 내력 전체를 조감하는 교회사적 논의들이 저자의 깊은 연구와 화려한 문체로 질펀하게 펼쳐진다. 이 책은 신학을 가르치고 있는 우리 모두를 부끄럽게 한다.

양성태 목사, 태화교회

그는 항상 '오직 하나님께만 영광(Soli Deo Gloria)'이라는 말로 인사한다. 늘 예수를 전하고 복음과 십자가만을 자랑한다. 그는 선명한 복음을 전한다. 성경을 사랑하는 하나님의 사람이다. 누구에게든지 성경을 말하고 성경을 가르치고 성경을 자랑하는 성경교사이다. 그는 성경의 가르침대로 살아가는 것 말고는 참된 제자의 길이 없음을 아는 의사요, 청년사역자다. 무엇보다 성경에 대한 탁월한 통찰력을 지닌 성경교사로서 성경의 맥을 짚는다. 그는 때로는 주마간산(走馬看山)으로, 때로는 주마가편(走馬加鞭)으로 성경을 전하며 몸부림쳐 왔다.

이 책은 그런 그의 흔적에 눈을 뗄 수 없게 한다. 성경의 핵심을 골라내어 다시 불을 지펴 낸 이 책을 읽는 청년들마다 성령의 가르침을 받게 되리라 확신한다.

최영식 교수, 고신대학교 의무부총장, 복음병원 원장

예전에는 군의관으로 임관하기 전 영천 3사관학교에서 3개월간 군사훈련 과정을 거쳐야 했다. 나는 내과전문의를 취득하고 군의 22기로 훈련을 받던 중 그곳에서 독실한 신앙인, 정형외과 전문의 한 분을 만났다. 우리는 한 내무반에서 지휘자 군의관으로 함께 생활했다. 세월이 흐르며 가끔씩 '그분은 어떻게 지낼까?' 궁금했다.

3년 전, 고신의과대학 부흥회에 훌륭한 강사가 온다고 기별이 왔다. 인사를 하러 갔더니 바로 그분이었다. 우리는 25년 만에 다시 만나게 되었다. 그분이 바로 이 책의 저자인 이선일 원장이다. 그때나 지금이나 열정은 그대로였다. 성경에 해박했고 말씀 사랑은 여전했다. 또한 정기적으로 오지에 의료 선교를 해오고 있음도 알게 되었다. 더 나아가 성경교사로 청년사역자로 살아왔음을 알게 되었다. 모든 것이 감동이었다. 그는 하나님 나라 일꾼으로서 풍성한 삶을 누리고 있었다.

먼저 이선일 원장이 집필한 《복음은 삶을 단순하게 한다》를 2번 정독해 읽었다. 성경에 대한 전체 숲을 그릴 수 있었고 신학적, 역사적 지경을 넓힐 수 있었다. 뒤이어 나온 《복음은 삶을 선명하게 한다》는 성경 전체의 핵심인 복음에 대해 조목조목 이야기하고 있다. 그의 주 관심 대상인 기독 청년들이 이 책을 읽게 되면 복음의 실체(정의)와 핵심 콘텐츠를 알게 될 것이다. 아무쪼록 이 책을 통해 모든 그리스도인이 복음을 정확히 알고 복음과 십자가만 자랑하게 되길 소망한다.

동시에 올바른 가치관과 세계관이 정립된 기독 청년들이 점점 더 많아지길 기도한다. 그리하여 조국의 청년들이 한 번 인생을 질서정연하게 바른 우선순위로 살아 그들의 삶의 방향이 더 뚜렷해지길 기대한다.

황성주 박사, (주)이롬 회장, 꿈이있는교회 목사

이 책은 성경을 정형외과 의사의 예리한 시각으로 해부한 책이다. 우선 인체의 가장 중심에 있는 뼈대를 잡듯 성경 전체를 '예수-그리스도-생명'으로, 뼈와 뼈를 관절의 인대로 연결하듯 세계관을 '창조-타락-구속-

완성'으로 엮었다. 좌우 대칭인 마디마디의 관절은 6대 언약과 '6 Sola'로, 정교하고도 조화로운 근육은 '공의-사랑-복음-십자가-믿음-은혜-구원-하나님나라'로 표시했다. 성경의 내용을 연대별로 분류한 것은 마치 매끈한 피부로 덮어 "보시기에 심히 좋았더라"고 말씀하셨던 것과 같다.

성경을 정확히 알고 복음의 본질을 깨달으면 가치관과 세계관이 정립되고 삶의 우선순위가 분명해진다. 저자는 생명을 걸고 성경을 연구하여 청년들에게 성경과 교리를 가르치는 청년사역자이다. 동시에 이론이 아닌 삶으로 체험된 로고스를 가르치는 성경교사이다.

말씀은 단비와 같다. 만물을 소생시킨다. 말씀은 이슬과 같다. 식물에게 생기를 준다. 당장은 결과로 나타나지 않지만 서서히 열매를 맺는다. 말씀은 개인을 살리고 가정을 살리고 사회를 살리고 국가를 살린다. 경제를 살리고 정치를 살리고 교육을 살리고 문화를 살린다.

메마르고 황량한 영역을 살리고 싶은가? 저자의 절규처럼 말씀으로 돌아가라! 복음을 붙들라!

조성표 교수, 경북대학교 교수, 한국회계학회장

이 책을 처음 보았을 때는 '교리' 책인 줄 알았다. 복음, 창조, 타락, 구속, 언약, 공의, 정경, 연대기, 어려운 단어들이 즐비했다. 그런데 막상 읽기 시작하니 술술 읽혔다. 신기한 일이다.

이 책은 어려운 신학적 주제를 다루고 있지만, 단순히 신학적 설명에 그치지 않고, 본인이 성경을 읽으면서 씨름을 한 내용을 담고 있다. 이러한 경험과 시행착오는 진지한 그리스도인들이 겪는 경건한 사건이기에 모두에게 공감을 불러일으킨다.

저자인 이선일 박사는 성경을 읽으며 한 단어도 그냥 지나가는 법이 없다. 그 단어가 무엇을 의미하는지 되씹고, 고민하고, 삶에서 뒹굴어 가면서 실천하며 느끼고 깨닫는 사람이다. 이 책은 그의 이러한 진지한, 무엇보다, 처절한 삶의 고백이다. 다듬어지지는 않았지만, 그러나 진솔한.

복음인 성경 말씀을 제대로 알려면 삶에서 실천해보면 된다. 그러면 우리 삶의 우선순위가 명확해지고, 질서가 생기게 된다. 그렇기에 이선일 박사는 《복음은 삶을 선명하게 한다》고 책의 제목을 정한 것이다. 이 책을 보면서 말씀이 떠올랐다.

"그러므로 예수께서 자기를 믿은 유대인들에게 이르시되, 너희가 내 말에 거하면, 참으로 내 제자가 되고, 진리를 알지니, 진리가 너희를 자유롭게 하리라" _요 8:31-32

이현희 목사, 가나안농군학교 교장, (UNNGO)세계가나안 농군운동본부 부총재, 샤론교회(양산) 목사

이선일 박사의 《복음은 삶을 선명하게 한다》는 그리스도인에게 큰 의미가 있다. 복음에 최고의 가치를 두는 사람은 삶의 우선순위가 명확해진다. 그런 사람의 삶의 방향은 선명하다. 그러므로 그의 책은 신실한 그리스도인이라면 한번쯤 주마간산할 필요가 있다.

나는 이 박사와 오랜 세월동안 신실한 우정을 나눈 형제이다. 나는 그를 사랑하며 그를 깊이 신뢰한다. 나는 이 원장이 늘 자랑스럽다. 아니, 나는 그를 존경한다. 왜냐하면 그는 하나님의 말씀을 단순히 지식으로만 아는 사람이 아니기 때문이다. 그는 말씀을 깊이 묵상하고 깨닫고, 그 깨

달은 것을 삶으로 실천한다. 그런 그의 지난 삶은 청년사역이라는 오직 한 길에 올인한 삶이었다. 청년들을 양육함에 오직 말씀이었다. 땀과 눈물로 정직하게 번 대부분의 물질을 아낌없이 쏟아 부었다. 동시에 전 세계를 다니며 젊은이들에게 꿈을 심어주었다.

그는 행동하는 성경교사요, 청년사역자요, 의료선교사이다. 그런 그가 쓴 글이기에 이 책을 읽고 나면 인생이 확실히 선명해질 것이다. 행함이 없는 믿음은 죽은 것이다. 사람이 알지 못하고 믿는 것은 미신을 믿는 것이고, 맹목적으로 복 받기 위해 믿는 것은 기복신앙이다. 그러므로 정확히 알고 선명하게 믿는 것이 중요하다. 이 책을 깊이 탐독함으로써 복음의 핵심을 정확히 알게 되고 하나님의 놀라운 사랑을 체험함은 물론이요, 행동하는 신앙으로 거듭날 것을 확신하기에 이 책을 적극 추천하는 바이다.

말씀이 육신이 되신 예수님을 더 알고 싶고 그 예수님과 더 친밀하고파 나는 하나님의 말씀인 성경을 읽고 또 읽었다. 평생 성경에 관심을 가져왔다. 딱히 뭐라고 말할 수는 없지만 성경을 읽으면 그렇게나 행복했다. 성경을 읽다가 점점 더 자주 밤을 지새운다. 매번 성령님의 도우심을 바라며 깊이 묵상한다. 그분의 음성을 민감하게 들으려는 마음과 큰 귀를 소유하려고 몸부림쳤다.

'레브 쇼메아(לֵב שֹׁמֵעַ)'

많은 친구 학자들과 동역자 목사들이 최고의 책들을 추천해주었다. 솔직히 그들이 추천한 책들은 대부분 어려웠다. 읽어도 머리에 남는 것이 별로 없었다. 내 미천한 능력에 한숨짓곤 했다. 밤을 새워 읽고 또 읽었다. 투자 시간에 비해 얻는 것이 적었으나 조금씩 눈이 열리기 시작했다. 내게 들려지는 복음, 레마가 점점 더 많아졌다. 그럼에도 불구하고 갈증은 멈추지 않았다.

청년사역자인 나는 청년들에게 비록 얕지만 넓게 성경과 교리의 세계를 소개하고 싶다. 굳이 이렇게 말하는 것은, 여러 장르의 글이 혼합된 이 책에 대한 변명이기도 하다. 히브리어와 헬라어를 자랑하듯 쓴 이유도 마찬가지다. 어차피 나의 실력은 보잘것없기에 자랑도 아니다. 바라기는 이 책을 접하는 청년들이 더 깊은 세계로 들어가기를 원하는 마음이 용감무식하게 펜을 들게 했다. 또한 지난 번 《복음은 삶을 단순하게 한다》라는 책에서도 용서를 구했지만 정확한 출처에 대한 각주를 달지 못한 죄송함이 이번에도 크다. 그러기에 학술서는 아님을 밝힌다.

돌이켜보면 4대째 기독교 집안에서 태어나 어려서부터 반복하여 성경 이야기를 수없이 많이 들었다. 교회 안의 사택에서 자랐기에 주일예배, 수요예배, 금요예배, 새벽예배 등 모든 예배에 참석해 말씀을 들었다. 이상하게도 나는 그 말씀들이 지겹지 않았다. 오히려 성경말씀을 들으면 신이 났다. 나는 특별히 설교 말씀을 잘 요약했다. 나의 달란트였다. 아무튼 잘 알아들었고 잘 요약했고 쉽게 전달하는 재주가 있었다.

'쉽게 전달하는….'

신학 교수이자 목사였던 아버지는 특별히 내게 말씀과 교리를 많이 가르쳐주셨다. 그것은 나에겐 특권이었다. 나는 3남매로 자랐다. 누나는 모범생에다가 똑똑하고 아주 착하여 부모님의 마음에 쏙 들었던 것 같다. 그래서인지 성경과 교리를 많이 가르치지는 않았다. 동생은 나와 터울 진 막내여서인지 별로 성경과 교리를 가르치지 않으셨다. 유난히 복잡하고 그냥 두면 언제나 사고를 치던 내게는 그 특별수업을 지속하셨다. 뻔뻔스럽게도 나는 그것을 특권으로 여겼다. 그러다 보니 성경과 교리에 익숙해졌다.

나는 초등학교 6학년 때부터 주일학교 임시교사를 했다. 중학교 3학년이 되면서는 보조교사가 되었고 고등학교 1학년 때부터는 파란만장한 과정(8일 금식 후 교사가 됨)을 거쳐 정교사가 되었다. 나의 꿈은 실력 있고 솔선수범하는 멋진 교사가 되는 것이었다. 그리하여 최고의 제자를 길러내고 싶었다.

세월이 흘러 나는 정형외과 의사가 되었다. 동시에 성경교사요 청년사역자가 되었다. 말씀에의 갈급함은 신대원을 두 번이나 기웃거리게 했다. 모든 세미나에 적극적으로 참석했다. 앞서가는 신앙 선배들과의 만남과 교제를 중시했다. 그들의 삶을 흉내 냈고 그들의 학문을 배웠다.

특히 양승훈 교수를 통해 기독교 세계관을 배웠고 조성표 교수를 통해 기독교 경제관을 배웠다. 신상언 선교사를 통해 성경적 문화관을 배웠다. 조창인 작가를 통해서는 글쓰기를 배웠다. 이외에도 수많은 분들의 가르침이 있었다. 모두가 소중한 분들이며 모두가 나의 스승이다.

《복음은 삶을 단순하게 한다》라는 책을 쓴 후 많은 생각을 했다. 많은 분들의 충고도 있었다. 그 책은 성경과 교리에 관한 일종의 가벼운 총론이었다. 당연히 학술적인 책은 아니었다. 뒤이어 《자칫하면 대충 살 뻔했다》를 썼다. 곧 《His will - 부르심, 보내심, 땅끝》이 출판될 것이다. 아마도 이 책 《복음은 삶을 선명하게 한다》와 거의 동시에 나올 것 같다.

이 모든 것은 청년사역자요 의료선교사, 성경교사로서 지난 30여 년을 살아온 발자취이다. 정확히 말하자면, 나의 발자국이 아니라 주인 되신 성령님의 발자국이다. 나는 그분의 등에 업혀 지금까지 왔고 그분의 떠밀림[1]에 이끌려왔을 뿐이다.

지금까지 나는 청년사역자로, 성경교사로 설교를 하고 성경과 교리를 가르쳐왔다. 의료선교사로 진료실과 오지에서 진찰하고 시술하고 수술하며 살아왔다. 나의 삶은 단순하고 선명하다.

---

1) 이를 동행이라고 한다. 히브리어로 테할레크(תְּהַלֵּךְ)인데 이는 할라크(הָלַךְ)라는 동사에서 왔다. 나의 등 뒤에서 밀어주시는 하나님, 즉 나의 인생의 주체는 하나님이셨고 나의 주인은 하나님이시다. 그분은 언제나 나와 함께(에트, אֵת)하셨다.

3년 전에 양쪽 눈 수술을 했다. 내게 시력만큼은 문제가 없을 줄 알았다. 안경이야 멋으로 낀다고 생각했다. 그러나 점점 더 시력에 문제가 생기고 양쪽 눈이 시커멓게 변해가자 더 이상 성경을 볼 수가 없었다. 정말 괴로웠다. 동시에 세미한 수술이나 메이저 수술도 어려워졌다. 여러 안과를 방문해 진찰하고 예후에 대해 들었다. 대부분 좋은 소리를 하지 않았다. 천천히 진행될 테니 그냥 그대로 살라고도 했다. 웬일인지 그들은 나의 고통에는 관심이 없어 보였고 치료는 시도조차 않으려 했다. 적어도 난 그렇게 느꼈다. 그들은 나의 고통을 전혀 몰랐다. 그 순간 '나 또한 의사로서 환자의 고통에 얼마나 공감했었나?'를 되돌아보게 되었다. 무조건 환자의 아픔에 공감하리라 다짐했다. 환자의 병이 중하냐 아니냐를 떠나 그들이 적어도 나에게까지 온 것은 고통스럽기 때문일 테니까.
시력을 잃을까봐 마음이 다급해져 성경을 찬찬히 세미하게 읽어나갔다. 언제 아예 볼 수 없게 될지 모를 일이었다. 성경을 절박하게 읽던 중 나는 깜짝 놀랐다. 많은 부분에서 성경말씀이 새롭게 다가왔다. 그래서 열심히 읽고 또 읽었다. 눈이 아파왔다. 눈물이 쉴 새 없이 흘렀다. 머리까지 아파왔다.

그러다가 지난 날 신대원에서 게으르게 공부했던 헬라어와 히브리어가 생각났다. 대여섯 권의 사전을 구매하고 헬라어 성경과 히브리어 성경 대여섯 권도 샀다. 그리고 오래 전에 공부하던 문법책을 다시 꺼내고 대여섯 권의 문법책을 더 구입했다. 새롭게 시작하는 것은 쉽지 않았다. 막연히 알고 있다고 생각했는데, 어떤 부분은 너무 낯설었다. A학점을 받았었는데….

점점 더 지쳐갔다. 그러는 사이 한쪽 눈은 아예 까맣게 되고 다른 쪽은 반달이 되었다. 고민하다가 멘티인 정형외과 의사 이선호 선생과 의논을 했다. 그 아내인 안과의사 염명인 선생이 용감하게 나섰다. 그는 아직 주니어 전문의사다.

"한 번 치료를 해 봅시다."

망설여졌다. 그러나 달리 방도가 없었다. 며칠을 기도했다. 그리고 그날, 혼쭐나도록 양쪽 눈에 레이저를 맞았다. 완전 초토화되었다. 눈은 부을 대로 부어 나 자신도 몰라볼 정도였다.

우스꽝스러운 일은 그날 저녁에 일어났다. 멘티인 내과의사 정준호 선생의 엉뚱한 저녁초대 때문이었다. 부산 광안리의 근사한 횟집을 미리 예약해두었던 것이다. 그런 모습으로 식사자리에 있던 내 모습은 지금 생각해도 우습다. 그날 저녁은 나의 인생에서 가장 쓰디쓴 식사였다. 그 고마운 마음을 왜 모르겠냐마는.

이후 의학적으로 전혀 이해할 수 없는 일이 일어났다. 물론 나의 멘티인 염명인 선생의 실력이라 믿는다. 그동안 수많은 안과 선생들에게 부정적인 소리만 들었던 터다. 수술 후 점점 더 눈의 상태가 좋아지기 시작했다. 이후 나는 밤눈이 어두워져 밤 운전이 힘든 것 외에는 낮의 시력은 깨끗하게 돌아왔다.

이때부터 나는 치열하게 성경을 연구했다. 무섭게 파고 들었다. 헬라어와 히브리어를 즐겁게 다시 시작했다. 성경을 정독하며 원어로 읽고 묵상하고 연구했다. 처음에는 어려워 시간이 많이 걸렸다. 그러나 언제 시력이 다시 나빠질지 모르는 상황이라 힘든 것은 전혀 문제가 아니었다. 히브리어가 그렇게 재미있었다. 기존에 내가 알고 있던 구약 말씀이 약간 빗나가 있는 것도 발견했다. 새로운 시각으로 말씀을 찬찬히 읽으니 새록새록 기쁨과 감사함이 솟아났다.

은혜(χάρις, charis)를 받으면 기쁨(χαρά, chara)과 감사(εὐχαριστέω, eucharisteó)가 솟아난다더니.

말씀은 꿀과 송이꿀보다 더 달다더니 과연 그랬다. 동일하게 헬라어로 신약을 읽어나갔다. 그렇게 재미있을 수가 없었다. 처음에는 품사나 어미변화를 무시하고 그 뜻만을 중심으로 공부하다가 조금씩 깊이 들어갔다. 드디어 갈망하던 《핵심 단어-히브리어와 헬라어로 성경 즐기기(가제)》를 쓰게 되었다.

이제 나는 인생 후반을 글쓰기에 흠뻑 빠져 살고 있다. 아직은 모든 것이 어설프지만 글을 쓰면 신이 난다.

육신의 장막을 벗는 그날까지 구상한 책은 20여 권이다. 이미 제목과 챕터, 그리고 꼭지를 설정했다. 끝낼 수 있을까? 물론 쉽지는 않을 것이다. 결과는 상관없다. 나는 나 자신이 너무 기대가 되고 즐겁다. 어떤 이는 어설프게 원어나 성경과 교리를 들먹거리지 말고 성경학자나 히브리어 교수, 헬라어 교수에게 맡기라고 살짝 빈정거리기도 한다. 너는 의사로서 성공했으니 환자나 보라고 한다. 난 그런 말을 귓등으로 듣는다. 오히려 많은 고민 끝에 어설프게라도 이런 책을 쓰는 것이 나와 비슷한 수준의 사람에게는 훨씬 더 도움이 되리라 확신한다.

난 그렇게 묵묵히 걸어가려 한다. 이미 부어주신 그분의 은혜가 크다. 그저 감사뿐이다. 시력의 어려움을 통해 이 책을 쓰게 하신 삼위 하나님을 찬양한다. 겸손히 고개 숙이며 성령님의 인도하심에 이끌려가는(הָלַךְ, halak) 행복을 누리고 있다.

이 책을 출간하기까지 땀과 수고를 아끼지 않은 더메이커 이병일 대표, 조창인 작가, 멘티라는 이유로 어느 새벽에 불쑥 전화로 부탁했음에도 아무 말 없이 챕터의 삽화를 그려 준 일러스트 작가 가혜숙 님에게 감사를 전한다. 또한 바쁜 중에도 추천사를 써준 시드니 순복음교회 김범석 목사, 벨국제학교 교장 이홍남 목사, 만나교회 김병삼 목사, 《가시고기》의 저자 조창인 작가, 낮은울타리 대표 신상언 선교사, 전 밴쿠버기독교세계관대학원 원장 양승훈 교수, ㈜이롬 회장 황성주 박사(꿈이있는교회 목사), 전 고신대 총장 전광식 교수, 고신대학교 의무부총장이자 복음병원 원장 최영식 교수, 한국회계학회장 조성표 교수, 태화교회 양성태 목사, 그리고 가나안농군학교 교장이며 세계 가나안 농군운동본부(UNNGO) 부총재, 샤론교회(양산) 이현희목사에게도 마음 다한 감사를 전한다. 특별히 마지막 수정과 함께 문맥을 잡아 준 문지훈 원장(소망정형외과), 이선호 원장(김해병원 정형외과), 내과 정준호 선생님(고신대복음병원), 전도사들(목원팀: 최용민, 오의택, 최성우, 김영대 / 침신팀: 이상욱, 이상준, 진예일, 김세환)에게 감사를 전한다.

끝으로 지난 30여 년간 동역자로, 청년사역자로, 소중한 아내로서 묵묵히 나의 곁을 지켜 준 김정미 선교사에게 진심으로 사랑한다고 말하고 싶다. 큰딸 이성혜, 큰아들 이성진, 막내 이성준에게도 아빠의 그윽한 사랑과 깊은 감사를 전한다.

이 책은 소설이 아니다. 청년들을 위한 성경과 교리 강의이다. 그러므로 관심이 가는 부분부터 먼저 읽을 것을 권한다. 이 모든 것을 허락하신 하나님 찬양!

오직 하나님께만 영광!

Soli Deo Gloria!

산업도시 울산의 소망정형외과 진료실에서

Dr. Araw 이선일

차례

3부 주마간산(走馬看山) 시대별로 신구약의 전체 성경 훑기

4부 주마가편(走馬加鞭) 연대별로 신구약의 전체 흐름 읽기

1부

정신일도(精神一到)

성경의 핵심 단어에 집중하기

1강 복음, 생명

2강 예수, 그리스도, 생명

3강 기독교 세계관: 창조, 타락, 구속, 완성

4강 6대 언약: 아담, 노아, 아브라함, 모세, 다윗, 예수그리스도

5강 공의, 사랑, 복음, 십자가, 믿음, 구원, 은혜, 하나님나라

1강

복음, 생명

"태초에 말씀이 계시니라 이 말씀이 하나님과 함께 계셨으니 이 말씀은 곧 하나님이시니라" _요 1:1

"그가 태초에 하나님과 함께 계셨고 만물이 그로 말미암아 지은 바 되었으니 지은 것이 하나도 그가 없이는 된 것이 없느니라 그 안에 생명이 있었으니 이 생명은 사람들의 빛이라" _요 1:2-4

"말씀이 육신이 되어 우리 가운데 거하시매 우리가 그 영광을 보니 아버지의 독생자의 영광이요 은혜와 진리가 충만하더라" _요 1:14

성경은 하나님의 말씀이다. 말씀이 육신이 되어 우리 가운데 거하신 분이 예수님이다. 우리는 정경(正經)을 언약의 말씀으로 믿는다.

하나님의 말씀인 성경(The Bible)은 구약과 신약 66권의 정경으로 되어 있다. 구약은 39권, 929장, 23,214절, 신약은 27권, 260장, 7,959절이다. 그러므로 총 66권, 1,189장, 31,173절로 이루어져 있다. 정경(Canon)이란 초기 교회사에서 두 차례의 회의를 통해 성경으로 인정된 것을 말한다. 구약 39권은 AD 90년 얌니아 랍비 회의에서, 신약 27권은 AD 397년 카르타고 회의에서 정경으로 채택되었다. 우리는 정경만을 하나님의 유일무이한 말씀으로 믿는다.

그 정경은 6대 속성인 '무오류성', '완전성', '충분성', '명료성', '권위성', '최종성'을 가진다. 우리는 본질인 성경의 속성에 목숨을 건다. 왜냐하면, 본질에서 물러서면 이미 그 싸움은 패배한 것이기 때문이다.

정경 66권만이 오류가 없는 완전한 하나님의 말씀이다. 그 말씀은 충분성(충족성)을 가진다. 예수님만이 그리스도요 메시야시며, 완전한 하나님이시다. 신인양성(神人兩性)의 하나님으로 유일한 구원자이심이 명료하다. 그렇기에 66권 정경에만 '하나님의 말씀'이라는 권위를 부여한다. 동시에 정경화 작업을 거친 66권을 최종적인 하나님의 말씀으로 믿는다. 계시록을 마지막으로 하나님은 특별 은총인 말씀을 닫으셨다.

성경은 성령님이 원저자이시고 기록자는 모세(BC 1500년)로부터 요한계시록의 기록자인 사도 요한(AD 90-95년, 즉 100년)에 이르기까지, 약 1,600여 년에 걸쳐 40여 명이 있다. 성경에는 3,000여 명의 인물(2,930명의 인물)이 등장한다. 그 말씀은 완벽한 저자이신 하나님의 '영감'[2](성령님의 감동)으로 쓰였다(딤후 3:16). 나는 '완전영감'(Plenary Inspiration, 딤전 3:16-17, 요 10:35, 고전 2:13), '축자영감'(Verbal Inspiration, 눅 16:17, 마 5:18), '유기영감'(Organic Inspiration)[3]만을 인정한다.

성경은 아담에서 아브라함까지 인류의 원역사를, 아브라함에서 그리스도까지 선민의 역사를, 그리스도에서 오늘날 우리에 이르기까지 교회의 역사를 보여준다. 성경 전체를 숲으로 이해할 때 구약의 주요 인물이나 신약의 주요 인물들[4]을 공부하면 상당히 도움이 된다. 또한 구약이나 신약의 배경이 되는 장소 및 사건들을 살펴보면 66권 성경이 한 눈에 들어오게 된다. 특히 지명에 따른 지도를 숙지하는 것이 좋다.

신약의 경우 지중해를 중심으로 에게 해, 아드리아 해, 이오니아

---

2) 영감(Inspiration)이란 성령님의 감동이라는 의미이다. 《그랜드 종합주석》의 총론편을 참고하라. 저자는 기계적 영감(Mechanical Inspiration)이나 동력적 영감(Dynamic Inspiration)은 받아들이지 않는다. 동시에 사상영감이나 부분영감도 받아들이지 않는다.

3) '유기영감'이란 하나님께서 인간 기록자의 성품과 기질, 재능 등을 활용하시되 성령의 감동으로 죄의 영향을 제거하셔서 하나님의 뜻이 오류 없이 기록되게 하셨다는 것이다. 그러므로 66권 정경의 여러 기록들은 기록자의 문체적 특성이나 신학적 강조점이 다를 뿐 성령의 감동으로 기록된 것이 틀림없다. 결국 정경은 성령께서 인간 기록자에게 영적 감동을 주심으로써 그의 감정과 성격, 시대적, 역사적, 문화적 배경, 그리고 교육과 지식 등을 모두 활용하여 쓰셨다.

4) 구약의 인물 40인과 신약의 18인을 살펴보라. 또한 구약의 12개 장소를 자세히 주의하여 보라. 아울러 성경의 큰 사건들을 순서적으로 보면 성경 이해에 도움이 될 것이다. 《성경의 파노라마》, 헨리에타 미어즈, 생명의말씀사, 1983.

해, 티레니아 해가 중요하고 아시아, 동부유럽, 중부유럽, 서부유럽(리베리아 반도)을 머리로 그리는 것이 중요하다. 또한 지중해에 있는 구브로 섬(키프로스), 그레데 섬(크레타 섬), 멜리데 섬(몰타), 밧모 섬 등 4개의 섬을 알아야 한다. 가나안 땅으로 와서는 갈릴리 호수와 사해, 그리고 이 둘을 연결하는 요단 강을 알면 성경 전반을 이해하는 데 상당한 도움이 된다. 조금 더 확장하면 티그리스 강과 유프라테스 강, 이와 함께 메소포타미아 문명으로 연결되는 지역을 공부하고 비옥한 초생달지대를 따라 살피면 신구약을 함께 전체적으로 보는 눈이 생기게 된다.

성경 전체의 핵심을 한 마디로 요약하기는 어렵다. 그러나 두 단어로 요약한다면 '복음'과 '생명'이다. 1부 1강에서는 이 두 단어를 집중적으로 설명하고 헬라어와 히브리어를 살펴보며 하나님이 주시는 말씀에 좀 더 접근해보고자 한다.

2강~5강에서는 성경 전체를 세 단어, 네 단어, 여섯 단어, 여덟 단어로 분류하여 설명할 것이다.

세 단어는 '예수, 그리스도, 생명'이며 네 단어는 성경적 세계관의 네 기둥인 '창조, 타락, 구속, 완성'이다.

성경을 여섯 단어로 요약하라면 나는 거침없이 6대 언약을 말한다. 성경이 말하는 언약(言約, My Covenant, בְּרִית, berith)은 하나님께서 사람에게 약속하고 당신께서 신실하게 그 약속을 이행해 가는 것이다. 그것은 하나님의 전적인 은혜요, 일방적, 불평등 언약이다. 이런 하나님의 6대 언약은 '아담언약, 노아언약, 아브라함언약, 모세언약,

다윗언약', 그리고 '예수 그리스도의 새 언약'을 말한다.

여덟 단어로 요약하라면 '하나님의 성품인 공의와 사랑, 복음과 십자가, 믿음, 은혜, 구원, 하나님나라(현재형 및 미래형)'이다.

그러면, 이제 복음과 생명에 관해 알아보기로 하자.

복음(유앙겔리온, τὸ εὐαγγέλιον, the Good News)

"복음에는 하나님의 의가 나타나서 믿음으로 믿음에 이르게 하나니 기록된바 오직 의인은 믿음으로 말미암아 살리라함과 같으니라" _롬 1:17

"나의 달려갈 길과 주 예수께 받은 사명 곧 하나님의 은혜의 복음 증거하는 일을 마치려 함에는 나의 생명을 조금도 귀한 것으로 여기지 아니하노라" _행 20:24

"그러나 내게는 우리 주 예수 그리스도의 십자가 외에 결코 자랑할 것이 없으니 그리스도로 말미암아 세상이 나를 대하여 십자가에 못 박히고 내가 또한 세상을 대하여 그러하니라" _갈 6:14

복음(the gospel)이란 말 그대로 복된 소식(the good news), 기쁜 소식이다. 무슨 소식이 가장 복될까? 어떤 소식을 들을 때 가장 기쁜가?

복음은 헬라어[5)]로 εὐαγγέλιον(euaggelion, n)이라고 한다. 진정한

복음은 구원자이신 예수님이 인간으로 성육신하신 것이다. 예수님은 성부 하나님의 유일한 기름 부음 받은 자로서, 그리스도이자 메시야[6]로 오셨다.

남성명사인 '복음'은 εὐαγγελίζω(euaggelizó)라는 동사에서 파생되었다. 이는 εὖ(eu)와 ἄγγελος(aggelos)의 합성어이다. εὖ는 '좋다'라는 뜻이다. ἄγγελος는 하나님의 소식을 인간에게 전해주는 초자연적 메신저이다. 그러므로 복음이란, 성부 하나님께서 인간에게 전적인 은혜로 천사를 통해 주신 좋은 소식, 기쁜 소식, 복된 소식을 말한다.

사람은 누구나 복된 소식 듣기를 좋아한다. 문제는 사람마다 복된 소식의 종류가 다르다는 것이다. 어떤 이에게는 뜻밖의 횡재가 복된 소식일 수 있고, 어떤 이에게는 시험에의 합격이나 권력에의 입성이 복음일 수 있다. 로마인은 황제의 자식 출생이나 황궁으로부터 전해지는 소식을 복음이라고 했다. 그렇다면,

그리스도인의 복음은 무엇인가?
그리스도의 복음의 실체는 무엇일까?

두말 할 것도 없이 '하나님의 은혜의 복음(τὸ εὐαγγέλιον τῆς χάριτος τοῦ Θεοῦ)'이다. 왜냐하면 그 '복음은 모든 믿는 자에게 구원을 주

5) Strong's Concordance를 참조하라. 이하 n=명사, nf=여성명사, nm=남성명사, nn=중성명사, v=동사, adv=부사, adj=형용사, acc=대격 혹은 목적격.
6) 《Biblehub.com》, Interlinear Bible, Strong Concordance, NAS Exhaustive Concordance, NASB Lexicon을 참고하라.

시는 하나님의 능력'이기 때문이다.

하나님의 능력으로 주신 은혜의 복음은 우리 편에서 보면 아무 대가 없이 아무 공로 없이 '오직 은혜', '오직 믿음'으로만 주어졌다. 영 죽을 수밖에 없었던 우리가 성부 하나님의 전적인 은혜로 우리 대신 죽으신 성자 예수님을 믿음으로 구원받게 되었고 그리하여 영적 죽음에서 살아났다. 성령 하나님에 의해 하나님의 자녀로 인침받아 미래형 하나님나라에서 영생을 누릴 수 있게 되었다.

결국 구원은 구속의 결과로서, 하나님 편에서는 엄청난 대가를 지불한 것이다. '엄청난 대가'란, 바로 예수님의 성육신과 십자가 보혈, 그리고 수치를 상징하는 십자가 나무 위에서 그 저주를 몽땅 안고 죽은 것이다. 인간 편에서는 그 구원에 아무 것도 한 일이 없다. 그러므로 하나님의 전적인 은혜라고 한다.

하나님의 성품은 공의와 사랑이다. 그 공의와 사랑의 결정체가 바로 십자가이다. 그 십자가[7]는 복음의 역사적 사건이요 실재적 사건이다. 그렇기에 복음과 십자가는 떼려야 뗄 수가 없다.

십자가는 헬라어[8]로 σταυρός(stauros, nm)라고 한다. '똑바로 세워진 말뚝 혹은 화형대(an upright stake)'라는 의미이다. 로마 제국에서는 사형수를 그 십자가에 매달아 죽였다. 즉 십자가는 사형 도구였던

---

7) (고전 1:18, 갈 6:14, 빌 2:8, 골 1:20, 히 12:2, 계 11:8).

8) 《Biblehub.com》, Interlinear Bible, Strong Concordance, NAS Exhaustive Concordance, NASB Lexicon을 참고하라

것이다. 아무 죄 없으신 예수님은 그 사형 도구에서 우리 대신 죽으셨다.

십자가라는 명사는 동사 ἵστημι(histémi)에서 파생되었다. 결국 예수는 사형수를 죽이는 형벌의 도구인 똑바로 세워진 십자가 나무 위에서 우리 대신 수치와 저주를 몽땅 짊어지고 물과 피를 아낌없이 흘리셨던 것이다.

아무 죄가 없으셨음에도….

이제부터는 복음을 좀 더 구체적으로 알아보자.

지난 역사를 보면, 믿음의 선배들은 복음을 자랑하며 기꺼이 고난을 감당했다. 심지어는 죽음도 마다하지 않았다. 도대체 복음이 무엇이기에….

무엇이 그들을 주저함 없이 죽음으로 달려가게 했을까? 세상은 그들을 감당하지 못했다. 그들을 미치게 만들었던 복음의 실제 맛은 어떠할까? 복음의 비밀을 맡은 자가 누렸을 즐거움의 정체는 무엇일까?

복음의 맛을 알고 싶은가?
복음에의 깊은 감동에 젖고 싶은가?

그렇다면 먼저 복음의 정의와 핵심 요소에 대한 개념이 정립되어야 한다. 복음을 바르게 전하려면 복음의 정의와 함께 이것만큼은 꼭 전해야 하는 핵심 내용이 있다.

복음을 정의할 때는 먼저 삼위일체 하나님에 대한 개념이[9] 있어야 한다. 소위 기능론적 종속성과 존재론적 동질성이다.

성부 하나님께서 인간의 구속을 계획하신 후 성자 하나님이신 구원자 예수님을 그리스도[10] 메시야로 기름 부으셔서 인간으로 이 땅에 보내셨다. 그 예수님은 십자가 보혈로 인간의 구속을 성취하셨다. 성령 하나님은 그 예수님만이 그리스도 메시야임을 가르쳐주시고 깨닫게 해주셨다. 동시에 믿음을 선물로 주셔서 우리가 믿게 되었다. 이후 구원된 우리를 하나님의 자녀로 인쳐주셨다. 이런 복된 소식이 하나님의 은혜의 복음이다.

복음(בְּשׂוֹרָה)에는 6가지 핵심 콘텐츠가 있다.

첫째, 예수님만이 그리스도 메시야이시다. 둘째, 예수님만 구원자이시다. 셋째, 예수님만 대속제물, 화목제물 되셨다. 넷째, 예수님만이 역사상 유일한 의인이셨음에도 불구하고 우리를 위해 십자가에서 죽으시고 3일 만에 부활하셔서 산 소망이 되셨다. 부활 후 40일간 이 땅에 계시며 하늘나라를 전하셨고 500여 형제가 보는 데서 구름

---

9) 《복음은 삶을 단순하게 한다》, 이선일, 더메이커, 2018.

10) 그리스도는 헬라어로 Χριστός(Christos, nm, 마 1:16)이며, 기름 부음 받은 자(the Anointed One)라고 한다. χρίω(chrió, to anoint)라는 동사에서 파생되었다. 히브리어로는 Μεσσίας(Messias, nm, 요 1:41, 요 4:25)이며, 영어 표기는 Messiah이며 Hebrew מָשִׁיחַ (equivalent to Greek, Χριστός)로 표기된다. 이는 남성명사 מָשִׁיחַ(mashiach, anointed)에서 파생되었고, מָשַׁח (mashach: to smear, anoint)라는 동사에서 파생되었다. 그리고 그리스도를 믿는 사람을 그리스도인(Χριστιανός, nm, Christianos, a Christian, 행 11:26)이라고 한다.

타고 승천하시면서 천사장의 호령과 나팔소리로 다시 오시마[11] 약속 하셨다. 이후 재림하셔서 우리를 미래형 하나님나라[12]로 데려가실 것이다. 다섯째, 예수님만이 길이요 진리요 생명이시다. 마지막으로 그 예수님을 나의 구주 나의 하나님으로 입으로 시인하고 마음으로 믿으면 아무 대가 없이 아무 공로 없이 은혜와 믿음[13]으로 구원을 받게 된다.

십자가 보혈로 우리가 값없이 구원을 얻은 것은 하나님의 전적인 은혜였다. 이는 아무리 반복하여 강조해도 지나치지 않다.

십자가 보혈은 엄청난 대가 지불이다. 그 구속의 결과 우리는 구원을 얻었다. 우리가 복음을 진리로 믿어 구원을 얻은 것은 하나님의 무조건적 선택하심이다. 태초부터 우리 각자를 향한 역사의 주관자 하나님의 섭리와 경륜은 변함없었고 신실했다.

이후로는 그 은혜에 의지하여 '거룩함'이라는 하나님의 뜻을 따라 살아가자. 그 '거룩함'조차도 성령님께서 능력 주셔서 가능케 하셨음을 알고 그저 감사해야 할 것이다. 동시에 고린도후서 5장 18~21절의 말씀처럼 우리에게 주신 화목하게 하는 직책을 그날까지 잘 감당하며 오직 말씀, 오직 복음, 오직 예수로만 살아가자.

---

11) 종말과 말일의 정확한 이해를 위해 《복음은 삶을 단순하게 한다》(이선일)의 '종말과 말일' 편을 참고하라. 동시에 6대 재림에 관하여도 참조하라

12) 하나님나라는 현재형과 미래형이 있다. 그 이해를 위해 《복음은 삶을 단순하게 한다》(이선일)의 '하나님나라' 편을 참고하라.

13) 믿음은 두 가지로 나눈다(롬 1:17). 이에 관하여 《복음은 삶을 단순하게 한다》(이선일)의 '오직 믿음' 편을 참고하라.

예수는 인간으로 이 땅에 오셔서 우리를 위해 수치와 저주의 십자가에서 율법의 저주를 몽땅 짊어지셨다. 그 예수님을 믿음으로 구원받게 된다. 사망(영적 죽음)에서 생명(영적 부활)으로 옮겨진다. 그렇다고 하여 복음이 여기에서 그치는 것은 아니다. 하나님의 은혜의 복음은 훨씬 더 넓고 깊다. 복음이신 예수를 믿어 구원받은 것을 억압으로부터의 자유(죄 사함, 해방)라고 하며 복음의 성취라고 한다. 반면에 구원받은 우리가 미래형 하나님나라(본향)에서 하늘나라의 상속자로 영생을 누리는 것까지를 복음의 완성이라고 한다.

역사의 주관자 하나님은 복음의 '맛'보기로 애굽과 바벨론을 쓰셨다. 출 애굽과 바벨론 포로에서의 해방이 구원(복음의 성취)이라면 목적지 가나안에로의 귀향이나 고향땅 예루살렘에로의 귀환 및 정착까지를 복음의 완성이라고 한다.

신실하신 하나님은 선민을 위해 역사를 들어쓰셔서 복음을 선보였건만 그들은 끝끝내 외면했다. 그리하여 침묵기를 거쳐 종국적으로 복음의 성취인 초림의 예수님이 오셨고 복음의 완성인 재림의 예수님이 오실 것이다.

생명

복음을 진리로 믿어 구원된 우리는 죄인에서 의인이 되었다. 완전히 신분이 변한 것이다. 그리스도 예수 안에 있는 생명의 성령의 법이 죄와 사망의 법에서 우리를 해방(롬 8:1)시켰다. 그리하여 영적 죽음의 상태에서 영적 부활되었다. 육신 혹은 죄인을 뜻하는 생기 없는 사람을 아담(כָּל־נֶפֶשׁ, 칼 네페쉬)이라고 한다. 반면에 생기(성령, 루아흐)를 가진 사람은 생령(אָדָם נֶפֶשׁ, 아담 네페쉬)이라고 한다.

생명의 헬라어는 ζωή(zóé, nf)이다. 이는 현재의 육체적 생명과 미래의 영적 생명을 동시에 아우르는 단어이다. 그렇기에 생명은 스스로 자존하시는 하나님의 생명으로부터만 온다[14]. 동사 ζάω(zaó, to live, I live, am alive)에서 파생되었다.

생명을 의미하는 또 다른 헬라어가 있는데 여성명사인 ψυχή[15] 이다. 개성, 개인적 특질, 인간성으로도 번역된다. 이는 생명 유지에 필수적인 호흡, 숨(사 2:22)이라는 의미이다. 또한 지정의(知情意) 중 특히 감정과 의지영역의 영혼을 말한다. 자아[16]라고도 한다. 이에 대응하는 히브리어가 נֶפֶשׁ(네페쉬)이다. 간혹 לֵב and לֵבָב;(레브 혹은 레바브)라고 쓸 때도 있다[17]. 생명을 의미하는 히브리어는 חַיִּים;[18](하임)을 쓰기도 한다.

---

14) physical and spiritual life, both of physical(present) and of spiritual (particularly future) existence / – i.e. it always (only) comes from and is sustained by God's self-existent life.

15) ψυχή (psuché, a person's distinct identity (unique personhood), i.e. individual personality)16) (a) thc vital breath, breath of life, (b) the human soul, (c) the soul as the seat of affections and will, (d) the self, (e) a human person, an individual이다.

16) (a) the vital breath, breath of life, (b) the human soul, (c) the soul as the seat of affections and will, (d) the self, (e) a human person, an individual이다.

17) ψυχή, ψυχῆς, ἡ (ψύχω, to breathe, blow), from Homer down, the Sept. times too many to count for נֶפֶשׁ, occasionally also for לֵב and לֵבָב;

18) (life, the Sept. chiefly / חַיִּים; to denote a happy life and every kind of blessing)

역사의 주관자 하나님은 모든 것을 주관하시고 모든 것의 주도권을 가진다.
흥미로운 사실이 창세기 1장과 2장에 있다. 창세기 1장 2절의 '운행하시니라(רָחַף rachaph, v)'와 창세기 2장 7절의 '생기를 그 코에 불어 넣으시니(נָפַח naphach, v)'가 동일한 의미[19]라는 사실이다. 천지의 운행(רָחַף) 주체는 성령님이시다. 동일하게 생기(נְשָׁמָה 혹은 רוּחַ를 사람(אָדָם)의 코에 불어넣으셔서(נָפַח) 생령(אָדָם נֶפֶשׁ 아담 네페쉬)이 되게 하신 분이 성령님이시다.
사람(כָּל־נֶפֶשׁ or אָדָם)과 생령(אָדָם נֶפֶשׁ 아담 네페쉬)은 비슷한 듯 보이나 전혀 다르다. 생기를 가진 사람만 생령이라 한다. 모든 사람(everyone)을 의미할 때의 히브리어는 כָּל־נֶפֶשׁ(헬,πᾶσα ψυχή, every soul)이며, 생기를 가진 생령을 말할 때는 אָדָם נֶפֶשׁ (every soul of man)이라 한다.

19) 창 1:2 / to grow soft, relax / A primitive root; to brood; by implication, to be relaxed -- flutter, move, shake. By Strong's Exhaustive Concordance
창 2:7 / to breathe, blow / blow, breath, give up, cause to lose life, seething, snuff / A primitive root; to puff, in various applications (literally, to inflate, blow hard, scatter, kindle, expire; figuratively, to disesteem) -- blow, breath, give up, cause to lose (life), seething, snuff. By Strong's Exhaustive Concordance)'

2강

예수, 그리스도, 생명

"야곱은 마리아의 남편 요셉을 낳았으니 마리아에게서 그리스도라 칭하는 예수가 나시니라" _마 1:16

"이 일을 생각할 때에 주의 사자가 현몽하여 가로되 다윗의 자손 요셉아 네 아내 마리아 데려오기를 무서워 말라 저에게 잉태된 자는 성령으로 된 것이라 아들을 낳으리니 이름을 예수라 하라 이는 그가 자기 백성을 저희 죄에서 구원할 자이심이라 하니라" _마 1:20-21

"이 모든 일의 된 것은 주께서 선지자로 하신 말씀을 이루려 하심이니 가라사대 보라 처녀가 잉태하여 아들을 낳을 것이요 그 이름을 임마누엘이라 하리라 하셨으니 이를

번역한 즉 하나님이 우리와 함께 계시다 함이라" _마 1:22-23

복음의 핵심은 예수님이다. 기독교란 예수를 믿는 종교이다. 기독교인이란 예수를 믿는 사람이다. 무엇을 믿는다는 것일까? 복음을 진리로 믿는 것이다. 복음은 무엇인가? 한마디로 예수 그리스도 생명이다. 그러므로 기독교는 기승전 예수다.

예수의 헬라어는 Ἰησοῦς[20]이며 구원자라는 의미이다. 예수 그리스도(Jesus Christ)라는 의미는 구원자이신 예수님만 하나님의 유일한 기름부음 받은 자[21]라는 뜻이다. 성경에서 가장 긴 66장으로 된 이사야(이샤와 야후)는 '여호와 그는 구원이시다'라는 의미이다. 이사야는 히브리어 두 단어 יְהֹוָה(Yhvh, Lord, the proper name of the God of Israel)와 יָשַׁע (yasha, v, save, to deliver)가 합성된 것이다.

다시 말해 예수님은 성부 하나님의 유일한 기름 부음 받은 자(히브리어로는 메시야, 헬라어로는 그리스도)로서, 이 땅에 인간으로 오신 유일한 의인이다. 성부 하나님은 인간의 구속을 계획하셨고 성자 예수님은 구속을 성취하러 오신 것이다.

그리스도의 헬라어는 Χριστός[22](Christos, nm)인데 동사 χρίω(chrió)

20) (Iésous, nm, Jesus or Joshua, the name of the Messiah, also three other Isr)

21) (the Christ, the divine Messiah, the second Person of the holy Trinity, the Anointed One)

22) 남성명사, Anointed One; the Messiah, the Christ / 동사, to anoint, I anoint, consecrate by anointing

에서 파생되었다. Χριστός(동의어인 히브리어 מָשִׁיחַ mashiach, 요 1:41, 4:25, nm, anointed)의 헬라어 음역은 Μεσσίας(Messias, nm, the Anointed One)이다.

성부 하나님의 구속계획을 성취하기 위해 오신 예수님은 성부 하나님의 유일한 기름부음 받은 자로서 우리 위해 대속제물되셨다. 십자가 나무 위에서 죄로 인한 우리의 수치와 저주를 몽땅 짊어지셨다. 그 예수를 '오직' 믿음으로 구원, 즉 죽음(사망)에서 생명으로 옮겨지게 된 것이다.

> "내가 곧 길이요 진리요 생명이니 나로 말미암지 않고는 아버지께로 올 자가 없느니라" _요 14:6

3강

기독교 세계관: 창조, 타락, 구속, 완성

기독교 세계관을 요약하는 4단어가 있다. 창조, 타락, 구속, 완성이다. 세계관의 주체는 역사의 주관자이신 하나님이다.

인간이 만든 신이 있는가 하면 인간을 만든 신이 있다. 전자를 우상이라 하며 후자를 삼위일체 하나님이라고 한다. 하나님은 인간을 창조하신 후 당신과 바른 관계와 교제 속에 진정한 '살롬'으로 살아가길 원하셨다. 그러나 인간은 하나님과 같이 되려 하여 일방적으로 관계를 깨버렸다. 그 타락으로 우리는 죽게 되었다. 그러나 인간을 만든 하나님은 우리를 당신의 형상으로 창조하셨기에 우리를 다시 구원에로 회복하셨다. 종국적으로 에덴의 회복을 통해 완성의 자리로 데려갈 것이다.

위의 4단어를 기독교 세계관을 떠받치는 4기둥이라 한다. 세계관이란 세상을 바라보는 관점이다. 성경을 기준으로 세상을 바라보는 관점이 성경적 세계관이다. 동일하게 예수쟁이로서의 관점을 기독교적 세계관이라고 한다.

하나님의 말씀인 정경은 4개의 든든한 기둥으로 구성되어 있다.

창세기 1장 1절에서 2장 25절까지가 첫 번째 기둥인 '창조'이다.

창세기 3장 1절에서 14절까지는 두 번째 기둥인 '타락'이다.

창세기 3장 15절의 원시복음에서 시작하여 요한계시록 20장 천년왕국까지를 '구속'이라고 한다. 예수님의 초림이 언약의 성취라면 예수님의 재림은 언약의 완성이다. 예수님의 초림으로 구속이 이루어졌고 그 결과 우리는 구원되었다. 현재 우리는 종말이라는 천년왕국[23]을 살아간다. 그 종말은 예수님의 초림 후 재림 전까지를 말한다. 그렇기에 천년왕국은 단순히 1,000년이 아니라 하나님이 정하신 온전한 기간을 의미한다.

요한계시록 21-22장을 기독교 세계관의 마지막 4번째 기둥인 '완성'이라고 한다. 예수님께서는 우리를 미래형 하나님나라인 거룩한 성 새 예루살렘에 데려 가시기 위해 재림하신다. 그 나라에서 우리는 영원히 삼위 하나님과 함께 영생을 누리게 된다.

먼저 기독교 세계관의 첫 기둥인 창조(창 1:1-2:25)에 대해 알아보자.

---

23) 천년설에는 후천년설, 역사적 및 세대주의적 전천년설, 무천년설이 있다. 《복음은 삶을 단순하게 한다》, 이선일, 더메이커, 2018.를 참고하라.

창조

"태초에 하나님이 천지를 창조하시니라"

"In the beginning God created the heavens and the earth."

בְּרֵאשִׁית בָּרָא אֱלֹהִים אֵת הַשָּׁמַיִם וְאֵת הָאָרֶץ׃

Ἐν ἀρχῇ ἦν ὁ Λόγος, καὶ ὁ Λόγος ἦν πρὸς τὸν Θεόν, καὶ Θεὸς ἦν ὁ Λόγος.

"태초에 말씀이 계시니라 이 말씀이 하나님과 함께 계셨으니 이 말씀은 곧 하나님이시니라."

"In the beginning was the Word, and the Word was with God, and the Word was God."

태초(ἀρχή, beginning, origin, 요 1:1)부터 계신 삼위일체 하나님은 말씀으로 태초(רֵאשִׁית, beginning, chief, 창 1:1)에 천지를 창조하셨다. 그리고는 그 역사를 운행하셨다. 그러므로 삼위 하나님은 창조주시요 역사의 주관자이다. 태초부터 함께하셨고 지금도 앞으로도 영원히 함께하신다.

기독교 세계관의 첫 기둥인 '창조'의 히브리어 동사는 בָּרָא (bara', v, create)이다. 이는 '창조하다'라는 의미 외에도 '~하기를 원하다(choose), 신속히 해치우다(dispatch), 어떤 동작이나 행위를 하다(do), 재료를 섞거나 모아서 만들다(make fat), 엄선하여 선택하다(select)'라는 뜻이 있다. 결국 창조란, 삼위일체 하나님이 진정 원하셔서 말씀으로 세상을 지으시되 무에서 유를 창조하신 것이다. 더하여 당신의 형상을 따라 사람을 창조하셨고 동방에 아름다운 동산 에덴을 두셨다.

창조의 헬라어 여성명사는 κτίσις[24]이다. 이는 '신에 의한(always of Divine work) 창설 혹은 창시(institution)'라는 의미로 '아무 것도 없는 무에서의 창조[25](Lat ex nihilo)'를 뜻한다.

창조주(a Creator)는 헬라어로 κτίστης(nm)이며 창조의 헬라어 동사는 κτίζω(ktizó)이다. 히브리어 동사는 앞서 언급한 בָּרָא 이다. 삼위하나님께서 무에서 유를 창조[26]하실 때 먼저는 형태(form, shape)를 만드셨다. 소위 구조를 세운 후 그 안에 콘텐츠를 채워(make) 넣으신 것이다.

기독교 세계관의 첫 기둥인 '창조'는 창세기 1장 1절의 말씀을 잘 해석하면 이해가 쉽다. 그런 후 두 번째 기둥인 '타락'을 설명하면 훨씬 명료해진다. 그러므로 1장 1절을 다시 자세히 살펴보도록 하자.

---

24) (ktisis, nf, (the act or the product) creation)

25) (creation (creature) which is founded from nothing (this is also the sense of this term from Homer on); creation out of nothing

26) (properly, create, which applies only to God who alone can make what was "not there before" (Latin, ex nihilo, out of nothing, J.Thayer) figuratively to begin ("found"), especially what is habitable or useful. / [This is also the meaning of this term from Homer to Josephus.])

태초에

‘태초’라는 말은 창세기 1장과 요한복음 1장에 각각 나온다. 한글 성경에서는 동일하게 태초로 번역되어 있으나 그 히브리어와 헬라어의 의미는 약간 다르다.

창세기 1장 1절의 태초는 히브리어로서 베레쉬트(בְּרֵאשִׁית, in the beginning)이며 요한복음 1장 1절의 태초는 헬라어로서 아르케(ἀρχῆ)이다. 일반적으로 ‘태초’를 말할 때는 시간의 처음을 의미하기도 하지만 인생에서 가장 중요한 본질적인 것을 말하기도 한다.

요한복음 1장 1절의 헬라어 아르케(ἀρχῆ)로 쓰인 태초는 역사가 시작되기 전, 다시 말하면 시간과 공간이 창조되기 전을 말한다. 그것은 우리의 논리도 상상도 훨씬 뛰어넘는 태초이다.

반면에 창세기 1장 1절에 쓰인 ‘태초’ 베레쉬트(בְּרֵאשִׁית)는 시간이나 우주 공간이 시작된, 세상의 시작점을 말한다. 즉 역사의 시작점이다. 그러므로 요한복음의 태초는 ‘누가 처음에 이 세상에 존재했느냐’에 초점이 있다면 창세기는 태초에 ‘무슨 일이 일어났느냐’에 방점이 있다.

히브리어 베레쉬트(בְּרֵאשִׁית)는 베이트와 레쉬트의 합성어이다.

‘베이트’는 명사와 전치사로 쓰인다. 명사로는 ‘집’[27]이라는 의미

27) 베들레헴은 떡집이라는 의미이고, 베데스다는 사랑, 자비, 인애, 긍휼의 집이라는 의미이다. 첫머리 '베이트'가 명사로서 집으로 쓰인 예이다.

이다. 접두어로서 전치사[28)]로 쓰일 때는 '~에 의하여 혹은 ~로 말미암아, ~와 함께'라는 의미이다.

레쉬트(רֵאשִׁית, reshith, nf, beginning, chief)는 첫 것 혹은 첫 열매(the first fruit, 레 23:10)라는 뜻으로 그 상징에 있어 중요한 두 가지 의미가 있다.

첫째, 잠자는 자들의 첫 열매로서 부활의 첫 열매이신(고전 15:20) 예수 그리스도를 의미한다.

둘째, 만물의 으뜸, 근본, 머리로서 교회의 머리요 죽은 자들 가운데서 먼저 나신 자이신 예수 그리스도(골 1:18)를 말한다.

결국 레쉬트는 모두 예수님을 의미한다. 그렇기에 베레쉬트는 '예수 그리스도로 말미암아, 예수 그리스도로 인하여'라는 의미이다. 여성명사 레쉬트는 남성명사 ראשׁ(rosh, head)에서 나왔다. 로쉬는 시작(beginning), 처음(first), 첫 열매(first fruits)라는 의미이다.

창조주 하나님은 역사의 주관자로서 역사의 크고 작은 모든 일에 개입하신다. 그분의 허락 없이는 그 어느 것도 일어나지 않는다. 간혹 상식적으로 이해 안 되는 일이 있어 헷갈릴 때가 있기는 하다. 그럼에도 불구하고 섭리의식을 지닌 그리스도인이라면 하나님의 섭리와 경륜으로 모든 것이 일어남을 잘 안다.

앞에서 슬쩍 언급했지만 창세기 1장 2절에는 '성령님이 운행하

---

28) 비분리 전치사에는 베이트, 카프, 라메드가 있다. 베이트는 ~안에(in), ~에 의하여(by), ~와 함께(with)라는 의미이다. 참고로 카프는 ~처럼(like, as), ~에 따르면(according to)이며, 라메드는 ~에게(to), ~를 위하여(for), ~에게 속한(belong to)이라는 의미이다. 《핵심 성경히브리어》, 김진섭, 황선우, 백석, 2012. 참고.

신다'는 표현이 있다.

'운행하시다(was moving)'라는 말의 히브리어 동사는 רָחַף(rachaph)이다. 이 라하프는 '움직이다(move), 빠르고 가볍게 흔들다(flutter or shake)'로 번역한다. 결국 운행의 주체는 성령님이라는 것이다. 이 라하프는 창세기 2장 7절의 생기를 "그 코에 불어넣으시니(and breathed)"라는 히브리어 동사 나파흐 נָפַח(naphach)와 동일한 의미이다. 나파흐는 '입김을 내뿜다, 숨을 몰아쉬다(blow)'로 번역한다. 이 단어 역시 그 주체가 성령님이라는 것이다.

요엘서 2장 28절에는 '부어주리니(pour out)'라는 말씀이 있다.

그 히브리어 동사가 솨파크 שָׁפַךְ(shaphak)이다. 이는 '발하다, 영향을 미치다(shed)'라고 번역하며 '빛을 발하다(cast)'로 번역되기도 한다. 결국 세 단어 모두 운행하시고 불어 넣으시고 부어주시는 주체는 성령님이라는 것에 착안하여 동일한 의미임을 유추해 내야 한다.

한편 동일한 의미의 헬라어 동사는 엠퓌사오 ἐμφυσάω(emphusaó)인데 '불어넣다(breathe into)'라는 뜻이다. 요한복음 20장 22절에 예수님은 제자들을 향해 "숨을 내쉬며 가라사대 성령을 받으라"고 말씀하셨는데 상기 히브리어와 동일한 의미이다.

하나님이

천지를 창조하신 분은 전능하신 삼위일체 하나님이시다. 엘로힘 하나님은 예수님으로 더불어 성령님과 함께 천지를 창조하셨다. 모든 것을 세미하게 인도하시는 역사의 주관자 하나님을 야훼 엘로힘(יְהוָה אֱלֹהִים)이라고 하며, 유일하신 전능신 창조주 하나님을 일컬을 때에는 엘로힘 אֱלֹהִים (elohim, nm)이라고 한다. 엘로힘은 남성명사 אֱלוֹהַּ (eloah, God)의 복수이다.

창세기 1장 1절에서 2장 3절의 주어를 한 번 살펴보라. 그런 후 2장 4절에서 25절까지의 주어와 비교해보라. 그런 후 다시 엘로힘과 야훼 엘로힘의 차이를 묵상해보라. 할렐루야!

함께

천지창조는 다른 하나님이자 한 분 하나님이신 삼위 하나님의 완벽한 작품이다. 그렇기에 성부 하나님은, '함께(요 17:5)', 성자 예수님으로 말미암아(베이트, 골 1:16) 성령님의 운행하심으로 완벽하게 창조하셨다. 그렇기에 요한복음 17장 5절에서 "아버지여 창세 전에 내가 아버지와 '함께' 가졌던 영화로써 지금도 아버지와 '함께' 나를 영화롭게 하옵소서"라고 예수님은 말씀하셨다.

다른 하나님이시자 한 분 하나님이신 삼위일체 하나님[29]은 사역에서 충돌됨 없이 완벽하게 천지를 보기에 좋게(טוֹב, 토브) '함께(אֵת, eth,

29) 삼위 하나님에 관하여는 기능론적 종속성과 존재론적 동질성을 상기하라. 《복음은 삶을 단순하게 한다》, 이선일, 더메이커, 2018.를 참고하라.

에트)' 만드셨다. 삼위 하나님은 역사의 주관자이신 하나님으로 지금도, 앞으로도 영원히 우리의 주인이시다.

히브리어 에트 אֵת (eth)는 목적격 조사로는 '~을, ~를'을 의미하지만 전치사로는 '~와 함께'라는 의미가 있다. 예컨대 אֵת אֱלֹהִים는 '하나님을' 혹은 '하나님과 함께'라는 뜻이다. 그러므로 문맥에 따라 그 뜻을 정해야 한다. 창세기 1장 1절에서 에트 אֵת (eth)는 전치사로 쓰여 '태초에 하나님은 예수님과 함께 천지를 창조하셨고 성령님께서 운행하셨다'는 의미이다.

창세기 31장 30절, 39장 2-3절, 21절, 23절에는 전치사로서의 에트(엘로힘-에트, אֵת אֱלֹהִים)가 쓰여 있다. 에트 אֵת (eth)를 유추해보면 그 속에는 '영원히 함께'라는 의미가 내포되어 있음을 알 수 있다.

또한 '에트(אֵת)'라는 단어는 첫 알파벳인 알레프(א)와 마지막 알파벳인 타브(ת)로 이루어져 있다. 그렇기에 시작과 끝을 주관하시고 처음부터 끝까지, 영원까지 '함께'하시는 삼위 하나님은 태초에 천지를 창조하신 이래 영원까지 우리와 '함께'하심을 의미한다. 삼위 하나님은 요한계시록 22장 13절에 "나는 알파와 오메가요 처음과 마지막이요 시작과 마침이라"고 말씀하셨는데 시작과 끝, 영원뿐 아니라 과정도 함께하심을 말씀하셨다.

그러므로 창세기 1장 1절의 히브리어 7단어 중 '에트(אֵת)'라는 단어가 처음과 마지막 알파벳으로 구성된 것은 우연이 아니다. 결국 창조주이시자 역사의 주관자 하나님은 태초부터 '함께' 계셨을 뿐 아니라 만물을 '함께' 창조하셨고 '함께' 역사를 주관하고 계시며 앞으로도 영원히 '함께'하실 것이다. 그런 삼위 하나님은 이사야 46장 10절에서 "내가 시초(태초, 베레시트, 예수로 시작)부터 종말(예수로 끝남)을 알리며 아직 이루지 아니한 일(구원)을 옛적(창세기)부터 보이고 이르기를 나의 뜻이 설 것이니 내가 나의 모든 기뻐하는 것을 이루리라 하였노라"고 말씀하셨다.

소위 종말은 구원보다 앞선다. 'Eschatology precedes protology.'를 기억하라. 모든 것은 예수로 시작(태초)하여 예수로 끝이(종말의 끝) 난다.

천지를

천지는 두 단어로 하늘들(heavens)과 땅(earth, land)이다.

하늘들을 나타내는 복수명사 솨마임 שָׁמַיִם(shamayim)은 3층천을 뜻한다. 1층천이 대기권 하늘(sky, 단 4:12, 마 6:26)이라면, 2층천은 은하계 혹은 우주공간(universe, 시 19:1)을 말하며, 3층천(고후 12:2)은 하늘들의 하늘(heaven of heavens, 왕상 8:27, 대하 2:6,6:18, 느 9:6, 시 68:33) 혹은 가장 높은 하늘(highest heaven, 사 14:13-14, 가장 높은 구름)을 의미한다. 창조주 하나님은 이 모든 하늘을 지으셨다. 이처럼 히브리인들은 하늘을 세 가지로 나누어 생각했다.

나는 지금은 볼 수 없으나 반드시 존재하는 미래형 하나님나라에만 관심이 있다. 이슬람교에서는 더 많은 하늘천국으로 구분했으나 그닥 관심이 없다. 오직 나의 관심은, 모든 하늘을 지으신 분은 삼위 하나님이라는 것이다. 그 처소에 나를 데려가시기 위해 예수님은 반드시 재림하신다는 것이 나의 최대 관심사이다.

이 하늘들에 대칭되는 히브리어 여성명사가 아레츠 אֶרֶץ(erets)인데 육지, 뭍, 땅(earth, land, the ground)이라는 뜻이다. 나라 혹은 지역(country)으로도 번역되고, 세계 혹은 지구 같은 행성(world)으로 번역되기도 한다.

성경적 세계관의 두 번째 기둥은 타락(corruption, depravity, decadence, backsliding, 히 6:6, 렘 14:7, 49:4)이다.

타락의 사전적 정의는 '올바른 길에서 벗어나 잡되고 나쁜 길로 빠지다'이다. 그러나 기독교적으로 보면 '이전의 나쁜 행실로 되돌아가다, 원래의 악습으로 되돌아가다, 신앙을 버리다, 인간본성으로 돌아가다'이다. 그러기에 타락이란 한 마디로 '죄'이다. 특히 창조주이신 하나님과의 관계를 깨고 본인이 하나님과 같이 되려는 것을 타락이라고 한다.

타락의 히브리어 여성명사는 메슈바흐 מְשׁוּבָה(meshubah)이다. '충실하지 못하다, 신의가 없다, 신실하지 않다(faithless)'라는 뜻이다. 이는 앞서 언급하였듯이 '이전의 나쁜 행실로 되돌아가다 혹은 원래의 악습으로 되돌아가다(turning back)'를 의미한다. 신앙을 저버렸다는 '배교 혹은 변절(apostasy)'을 의미하기도 한다. 또한 '아버지의 유산을 몽땅 가지고 떠나버린, 다루기 힘든 제멋대로인 탕자의 행위(waywardness)'를 뜻하기도 한다.

이 메슈바흐는 히브리어 동사 슈브 שׁוּב(shub, to turn back, return)에서 파생되었다. 그 형용사가 쇼베브 שׁוֹבָב(shobeb, turning back, apostate)이

다.

타락의 헬라어 동사는 파라핍토 παραπίπτω[30](parapiptó)인데, '이전에 하나님을 믿지 않거나 하나님 없이 살던 시절에로의 회귀 혹은 그런 삶에로 빠짐(fall back into the unbelieving and godless ways of the old time)'을 의미한다.

인류의 대표 아담의 타락으로 인해[31] 하나님과의 관계는 깨어지고 에덴은 상실되었다. 이후 인간은 영적죽음 상태인 아담(אָדָם, Man) 혹은 아다마(the ground אֲדָמָה)[32]로 돌아가게 되었다.

성경적 세계관의 세 번째 기둥은 구속(롬 3:24, 엡 1:7, 골 1:14, 시 26:11, 49:15, 130:8, 사 43:1)이다.

---

30) 원래, 타락으로 인한 하나님과의 관계 단절은 죽음이며 당연히 구원이 없다. 히브리서 6장 6절에 타락으로 쓰인 헬라어 동사가 동일하게 παραπίπτω이다. 그런데 문맥이나 당시의 배경을 보면, 이곳에서만큼은 타락이 '구원의 취소'를 뜻하지 않는다. 히브리서의 타락은 '경계하라'고 쓴 것으로 '끝까지 인내하여 타락하지 말라'는 수사학적 용법으로 쓰였다. 신학적 관점이 아닌 목회적 관점으로 이해해야 한다는 것이다. 반어법이라는 말이다. 그러므로 문자적 해석만 고집하는 것은 위험하다. 히브리서는 당시 로마 제국의 기독교로 개종한 히브리인들에게 쓴 것이다. 그들은 안팎으로 고난과 핍박을 받았다. 길드 같은 로마의 정책 시스템이나 정권의 힘에 의한 박해가 심했다. 안으로는 유대교에로의 개종을 다시 강요받았고 출교의 위협을 가하는 본토 유대인들의 협박과 회유가 있었다. 이러한 때에 다시 유대교로 회귀하거나 하나님과의 관계를 깨지 말라는 외침이었다.

31) 연합의 원리와 대표의 원리에 의해 아담 이후의 모든 인간은 동일한 죄인이다. 마찬가지로 예수를 믿는 모든 사람은 예수와 함께 십자가에 못 박혀 죽었다가 함께 부활한 것이다.

32) 인간의 근원인 땅(the ground)을 아다마(אֲדָמָה)라고 하며 그 근본인 땅(the ground אֲדָמָה)에서 취한 흙(dust עָפָר)으로 만든 사람을 아담(אָדָם Man)이라고 한다.

타락의 결과 모든 인간은 죽게 되었다. 좋으신 하나님은 에덴의 회복을 위해 공의와 사랑의 결정체인 십자가 보혈의 은혜를 주셨다. 그 결과 우리는 구원에 이르게 되었고 장차 예수님이 재림하시어 우리를 미래형 하나님나라에 데려가실 것이다.

구속의 히브리어 동사는 가알 גָּאַל(gaal)이다. 나와 가장 가까운(closest relative) 분이 내 죄를 대신 상환(to redeem, act as kinsman)해주신 것이다. 내가 마땅히 치러야 할 대가를 대신 지불(buy back)하신 것이다. 예수님의 십자가 보혈은 대가 지불이다. 그리하여 우리는 죽음에서 건져졌다(rescue). 그 예수님은 우리의 구원자(Savior)요 구세주(Redeemer)이시다. 사탄의 속임수를 되갚아주셨다(avenger).

구속의 헬라어 여성명사는 ἀπολύτρωσις(apolutrósis)이다. 죄악과 죽음으로부터 구함(redemption), 구조(deliverance)를 뜻하며, 몸값을 다시 지불하심(re-purchase)으로 우리가 풀려나게 된 것이다(release effected by payment of ransom). 다시 말하면 타락으로 인해 영적 죽음이 초래되고 에덴에서의 영생을 몰수 혹은 박탈당했는데 하나님의 은혜로 예수님이 대신 대가를 지불하심으로 다시 회복[33]되었다는 것이다.

성경적 세계관의 마지막 네 번째 기둥은 완성(completion, finish, perfection, accomplishment, achievement, termination, fulfillment)이다.

---

33) (buying back from, re-purchasing (winning back) what was previously forfeited or lost)

심판주, 승리주, 만왕의 왕이신 예수님의 재림은 역사적, 개인적인 종말의 끝이다. 완전한 끝이다. 더 이상은 없다. 이후 예수님의 백보좌 심판대에서 모든 것이 판가름 날 뿐이다. 영생(신원)이냐 영벌(심판)이냐의 갈림길이다. 의인을 위한 신원이냐 악인을 향한 심판이냐 뿐이다.

영생은 의인을 위한 신원으로 거룩한 성 새 예루살렘인 새 하늘과 새 땅에서의 영원한 삶이다. 그곳이 바로 미래형 하나님나라다. 반면에 영벌은 악인을 향한 심판으로 영원히 죽지 않는, 죽음과 방불한 상태[34)]로 유황불 못에서 영원히 고통을 받게 된다. 죽지도 못하고 괴로움 속에서 영원히 살아가야 한다. 그곳이 바로 지옥이다.

네 번째 기둥인 '이루다(창 2:1, 요 19:30) 혹은 완성하다'의 히브리어 동사는 칼라흐 כָּלָה(kalah)이다. 이는 가상 7언의 마지막 마디인 "다 이루었다(It has been finished, 요 19:30)"고 하셨던 헬라어 Τετέλεσται의 동사 τελέω(teleó)와 동일한 의미이다. 중성명사가 텔로스 τέλος(telos, 요 19:30)이다. 예수님의 초림이 하나님의 구속계획을 다 이루신 언약의 성취라면, 재림의 그날은 마지막 날이요 심판의 날로서 모든 것을 이루시고 완성하는 날이다.

34) 첫 번째 죽음이 영적 죽음이라면, 두 번째 죽음은 육적 죽음이다. 세 번째 죽음을 영원한 죽음 혹은 둘째 사망이라고 한다. 계 20:14.

4강

6대 언약: 아담, 노아, 아브라함, 모세, 다윗, 예수 그리스도

언약, 유언(בְּרִית διαθήκη 〉 συνθηκη)

언약은 법적인 책임이 전제된 엄중한 약속으로 어길 경우 법적 제재가 주어진다. 하나님과 인간 사이의 언약을 히브리어로는 בְּרִית(베리트)라고 하며 헬라어로는 δ ιαθήκη(디아데케)라고 한다. 감사하게도 하나님과 인간 사이의 언약인 베리트와 디아데케는 일방(Mono-Lateral) 언약이고 편무언약이다. 인간의 편에서는 지켜야 할 의무가 없어 은혜 언약이라고도 한다. 성경을 흐르는 모든 언약은 베리트요 디아데케이다. 할렐루야!

반면에 인간과 인간 사이의 약속은 συνθηκη(쉰데케)라고 하는데 이는 양측이 함께 약속을 지켜야 하는 쌍방(Bi-Lateral) 언약 혹은 쌍무 언약이다. 행위 언약이기에 어느 한쪽에서 약속을 어기면 법적 책임을 져야만 한다.

하나님과의 언약을 의미하는 헬라어가 여성명사인 διαθήκη (diathéké)라고 했다. 이는 동사 διατίθεμαι(diatithémi)에서 파생되었다. διατίθεμαι는 합성어로서 전치사 διά(dia)와 동사 τίθημι(tithémi)가 합쳐졌다.[35] 하나님과의 언약을 의미하는 히브리어는 여성명사인 בְּרִית (berith,: covenant)이다.

앞서 언급했듯이 성경의 모든 언약은 일방 언약이며 편무언약이다. 반면에 인간과 인간의 언약을 의미하는 συνθηκη는 쌍방 언약이다. 성경의 모든 언약이 συνθηκη가 아님이 무한 은혜이고 그저 감사이다.

성경 66권은 6대 언약으로 이루어져 있다. 5개의 옛 언약이 구약이라면 예수 그리스도의 새 언약이 신약이다. 모든 옛 언약은 항상 새 언약을 향하고 있다.

아담언약은 여인의 후손으로 오실 예수 그리스도를 약속하고 있다.

"내가 너로 여자와 원수가 되게 하고 너의 후손도 여자의 후손과

---

35) dia; (a) gen: through, throughout, by the instrumentality of, (b) acc: through, on account of, by reason of, for the sake of, because of / tithémi; I put, place, lay, set, fix, establish

원수가 되게 하리니 여자의 후손은 네 머리를 상하게 할 것이요 너는 그의 발꿈치를 상하게 할 것(창 3:15)"을 말씀하시며 예수님의 십자가 보혈을 암시하고 있다. 이를 원시복음이라고 한다.

노아언약은 2중 언약으로 홍수 전과 홍수 후의 언약으로 나뉜다.

홍수 전 언약은 방주에 8명의 가족을 들어가게 함(창 6:18)으로 심판으로부터 구원하신다. 이를 구속 혹은 방주언약이라고 한다. 한편 홍수 후 언약은 무지개언약(창 9:9–17)이다. 홍수 후 방주에서 나온 노아와 가족에게 무지개를 통해 다시는 물로 심판하지 않을 것과 다른 방편의 심판(초림과 재림의 예수님)을 약속한 것이다. 방주와 무지개는 둘 다 예수 그리스도를 예표한다.

아브라함언약은 3중 언약이다.

창 12장 1절에는 "여호와께서 아브람에게 이르시되 너는 너의 본토 친척 아비 집을 떠나 내가 네게 지시할 땅으로 가라"고 하시며 2-3절에서는 그 약속과 함께 복을 허락하신다. 이를 정식언약이라고 한다.

다시 15장에 이르면 "타는 횃불이 쪼갠 고기 사이로(창 15:17–18)" 지남을 보여주시며 하나님의 현현인 횃불이 일방적으로 지나가는 것을 보여주셨다. 이를 횃불언약이라고 한다.

17장에서는 할례를 명하신 후 "내가 내 언약을 나와 너와 네 대대 후손의 사이에 세워서 영원한 언약을 삼고 너와 네 후손의 하나님이 되리라(창 17:7)"고 하셨다. 이를 할례언약이라고 한다. 그리하여 아브라함언약은 약속의 씨인 후손 이삭을 통해 오실 예수 그리스도도 약속하셨다.

모세언약은 모세를 통해 출애굽 할 것과 하나님의 거룩한 백성으로 가나안에서 법도와 명령을 지켜 행함으로 너희는 내 백성이 되고 나는 너희에게 인애를 베풀(신 7:12) 뿐 아니라 너희 하나님이 될 것(렘 11:4)이라고 약속하셨다. 또한 시내 산(신 5:2–3)에서 율법을 주시며 "세계가 다 내게 속하였나니 너희가 내 말을 잘 듣고 내 언약을 지키면 너희는 열국 중에서 내 소유가 되겠고 너희가 내게 대하여 제사장 나라가 되며 거룩한 백성이 되리라(출 19:5–6)"고 약속하셨다.

한편 시내 산에서 토라와 함께 십계명 두 돌판을 받은 모세는 이스라엘 백성들에게 하나님의 명령을 잘 전했다. 그들은 비로소 율법으로 인해 자기들이 죄인임을 깨닫게 되었다. 죄와 사망의 법에서 해방되려면 예수님이 반드시 오셔야 함도 알게 되었다. 이로써 예수 그리스도의 새 언약을 앙망하게 되었다.

결국 모세언약으로 주신 율법은 예수 그리스도께로 인도하는 초등교사일 뿐임을 알게 되었다. 모세언약을 소금언약이라고도 한다.

다윗언약은 그의 아들 여디디야라는 별명을 가진 솔로몬을 통해 예수 그리스도를 예표한 언약이다. 또한 사무엘하 7장의 말씀을 통해 이름을 존귀케(삼하 7:9) 해주마 약속하셨고 대적에서 벗어나게 하시며 내가 너를 위하여 집을 이루겠다(삼하 7:11)고 약속하셨다. 종국적으로 네 몸에서 날 자식을 통해 영원히 견고한 나라를 이루고 성전 건축(삼하 7:12)을 약속하셨다.

다윗언약은 등불언약이라고도 한다.

아담언약, 노아언약, 아브라함언약, 모세언약, 다윗언약까지를 옛 언약이라 한다.

예수 그리스도의 언약은 새 언약이라 하는데 이는 예수님의 초림의 구속주(언약의 성취)와 재림의 심판주(언약의 완성) 둘 다를 말한다.

5강

공의, 사랑, 복음, 십자가, 믿음, 구원, 은혜, 하나님나라

공의

삼위 하나님은 다른 하나님이자 한 분 하나님이다.

이렇게 한 문장으로 표현하는 것이 완벽하지는 않으나 더 이상 표현하기 어렵다. 더 나아가는 것은 교만이요 덜 나아가면 복음을 정확히 알 수 없다. 그러므로 두렵지만 겸손하게 위의 한 문장으로 삼위일체를 정리한 것이다. 기능론적 종속성과 존재론적 동질성을 기억하라.

성자 하나님의 성품은 거룩(set apart, holy, sacred, ἅγιος)과 진실 혹은 참됨(true, real, genuine, ἀληθινός)이다.

성령 하나님의 성품은 온유(gentleness, mildness, πραΰ

τηϛ)와 겸손(humble, lowly, ταπεινὸϛ)이다.

그러면 성부 하나님의 성품은 무엇일까? 심판(Judgement, מִשְׁפָּט)이 전제된 공의(צְדָקָה, righteousness)와 사랑(חֶסֶד 인자, 인애, 자비, 긍휼, the covenant loyalty, favour)이다. 물론 단면만을 용감하게 표현한 것이다. 이렇게 출발하면 하나님을 더 알아가는 데 디딤돌이 될 것이다. 한편, 성부 하나님의 성품인 공의와 사랑은 서로 다른 듯 보이나 실상은 동일하다. 공의와 사랑의 결정체가 바로 십자가이며 복음이기 때문이다.

사랑에 비해 하나님의 공의는 판단이 전제되기에 날카롭고 차갑다. 아픔이 동반될 수 있다. 상대가 만족할 만한 대가를 지불해야 탕감이 된다. 그래서 속건제물(사 53:10)이라고 한다. 무조건적 포용은 아니다. 즉 용서가 있지만 징계는 감수해야 한다. 알아야 할 것은, 징계[36)]란 회복을 전제한 하나님의 훈련이지 징벌은 아니라는 것이다.

공의를 나타내는 히브리어 남성명사는 צֶדֶק(tseh'-dek)이다. rightness(정의, 공정, 올바름), righteousness(공의, 고결한 행위)로 번역된다. 쩨떼크의 형용사는 צדיק(tsad-deek' / just, righteous)이다. 그러나 공의는 심판이나 판단(judgment, justice)을 뜻하는 남성명사 מִשְׁפָּט(mish-pawt')

36) 징계(잠 3:11-12, 히 12장)란 단순한 심판이나 징벌을 의미하지 않는다. 회복을 전제한 훈련이다. 징계는 헬라어로 파이데이아스(the discipline, παιδείας מוּסָר)이다. 이는 파이듀오(chasten, παιδεύω, יָסַר)라는 동사에서 파생되었다. 파이데이아스는 '어린 자녀(어린자녀=παιδιον, 놀다=παιϛ)를 양육 혹은 훈련하다'라는 의미이다.

가 원래의 의미[37]에 조금 더 가깝다. 미쉬파트는 히브리어 동사 שָׁפַט (shaw-fat' / to judge, govern)에서 파생되었다.

공의를 나타내는 헬라어 여성명사는 δίκη(diké, dee'-kay)이다. 네 가지 의미로 세분된다. 첫째, 재판이나 판결, 선고의 실행 혹은 집행(execution of sentence, punishment, penalty)이다. 둘째는 복수나 앙갚음(vengeance)을 의미하며, 셋째는 사법상의 청문회 혹은 공청회(judicial hearing)를 의미하고, 넷째는 결과에 상관없이 자명한, 따로 증명할 필요가 없는 의(right (as self-evident) or justice(the principle, a decision or its execution)를 의미한다.

형용사는 δίκαιος(dik'-ah-yos)인데, 하나님의 면전에서 의롭다 혹은 죄없다 인정받음(especially, just in the eyes of God, innocent)을 뜻한다. 공의를 의미하는 여성명사 δίκη와 달리 또 다른 헬라어 여성명사가 δικαιοσύνη(dik-ah-yos-oo'-nay)이다. 이는 δίκη와 달리, 주인 되신 하나님이 우리의 상태와 무관하게 의롭다고 칭해주시는[38] '의'이다. 할렐루야!

---

37) 한글 개혁개정 성경에서는 공의를 의와 판단의 두 가지로 번역하였다. 신 32:4, 시 9:8, 33:5, 35:24, 89:14, 111:7, 사 11:4-5, 30:18, 42:1,3, 45:21, 렘 11:20, 단 9:14, 슥 9:9을 비교하며 참고하라.

38) righteousness of which God is the source or author, but practically: a divine righteousness

사랑

하나님의 성품 중 사랑은 인자, 인애, 자비, 긍휼을 의미하기도 한다. 히브리어 남성명사는 חֶסֶד(kheh'–sed, favour)이다. 형용사가 חָסָד.(khaw–sad, 자비로운, merciful)이다.

헤세드(חֶסֶד)에서 파생한 단어가 하시드(חָסִיד,khaw-seed')인데, '구별(set apart)된 무리'라는 뜻으로 성도[39]를 의미한다. 그 하시드의 복수가 하시딤(חֲסִידִים, 시 149:1,5)이다. 말라기 3장 16절의 구별된 무리가 바로 하시딤이며 이들은 침묵기를 거치며 신약의 바리새파, 사두개파, 에세네파 등 종교지도자가 된다.

한편 하사드와 비슷한 의미를 지닌 다른 히브리어가 רַחוּם(rakh–oom', Adjective, compassionate)인데 '연민어린, 동정심이 깊은'이라는 뜻이다. 여기서 compassion이라는 רַחַם(rakh'–am, nm; f; nm; absolute plural intensive)이 파생되었다. 또 다른 남성명사가 רֶחֶם(rekh'-em)인데 자궁(womb)을 의미하는 단어로서 안전과 포용을 나타낸다.

사랑의 헬라어 여성명사는 우리가 익히 잘 아는 ἀγάπη(ag–ah'–pay)이다. 자비, 박애(benevolence), 호의, 친절(goodwill), 존경(esteem), 애찬(plur: love–feasts) 등 다양한 의미를 가지고 있다. 동사는 ἀγαπάω (ag-ap-ah'-o, take pleasure in, long for)이다.

문법을 떠나 사랑의 의미에 대해 함께 조금 깊이 생각해보자. 사

---

39) godly man (3), godly ones (20), Holy One

랑이 명사일까? 동사일까? 감사는? 믿음은?

사랑이란, 명사가 아니라 동사적 의미를 가진다. 소위 '표현하지 않는 사랑은 진정한 사랑이 아니다.' 마찬가지로 감사도 동사적 의미를 가진다. 반면에 믿음은 동사적 요소도 있으나 명사적 의미이다. 그러므로 믿음은 '있고 없고'의 문제이지 '강하다 약하다, 크다 작다, 많다 적다'의 문제는 아니다.

한편 히브리어 רַחוּם(나훔 선지자, 나훔은 느헤미야의 축약형)는 '자비로운 혹은 연민어린, 사려 깊은(compassionate, merciful)'이라는 말인데, 그 헬라어가 형용사인 οἰκτίρμων(oyk-tir'-mone)이다. 이는 동사 οἰκτείρω (oyk-ti'-ro, I pity, have compassion on.)에서 파생되었다. 그 남성명사가 οἰκτιρμός(oyk-tir-mos', pity, compassion, favor, grace, mercy)이다. 비슷한 의미의 또 다른 헬라어[40]가 ἔλεος이며, 그 동사는 ἐλεέω이다.

복음(유앙겔리온, εὐαγγέλιον, Good News)

성경을 아우르는 핵심 단어 8개 중 공의와 사랑은 앞에서 언급했다. 세 번째는 복음이다. 먼저 복음과 생명에 관해 알아보자. 복음이란 진정한 복된 소식으로 '구원자 예수를 믿음으로 영적 죽음에서 영적 부활로, 영벌에서 영생으로 옮겨지게'된 기쁜 소식이다.

---

40) (el'-eh-os / nm, nn / pity, mercy, compassion) / (el-eh-eh'-o, I pity, have mercy on)

그렇다면, 복음은 무엇이며 복음의 주체는 누구인가?

복음은 '하나님의 은혜인 주 예수 그리스도의 십자가'이다. 당연히 그 주체는 '예수님'이다. 그러기에 바울은 "우리 주 예수 그리스도의 십자가 외에 결코 자랑할 것이 없다(갈 6:14)"고 했다. 하나님의 공의와 사랑의 결정체가 바로 십자가이기 때문이다. 로마서 1장 17절에는 "복음에는 하나님의 의가 나타났다"고 했다.

우리는 복음과 십자가를 "믿음으로 믿음에 이르게" 된다. 그 복음 전파의 사명은 한 번 인생의 '달려갈 길'이요 '주 예수께 받은 사명'이기에 바울은 "나의 생명을 조금도 귀한 것으로 여기지 아니하노라(행 20:24)"고 했던 것이다.

복음(the gospel, the good news)이란 말 그대로 복된 소식, 기쁜 소식이다.

헬라어[41]로는 εὐαγγέλιον(euaggelion, n)이다. 복음이란 성부 하나님의 구속 계획을 따라 '구원자이신 예수의 그리스도, 메시야로서의 오심(the good news of the coming of the Messiah, the gospel)'이다. '오직 예수를 믿으면 살리라'는 복된 소식, 기쁜 소식이다. 헬라어 동사 εὐαγγελίζω(euaggelizó)에서 파생되었다.

우리는 '복음'이라는 말을 그동안 수없이 들어왔다. 그러나 아무 생각 없이 들었다. 이제 우리는 복음의 실체에 집중해야 한다. 특히 '하나님의 은혜의 복음'을 정확하게 알아야 한다.

41) Strong's Concordance를 참조하라.

'하나님의 은혜의 복음!'

'τὸ εὐαγγέλιον τῆς χάριτος τοῦ Θεοῦ'

복음은 "모든 믿는 자에게 구원을 주시는 하나님의 능력(롬 1:17)"이다. 하나님의 능력으로 주신 은혜의 복음은 아무 대가 없이 아무 공로 없이 '오직 은혜', '오직 믿음'으로 주어진다.

영 죽을 수밖에 없던 우리가 하나님의 전적인 은혜에 의해 믿음으로 구원받았다. 영적 죽음에서 부활되었다. 그렇게 구원받은 우리는 내주하시는 성령님을 주인으로 모시고 현재형 하나님나라(주권, 통치, 질서, 지배 개념)를 살아간다. 장차 미래형 하나님나라(반드시 존재하는 장소 개념)에서 영생을 누리게 될 것이다.

이것은 인간 편에서는 공짜로 주어졌지만 하나님 편에서는 엄청난 대가를 지불한 것이다. 바로 예수님의 성육신과 십자가 보혈, 그리고 수치와 저주의 십자가이다. 결국 인간 편에서는 그 구원에 아무것도 한 일이 없다. 구원은 전적인 은혜이다.

하나님의 성품은 공의와 사랑이라고 했다. 그 공의와 사랑의 결정체가 바로 십자가이다. 그러므로 복음의 역사적 실재적 사건이 십자가(고전 1:18, 갈 6:14, 빌 2:8, 골 1:20, 히 12:2, 계 11:8)로 나타난 것이다. 복음과 십자가는 떼려야 뗄 수가 없다. 아무리 반복하여 강조해도 지나치지 않다.

그렇다면 복음의 핵심요소는 무엇일까? 왜 신앙 선배들은 역사 속에서 기꺼이 죽음과 맞바꾸었을까? 세상이 감당하지 못했던 복음의 맛은 어떨까?

복음을 명료하게 이해하려면 먼저 삼위 하나님에 대한 이해[42]가 있어야 하며 기능론적 종속성과 존재론적 동질성을 염두에 두어야 한다.

기능론적 종속성에 의해 복음을 설명하겠다. 성부 하나님은 인간의 구속을 계획하셨다. 하나님은 구원자 예수를 당신의 유일한 기름 부음 받은 자, 그리스도[43] 메시야로, 인간으로 이 땅에 보내셨다.

신인 양성의 그 예수님은 십자가 보혈로 아버지 하나님의 인간의 구속 계획을 성취하셨다.

성령 하나님은 그 예수님만이 그리스도 메시야임을 가르쳐주시고 깨닫게(고전 12:3) 해주셨다. 그리고 믿음(객관적 믿음, 주신 믿음, 허락하신 믿음)을 선물로 주셔서 우리가 믿게(주관적 믿음, 반응한 믿음, 고백한 믿음) 되었다. 그런 우리를 하나님의 자녀로 인쳐주신다.

이렇게 성삼위 하나님의 구원에의 복된 소식이 '하나님의 은혜의 복음'이다.

복음의 6가지 핵심 콘텐츠는 앞의 1강에서 설명했다. 너무 중요

---

42) 《복음은 삶을 단순하게 한다》, 이선일, 더메이커, 2018.

43) 그리스도는 헬라어로 Χριστός(Christos, Noun, Masculine, 마 1:16)이며, 기름 부음 받은 자(the Anointed One)라고 한다. χρίω(chrió, to anoint)라는 동사에서 파생되었다. 히브리어로는 Μεσσίας(Messias, Noun, Masculine, 요 1:41, 요 4:25)이며, 영어 표기는 Messiah이며 Hebrew מָשִׁיחַ(equivalent to Greek Χριστός)로 표기된다. 이는 남성 명사 מָשִׁיחַ(mashiach, anointed)에서 파생되었고, מָשַׁח(mashach: to smear, anoint)라는 동사에서 파생되었다. 또한 그리스도를 믿는 사람을 그리스도인(Χριστιανός Noun, Masculine Christianos a Christian, 행 11:26)이라고 한다.

하여 다시 강조하고 싶으나 더 이상 반복하지 않으려 한다. 이미 머릿속에 개념화가 되어 있다면 바야흐로 그 깊은 맛을 볼 수 있길 바란다.

태초부터 우리 각자를 향한 하나님의 섭리와 경륜은 변함없이 신실하게 역사되어 왔다. 이제 후로는 그 은혜에 감사하여 자원함으로 하나님의 뜻을 행하며 살아가야 한다. 하나님의 뜻인 거룩함으로 살아가는(살전 4:3) 힘도 성령님께서 허락하신다. 우리는 그저 성령님의 통치 하에 살아가면 된다.

또한 고린도후서 5장 18-21절의 말씀을 따라 세상에서 '화목하게 하는 직책'을 감당해야 한다. 세상에 파견되어 당신의 뜻을 펼치는 그리스도의 대사로 부르셨음을 기억해야 한다. 예수님 다시 오실 그날까지 잘 감당할 수 있도록 오직 말씀, 오직 복음, 오직 예수로만 살아가야 한다.

그 신인 양성 예수님은 이 땅에 오셔서 우릴 위해 수치와 저주의 십자가에서 죽으심으로 율법의 저주를 몽땅 짊어지신 하나님이다. 우리는 그 예수님을 믿음으로 구원 얻는다. 죽음에서 생명으로 옮겨지게 된다.

십자가

십자가는 헬라어[44]로 σταυρός(stauros, nm)라고 한다. '똑바로 세워진 말뚝 혹은 화형대(an upright stake)'라는 뜻이다. 이런 연유로 십자가라고 불렀다. 당시 로마 제국에서는 사형수를 매달아 죽이는 도구였다. 십자가에서의 죽음은 끔찍할 뿐 아니라 서서히 죽였기에 최악의 고통이었다. 그러다보니 극악한 죄수에게만 십자가형을 선고했다. 그런데 아무 죄 없으신 구원자 예수님은 우리 대신 그 수치와 저주의 십자가를 담당하셨다.

따라서 복음과 십자가는 늘 함께 붙어 다닌다. 서로 분리될 수 없다. 일종의 관용구(慣用句)처럼.

십자가 보혈로 값 없이 얻은 구원은 하나님의 전적인 은혜이다. 그 십자가 보혈은 엄청난 대가 지불이었다. 그 구속의 결과 우리가 구원되었다.

이제 우리는 고린도후서 5장 18-21절의 말씀을 기억하고 세상 속에서 '그리스도의 대사'라는 정체성을 잃지 말아야 한다. 세상과 하나님 사이의 막힌 담을 허무는, 우리에게 주신 '화목하게 하는 직책'을 그날까지 잘 감당해야 한다.

오직 말씀.

---

44) Strong's Concordance를 참조하라.

오직 복음.

오직 예수.

믿음

하나님의 공의와 사랑으로 나타난 예수 그리스도의 십자가를 "믿음으로 믿음에 이르게" 되어 우리는 살아나게(롬 1:17) 되었다. 믿음으로 아이가 낫게 되고(막 9:24) 믿음으로 바라는 것들이 이루어지며(히 11:1) 비록 눈에 보이지는 않으나 믿음으로 눈에 보이는 세계 뒤에 감추어진 세계와 창조주를 믿는다. 그 약속하신 이는 미쁘시다(히 10:23). 그 믿음의 창시자(히 12:2)가 바로 예수이다.

흔히 우리는 믿음을 얘기할 때 '크다 작다, 많다 적다, 강하다 약하다'라는 말로 아무 생각 없이 상대의 신앙을 평가한다. 그렇기에 믿음은 동사처럼 여겨져왔다. 나도 그렇게 생각해왔다.

어느 날 가만히 묵상하던 중 성령 하나님은 가르침을 주셨다. 이내 곧 나는 내 속 깊은 곳에 똬리 튼 엄청난 교만을 알게 되었다. 만약 누군가 끝까지 믿음을 동사라고 우긴다면, 혹시나 그 속에 자기의나 율법이 포함되어 있는지를 점검해야 한다.

그렇다면, 믿음이 명사인가?

'그렇다'

히브리서 12장 2절의 "믿음의 주요 또 온전케 하시는 이"라는 말씀은 '믿음의 창시자는 오직 하나님'이라는 의미이다. 여기서 '주(창시자)'로 쓰인 헬라어가 신약에 단 4회만 나오는 아르케고스(ἀρχηγός, 창시자)이다.

믿음을 창시하신 하나님은 우리에게 그 믿음을 선물로 주셨다. 당연히 그 주신 믿음은 명사로서 '있다 혹은 없다'가 핵심이다. 그 후 히브리서를 점점 더 깊이 공부하면서 믿음은 동사(πιστεύω)가 아니라 명사(πίστις)임을 더 확신하게 되었다.

그렇다. 믿음은 명사로서 하나님께서 은혜로 주신 전적인 선물이다. 그렇게 주신 선물, 그 믿음으로 내가 '먼저' 살아난 것이다. 선택되어 살아난 후 예수를 '믿어' 구원된 것이다.

로마서 1장 17절은 "믿음으로 믿음에 이르게" 되었다고 했다. 하나님의 선택에 의해 내게 선물로 주신 믿음, 그 객관적인 믿음을 통해 '살아난 후' 주관적으로 믿고 고백하여 구원된 것이다.

결국 좋으신 하나님은 죽었던 나를, 먼저 택해주셨다. 그리고는 살리셔서 구원자 예수를 믿게 하신 것이다. 고린도전서 12장 3절은 "누구든지 성령에 의하지 아니하고는 예수를 주시라 할 수 없다"고 했다.

다시 강조하지만, 믿음은 명사다.

좋으신 하나님은 창세 전에 당신의 섭리 하에 먼저 나를 택하셔서(선택교리) 때가 되매 나를 부르셨다. 택함받은 나는 주신 선물, 믿음을 통해 살아난 후, 주관적으로 예수를 믿어 구원받게 된 것이다. 그러므로 믿음으로 구원된 것은 하나님의 전적인 은혜이다.

나는 앞서 집필했던《복음은 삶을 단순하게 한다》에서 기독론(Christology)과 구원론(Soteriology)을 언급하면서 '믿음의 3총사'[45]를 말했었다.

"오직 의인은 믿음으로 말미암아 살리라"

이신칭의(以信稱義) 혹은 이신득의(以信得義)에 관해 알고 싶은가? 로마서를 찬찬히 묵상하며 공부하라. 어떻게 믿음으로 살아갈 것인가에 관하여는 갈라디아서를 깊이 조명하라. 믿음이 비록 동사적 요소가 없지는 않으나 명사라는 것을 이해하고 싶으면 히브리서를 깊이 읽고 또 읽으라.

히브리서를 제대로 공부하고 나면 믿음에 관한 헬라어 3개가 입속에 맴돌게 되고 머릿속에 깊이 각인된다. 믿음의 명사와 동사, 그리고 형용사이다.

믿음의 헬라어 여성명사는 πίστις(pistis)이다. 믿음 혹은 신앙(faith), 충실함 혹은 신뢰할 만함(faithfulness), 신임, 신탁(trust, confidence), 신의(fidelity) 등으로 번역한다.

동사는 πιστεύω(pisteuo)이며, '믿음이 강하다, 믿음이 크다, 믿음이 많다 혹은 믿음으로 살아냈다'로 번역한다.

형용사는 πιστός(pistos: trustworthy, faithful, reliable, believing)로서 '믿음

45) 《복음은 삶을 단순하게 한다》(이선일)을 참고하라.

직스럽다, 신뢰할 만하다, 혹은 미쁘다'이다.

명사 πίστις는 여성명사로서 대표적 의미는 '하나님 앞에서의 신실함(faithfulness)'으로 '하나님을 믿는 순수한 믿음'을 말한다. 예수님만이 그리스도 메시야임을 단순하게 믿는 믿음이다. 이는 동사 πείθω와 또 다른 동사 πιστεύω에서 파생되었다. 형용사는 πιστός인데 이는 믿음을 '창시(ἀρχηγός)하신 하나님만이 믿음직스럽다'는 의미이다. 그 하나님만이 신뢰의 대상이라는 것이다. 당연히 인간은 믿음의 대상이 아니다. 그저 보호(care)의 대상일 뿐이다.

독특한 것은, '믿음의 창시자'라는 헬라어가 신약성경에 단 4회만 나온다는 점이다. 사도행전에 2회(3:15, 5:31), 히브리서에 2회(2:10, 12:2)이다.

신약성경에 단 4회 나오는 '창시자'라는 헬라어 남성명사는 ἀρχηγός(archégos)이다. 이는 창시자, 창설자, 발기인, 시작(originator), 입안자(author), 창립자(founder), 지도자(leader)등 다양하게 번역된다. 동사가 ἄρχω인데, 이는 ἄγω에서 파생[46]되었다.

비슷하나 또 다른 헬라어 동사가 ἡγέομαι(hégeomai, to lead, suppose)와 τελειωτής(teleiótés)이다. 이는 창시자라기보다는 '믿음의 종결자, 믿음의 끝판왕'이라는 의미이다.

결국, 믿음의 창시자란 믿음을 온전케 하신 분이요, 그 믿음을

46) 《Biblehub.com》, Interlinear Bible, Strong Concordance, NAS Exhaustive Concordance, NASB Lexicon를 참고하라.

처음부터 만들고 '완성'하신 종결자라는 의미이다. 우리는 그 믿음을 선물로 받아 구원을 얻은 것이다. 분명한 것은, 믿음은 명사든 동사든 온전한 하나님의 주권 하에 있다는 것이다.

'완성'이라는 헬라어는 가상 7언의 마지막 말씀, "다 이루었다(It has been finished, 요 19:30)"의 Τετέλεσται(Tetelestai)를 연구하면 도움이 된다. 이는 동사 τελειόω(teleioó, to bring to an end, to complete, perfect)에서 파생되었다. 형용사는 τέλειος인데 '완전케 하시는' 종결자라는 의미이다. 이는 '끝장을 보다'라는 의미인 중성명사 τέλος(telos, an end, the principal end)에서 나온 것이다.

결국 믿음의 창시자란, '믿음의 종결자(finisher), 믿음의 완성자(a perfecter, completer)'라는 의미로서, '믿음을 만드신 후 우리에게 그 믿음을 선물로 주신 분'이라는 의미이다. 우리의 구원은 '믿음 강함'이 아니라 '선물로 주신 믿음' 때문이라는 것이다. 그러므로 우리가 예수를 "믿음으로 의롭다하심을(롬 5:1)" 얻은 것이다.

찬송가 411장(통 473장)은 미국에 대공황이 발생했을 때 머피(A.S. Murphy, 1908) 여사가 작사 · 작곡한 것이다.

하나님께서 선물로 주신 믿음은 상황과 환경을 뛰어넘게 한다. 우리는 예수 그리스도를 믿음으로 말미암아 구원을 얻어 하나님 아버지와 화평을 누리게 되었다. 그 샬롬 가운데 있으면 어떤 상황이나 환경도 우리를 흔들 수 없다. 왜냐하면 샬롬(שָׁלוֹם, εἰρήνη)의 4가지 의미 중 하나가 '하나님 안에서의 안식과 견고함'이기 때문이다.

그 믿음으로 샬롬을 유지했던 머피 여사는 "세상이 감당하지 못하는 평화(요 14:27)가 내 맘 속에 있네"라는 찬송으로 자신의 믿음을 고백한 것이다.

"아 내 맘 속에 참된 평화 있네	주 예수가 주신 평화
시험 닥쳐와도 흔들리지 않아	아 귀하다 이 평안함
(후렴)	
주가 항상 계셔 내 맘 속에	주가 항상 계셔 아 기쁘다
주 나의 맘에 계셔 위로하시네	어찌 내가 주를 떠나 살까"

구(대)속, 속량 그리고 구원

성부 하나님의 성품인 공의와 사랑의 결정체가 바로 십자가 보혈이다. 아무리 반복하여 강조해도 지나치지 않다.

아버지 하나님의 크신 사랑(헤세드, חֶסֶד)은 조건 없는 인간의 구원 계획이었기에 은혜이다. 그러나 하나님의 공의(쩨다카, צְדָקָה)는 심판을 내포하고 있다. 그러므로 하나님의 공의를 만족하려면 대속 혹은 구속이라는 특정한 대가 지불이 요구된다.

피 흘림이라는 대가 지불이 전제된 구속 혹은 대속의 헬라어 여성명사가 ἀπολύτρωσις[47](apolutrósis)이다. 이는 ἀπό(Preposition/ from,

---

47) 《Biblehub.com》, English - Hebrew / Greek Interlinear Bible, Strong Exhaustive Concordance, NAS Exhaustive Concordance(Nasec), Englishman's Hebrew

away from)와 여성명사 λύτρωσις(lutrósis)의 합성어이다. 동사는 λυτρό ω이다.

한편 λυτρωτής(lutrótés)라는 남성명사는 속량하는 자(a redeemer, liberator, deliverer)라는 의미인데 이는 동사 λύω(luó)에서 파생되었다. 이루오라는 동사는 '회개하다'라는 의미도 가지고 있다.

한 번 인생을 살아가며 죄인 된 인간은 반복하여 자범죄(I wash my own (hands, etc.)를 짓는다. 그렇기에 육신의 장막을 벗는 그날까지 지속적으로 회개해야 한다.

자범죄의 회개는 헬라어 동사 니프토 νίπτω(nip'-to)이다. 반면에 단회적인 원죄의 회개(to loose, to release, to dissolve, untie)는 헬라어로 루오(λύω)라고 한다. 십자가 보혈은 영단번(once for all)이기에 한 번 회개한다. 원죄를 탕감받게 되면 우리의 신분은 하나님의 자녀로 변한다. 죄와 사망의 법에서 해방이 된다.

이와는 달리 자범죄는 지속적으로 회개해야 오염된 상태로부터 깨끗해진다. 이후 우리는 거룩함에의 몸부림으로 살아가야 한다. 죄와 싸우되 피 흘릴 때까지 싸운다는 태도가 있어야 한다.

구속과 비슷한 한글 단어가 속량이다. 갈라디아서 3장 13절과 4장 5절은 "그리스도께서 우리를 위하여 저주를 받은바 되사 율법의 저주에서 우리를 속량"하셨다고 했다. "율법 아래 있는 자들을 속량"하시

Concordance, NASB Lexicon, BDB(Brown-Driver-Driggs) Hebrew and Greek Lexicon 를 참고하라

려고 "여자에게 나시고 율법 아래 나게(갈 4:4)"하셨다고 말씀하셨다.

구속이 ἀπολύτρωσις이라면 '속량(갈 3:13, 4:5, 눅 1:68, 엡 5:16)'을 뜻하는 '되돌려 사다'라는 동사는 ἐξαγοράζω(exagorazó)이다. 같은 의미일지라도 미묘한 차이를 느낄 수 있어야 한다.

ἐξαγοράζω는 전치사 ἐκ, ἐξ(from, from out of)와 동사 ἀγοράζω(agorazó)의 합성어로서 '~으로부터 값을 주고 되사다(to buy in the marketplace, purchase)'라는 의미이다.

아무튼 우리는 예수님의 십자가 보혈인, 구속의 결과 구원이 주어졌다. 구원의 헬라어 여성명사는 σωτηρία(sótéria)이다. 구원은 '죽음에서 생명으로의 이동 혹은 사망에서 생명에로의 구조(deliverance)'를 의미한다.

구원된 우리는 예수를 주로 모셨기에 살롬이 주어진다. 살롬이란, 하나님과의 바른 관계, 하나님과의 하나됨, 하나님 안에서만 안전하고 평안(safety)할 뿐 아니라 견고함, 번영과 안녕(welfare, prosperity)까지도 누리게 된다는 의미이다. 즉, 믿음으로 살롬이 주어지면 하나님 안에서 가장 안전하게 보호(preservation)를 받게 된다는 것이다.

누구든지 주의 이름을 부르면 구원(행 2:21)을 얻게 된다. "다른 이로써는 구원을 얻을 수 없(행 4:12)"다.

그렇다. 예수만이 우리의 구원자이시다. 우리는 하나님의 전적인 은혜를 인하여 믿음으로 구원을 얻었기에[48] 육신의 장막을 벗는

48) 엡 2:8-9, 행 16:31, 롬 1:16, 10:9, 고전 1:18, 딤전 2:4, 딛 3:5, 벧전 1:9, 3:21을 참조하라.

그날까지 사랑에 빚진 자로 살아가야 한다.

구원이라는 헬라어 동사는 σῴζω(sózó)이며 형용사는 σωτήριος(sótérios)이다. 참고로 '구원자'라는 헬라어는 σωτήρ(sótér, nm, a savior, deliverer, preserver)이다.

초대교회 때 박해를 피해 신앙고백을 하며 서로를 인식했던 물고기(ikh-thoos', ἰχθύς, ύος, ὁ / nm) 문양이 있었다. ἰχθύς의 맨 마지막 단어가 '구원자'로서 σωτήρ이다. ἰχθύς는 '예수 그리스도는 하나님 아버지의 아들 독생자로서 구원자'라는 의미이다.

은혜

'오직 은혜(Sola Gratia)'란 베푸시는 하나님 편에서는 전적인 은혜요 받는 인간 편에서는 무조건적인 은혜다.

하나님의 크신 은혜는 미천한 우리임에도 불구하고 귀하게 여기셔서 태초(아르케, ἀρχή)에 우리를 선택해주셨다. 역사의 주관자 하나님은 당신의 정확한 때(카이로스, καιρός)가 되매 우리를 부르셨다. 그리하여 지금의 이 자리에 있게 하셨다. 도저히 그럴 수 없는 우리를 지금의 자리에 있게 하신 것은 오직 그분의 은혜이다. 하나님의 은혜를 말씀하는 성경구절[49]은 이루 헤아릴 수 없이 많다.

---

49) 요 1:14,17, 행 15:11, 20:24, 롬 1:7, 5:15, 고전 1:4, 15:10, 고후 6:2, 갈 1:6, 엡 1:7,

은혜의 헬라어는 χάρις(charis)인데, 은혜라는 의미 외에도 중요한 몇 가지[50]가 더 있다. 히브리어로는 חֵן(chen, nm, favor, grace)이며 חָנַן(chanan, v, beseech, adornment)에서 파생되었다. χάρις의 동사는 χαίρω[51]이며 명사는 χαρά인데 '기쁨'이라는 의미이다. χάρις에서 파생된 단어가 χαρά와 εὐχαριστέω[52]이다. 다시 말하면 하나님의 은혜를 받으면 기쁨과 감사가 넘쳐나게 된다는 것이다. 이는 바로 풍성한 은혜를 입은 성도의 모습이다. 그러므로 한 번 인생에서 기쁨과 감사가 넘쳐나려면 하나님의 풍성한 은혜를 받아야 한다.

하나님의 은혜를 풍성하게 받고 싶은가?

정말 하나님의 은혜를 갈망한다면 먼저 하나님과의 올바른 관계를 정립해야 한다. 하나님과의 하나 됨을 이루어야 한다.

살롬은 하나님과의 관계를 일컫는 말이다. 살롬의 히브리어는 שָׁלוֹם(nm)이며, 동사는 שָׁלַם(shaw-lam' / amends)이다. 여성명사인 살롬의 헬라어는 εἰρήνη(i-ray'-nay)이다. 우리의 큰 대제사장인 멜기세덱의 고향이 살렘(창 14:18, שָׁלֵם, Σαλήμ)이다.

'살롬(שָׁלוֹם, εἰρήνη)'은 4가지 주요 의미를 가진다. 이를 묵상하며

2:5, 8, 히 4:16, 벧전 5:10, 벧후 3;18, 계 22:21 등을 참조하라.

50) 은혜 χάρις (charis, nf, (a) grace, as a gift or blessing brought to man by Jesus Christ, (b) favor, (c) gratitude, thanks, (d) a favor, kindness)

51) χαίρω(chairó, to rejoice, be glad, also a salutation: Hail)

52) εὐχαριστέω(eucharisteó, v, to be thankful, I thank, give thanks; pass. 3 sing: is received with thanks), χαρά(chara, nf, joy, delight, gladness, a source of joy)

남은 여생동안 진정한 살롬을 누리게 되길 바란다.

살롬은, 첫째 하나님과의 바른 관계 혹은 하나님과의 완벽한 하나 됨(completeness)이다. 둘째는 하나님 안에서의 안식을 누림과 그 분 안에서의 견고함, 흔들리지 않음(soundness)이며, 셋째는 하나님께서 허락하실 가시적인 번영의 복(welfare, prosperity)이고, 마지막 네 번째는 평안 혹은 평강(peace)[53]이다.

풍성한 은혜를 받으려면 먼저 하나님과의 살롬을 유지해야 한다. 그 은혜는 우리의 삶 속에서 상황과 환경을 초월하여 기쁨과 감사를 넘치게 한다. 즉, 살롬으로 은혜를 받으면 기쁨과 감사가 넘쳐나게 된다는 것이다.

감사는 사랑과 마찬가지로 그 의미에 있어서 명사가 아니라 동사라고 했다. 헬라어 동사 εὐχαριστέω(v)의 형용사는 εὐχάριστος[54](eucharistos, thankful, grateful)이다. 이는 εὖ와 동사 χαρίζομαι의 합성어다.

간혹 은혜(χάρις)를 은총 혹은 은사(χάρισμα)로 오해할 때가 있다. 은사장인 고린도전서 12장을 통해 은사의 의미를 정확히 분별해야한다. 삼위 하나님이 우리에게 은사를 주신 이유는 명확하다.

---

53) 15장 1절에 "아브람아 두려워 말라 나는 너의 방패요"라는 말이 나온다. 여기서 방패는 전쟁용어로 14장의 북방 4개국 동맹을 야습으로 물리친 후 승리는 하였으나 이후 인간적으로 생각해보니 '저들이 복수를 하러오면 어떡하나?'라는 걱정과 두려움이 생긴 것이다.

54) 이는 εὖ(eu, Adverb, well, well done)와 동사 χαρίζομαι(charizomai, give freely, (a) I show favor to, (b) I pardon, forgive, (c) I show kindness)의 합성어다.

은사(χάρισμα)는 삼위일체 하나님의 선물(Gifts)이다. 성령님은 당신의 뜻을 따라 적당한 때에 각자에게 다양한 은사를 주신다. 다시 말하지만 은사는 그분의 선물이다. 결코 은사받은 개개인의 우열을 뜻하지 않는다. 신앙 수준의 높고 낮음이 아니다.

은사가 원리화되어서는 곤란하다. 은사를 치부 수단으로 삼아서도 안 된다. 은사는 "공동체의 유익을 위해(고전 12:7)"주셨다.

은총 혹은 은사의 헬라어가 χάρισμα(charisma, nn, an undeserved favor, a gift of grace, a free gift)이다. 우리는 종종 '저 사람은 카리스마가 장난이 아니다'라고 하는데, 이는 추진력이 강하고 자기주장이 센 사람을 흔히 일컫는 말이다. 그러면서 리더십과 연결시킨다. 이는 카리스마의 원뜻을 오해한 것이다.

지난 날 조국 교회는 왜곡된 카리스마의 사람 때문에 알게 모르게 폭력이 횡행했다. 그들의 눈에서는 레이저 불꽃이 발사되었다. 그들의 입에서는 거침없는 저주와 함께 협박과 폭력적인 언어가 난무했다. 그들의 행동거지는 오만불손하기 짝이 없었다. 그들은 단순히 '왕무당'일 뿐이었다. 다시 말하거니와 그것은 카리스마가 아니다.

분명한 것이 있다.

카리스마가 많을수록 겸손하다. 카리스마가 클수록 자기를 낮춘다. 카리스마가 강할수록 자기를 숨긴다. 카리스마가 있을수록 매너가 자연스럽게 배어 나온다. 공동체의 유익을 위해 자신의 카리스마를 온전히 그리고 조용히 활용한다. 지극한 그 섬김에 자원함과 진정성이 가득 배어 있다. 모든 것을 사랑으로 베푼다. 도저히 관용을 베풀기 힘든 사람조차도 품는다. 성령님의 온유 겸손하신 성품을 닮았기에 카리스마를 가진 사람이야말로 가장 인격적이다.

하나님나라(βασιλεία τοῦ Θεοῦ, Kingdom of God)

요한계시록 21장 1-3절에는 하나님나라를 다양하게 묘사하고 있다. 천국, 새 하늘, 거룩한 성 새 예루살렘, 신천신지, 하나님의 장막 등이다. 이는 다 분명한 장소 개념인 미래형 하나님나라를 의미한다.

예수님은 "내 아버지 집에 거할 곳이 많(요 14:2-4)"다고 했다. 부활하신 후 승천하시면서 "가서 너희를 위하여 처소를 예비하면 내가 다시 와서 너희를 내게로 영접하여 나 있는 곳에 너희도 있게 하리라"고 하시며 승천의 장소와 재림의 이유를 말씀해 주셨다.

물론 미래형 하나님나라만 있는 것이 아니다. 현재형 하나님나라도 있다.

현재형 하나님나라는 장소를 뜻하지 않는다. 통치, 질서, 지배, 주권 개념이다. 그러므로 성령님을 주인으로 모시고 그분의 통치 하에 살아가면 그 어디나 하나님나라다. 이를 '현재형 하나님나라'라고 한다.

개개인이 예수를 나의 구주, 나의 하나님이라고 입으로 시인하고 마음으로 믿어 구원을 받으면 성령님이 내주하신다. 그 몸은 성전이 되고 주인 되신 성령님의 통치 하에 살아가면 그는 현재형 하나님나라에 사는 것이다. 그러기에 예수님은 바리새인들이 물을 때 “하나님의 나라는 볼 수 있게 임하는 것이 아니요 또 여기 있다 저기 있다고도 못하리니 하나님의 나라는 너희 안에 있느니라(눅 17:20-21)”고 하셨다. 이런 현재형 하나님나라에 살아가는 것을, 무천년설에 의하면, 천년왕국[55]이라고 나는 생각한다.

반면에 미래형 하나님나라는 반드시 존재하는 장소 개념이다. 예수님이 재림하시면 함께 가서 성삼위 하나님과 영원히 살 곳이다.

천국과 대조되는 곳으로 지옥이 있다. 성경에는 천국과 지옥에 관해 구체적인 내용은 없으나, 천국과 지옥의 존재는 분명히 얘기하고 있다.

성경에서 천국을 의미하는 단어로는 하늘나라, 삼층천, 낙원, 거룩한 성 새 예루살렘, 하나님의 장막, 하늘 성소, 참 하늘, 새 하늘, 신천신지, 천년왕국 등이 있다. 굳이 이 낱말들의 차이를 정의하려고 무리수를 둘 필요가 없다. 그러다보면 이상한 교리가 생길 수 있기 때문이다. 또한 새 하늘과 새 땅을 뜻하는 신천신지(新天新地)는 이단

55) 무천년설에서는 천년왕국을 상징과 의미로 해석한다. 단순이 문자적인 one thousand가 아니다. Gematria(수비학)에서는 10x10x10=1000이며 10은 만수 혹은 완전수이다. 그러므로 1000이란 '많다 혹은 하나님이 정하신 수'라는 의미이다. 천년왕국이란 종말동안 성령님을 주인으로 모시고 그리스도인들이 현재형 하나님나라를 살아가는 것이다. 그러기에 단순히 1000년의 기간이 아니라 하나님이 정하신 많은 기간을 말한다. 이때 종말의 명확한 개념이 중요하다. 종말이란 예수님의 초림에서 재림 전까지의 시기를 말한다. 초림의 예수님은 모든 것을 다 이루시고 승천하셨다. 그 예수님을 그리스도 메시야로 믿는 그리스도인은 이미 성령님의 통치 하에 있기에 현재형 하나님나라를 살아가는 것이다. 그 나라를 예수님이 왕이신 천년왕국이라고 한다.

집단 신천지와는 전혀 무관하다.

지옥[56]을 얘기하는 단어로는 음부, 무저갱, 불과 유황 못, 깊은 구덩이, 불 못, 불과 유황으로 타는 못 등이 있다. 비슷한 맥락으로 이 단어들의 차이도 무리하게 해석할 필요가 없다. 지옥을 의미하는 단어 중 음부(陰部)는 히브리어로 스올(שְׁאוֹל)이라 하며 헬라어로는 하데스(Ἅδης, hadés) 혹은 아뷔손(ἄβυσσον), 아바돈(Ἀβαδδών)이라고 한다.

최근 들어 천국과 지옥에 관한 담론 중 가장 마음 아픈 것은 복음주의권에서조차 '지옥은 없다'고 말하는 것이다(존 스토트는 하나님의 속성 중 사랑의 성품 상 지옥은 존재하지 않는다고 말함. 심지어 영혼멸절설까지 주장함). 더하여 천국이라는 '장소'도 없다고 말하는 사람들이 늘어나고 있다. 그러면서 '하나님과 함께하는 곳은 그 어디나 하늘나라'라며 천국의 장소적 개념을 아예 폄하해 버린다. 절반은 맞는 말이나 절반은 틀린 말이기에 결국 틀린 말이다.

나는 하나님의 성품인 공의와 사랑을 생각해볼 때 장소적인 천국과 지옥은 확실히 있다고 믿는다. 또한, 천국에 대한 것은 잠시 후에 얘기할 현재형 하나님나라와 미래형 하나님나라를 잘 구분하면

56) 지옥을 나타내는 단어는 계 20:10, 14, 15, 21:8을 참고하라. 히브리어로 지옥을 나타내는 스올(שְׁאוֹל)은 underworld or hell로서 욘 2:2에 나온다. 또한 전 9:10에 의하면 지옥은 일도 계획도 없고, 지식도 지혜도 없다고 한다. 헬라어로는 하데스 혹은 아뷔손(ᾅδου or ἄβυσσον)이라고 한다. 특별히 아뷔손 혹은 아바돈(Ἀβαδδών)은 계 20장의 무저갱을 말하는데, 창 1:2의 깊음(테홈, תְּהוֹם)혹은 바닥 없는 구덩이를 의미하기도 한다.

교묘한 이들의 미혹에 흔들림이 없을 것이라 확신한다.

우리가 예수님을 믿는 종국적인 이유는 구원받아 반드시 존재하는 '미래형 하나님나라'에 들어가기 위함이다.

단순히 구원받기 위해서만 예수를 믿는 것은 뭔가 부족하다. 당연히 유월절 어린양이신 예수님 외에는 구원이 없다. 그렇기에 예수님의 십자가 구원은 아무리 강조해도 지나치지 않다. 그렇다고 하여 그리스도인들이 십자가 보혈에만 머물러서도 안 된다. 우리는 종국적으로 미래형 하나님나라에 들어가 성삼위 하나님을 찬양하며 영생을 누리기 위해 예수를 믿는 것임을 알아야 한다.

하나님나라에 관해 좀 더 설명하겠다. 주석서 등을 일부 참고[57] 했으나 앞으로의 설명은 나의 주관적 생각임을 밝혀둔다.

다시 강조하지만 하나님나라는 현재형과 미래형이 있다. 현재형 하나님나라는 장소 개념이 아니라 통치, 질서, 지배, 주권 개념이다. 반면에 미래형 하나님나라는 지금은 보이지 않지만, 반드시 존재하는, 장차 우리가 들어가서 성삼위 하나님과 영원히 함께할 곳, 분명한 장소 개념인 하늘나라다.

먼저 현재형 하나님나라를 살펴보자.

하나님을 주인으로 모시고 그분의 통치, 질서, 지배, 주권 하에서 살아가는 사람은 '이미 하나님나라가 그 안에 이루어진(눅 17:20-

57) 《그랜드 종합주석》 13권(누가복음, 요한복음 편)을 참고하라.

21)' 것이다. 그런 사람은 자신의 몸이 성전이며 그 성전 안에 내주하신 성령님이 주인이기에 그 사람은 이미 하나님나라를 살고 있는 것이다. 그렇다면 그런 사람들이 모인 곳, 예배당도 현재형 하나님나라이다.

지난 날, "하나님의 나라가 이미 너희 안에 임하였느니라"는 말씀의 주석 때문에 약간 논란이 된 적이 있었다. 특히 '~안에'라는 해석 때문이었다. 소위 in이냐 among이냐를 두고 말이 많았다.

나는 논란 자체가 무의미하다고 생각한다. 왜냐하면, 예수쟁이인 나를 예로 들 때, 내 안(in)에는 성령님이 주인으로 계셔서 나는 현재형 하나님나라다. 동일하게 예수쟁이들(among)이 모인 곳, 예배당은 하나님의 통치, 질서, 지배, 주권 하에 있기에 현재형 하나님나라이다. 그렇기에 in도 맞고 among도 맞는 것이다.

다시 말하면 성령님을 주인으로 모시고 사는 성전 된 내가 바로 '현재형 하나님나라'이며 그런 사람들이 모인 예배당이 현재형 하나님나라인 것이다. 또한, 성령님을 주인으로 모신 기독교 국가도 현재형 하나님나라이다. 다시 말해, 성령님의 통치를 인정하는 모든 곳이 현재형 하나님나라이다.

우리가 할 일은, 예수님 재림하실 때까지 복음과 십자가를 자랑함으로 현재형 하나님나라를 확장해가는 것이다.

이제 후로는 누가복음의 현재형 하나님나라(눅 17:20-21, 마 12:28)와 요한복음의 미래형 하나님나라(요 14:2-4)를 잘 구분해야 할 것이다. 그런 후에 성경을 찬찬히 읽으면 그분의 의중을 더 잘 알게 될 것이다.

우리가 즐겨 불러온 찬송가 중 "주 예수와 동행하니 그 어디나 하늘나라"라는 가사가 있다. 이는 '현재형 하나님나라'이다.

사도바울은 이런 현재형 하나님나라를 얘기하면서 "너희가 하나님의 성전인 것과 하나님의 성령이 너희 안에(고전 3:16)" 있다고 했다. 즉 하나님을 주인으로 모신 나 자신이 하나님의 성전이고 성전된 내 안에 성령님을 주인으로 모셨다면, 이미 내 안에 하나님나라가 임한 것이라는 말이다. 이런 '현재형 하나님나라'를 잘 이해해야 신앙이 바르게 성숙된다.

현재형 하나님나라가 우리 안에 이루어지다니!

할렐루야!

그러므로 예수쟁이들의 모임인 교회 공동체가 현재형 하나님나라이며 모든 그리스도인의 공동체나 예수님을 주인으로 모시고 살아가는 민족과 열방도 동일하게 현재형 하나님나라이다. 우리는 살아있는 동안 '그' 하나님나라, 현재형 하나님나라를 확장해가야 한다. 그래서 적극적으로 복음을 전하는 것이다.

그런 우리는 그리스도 복음의 비밀을 맡은 자[58]이다. 복음과 십자가를 자랑하고 말씀을 가르치는 일에 목숨을 걸어야 한다. 하나님의 복음의 비밀을 맡은 자가 바로 그리스도의 일꾼(고전 3:5)이요 노예

---

58) 그리스도의 일꾼은 3가지로 구분한다. 헬라어로 노예(a slave, 휘페레타스 ὑπηρέτας,

이며 종(고전 4:1-2)이라고 했다.

‘일꾼’이라는 헬라어가 노예를 의미하는 ‘휘페레타스’(ὑπηρέτας)이다. 이는 ‘휘페르’(ὑπηρ)와 ‘레타스’(ρέτας)의 합성어다. 휘페르는 ‘아래’(under)라는 뜻이며 레타스는 ‘북소리를 듣고 노를 젓는 사람’이라는 뜻이다.

결국, 그리스도의 일꾼이란 (선장이신 예수 그리스도의) 노예선을 타고 배 밑창에서(현장에서) 북소리에 맞추어(말씀과 복음으로) 노를 젓는(사명을 감당하는) 사람이라는 것이다. 이런 노 젓는 장면은 영화 〈벤허〉에서 보았을 것이다.

반면에 ‘미래형 하나님나라’는 지금은 보이지 않지만, 반드시 존재하는 장소개념이다. 분명한 장소다.

그 나라는 우리가 육신적 죽음 이후에(엄밀히 말하면, 예수님의 재림 후 부활되어) 들어가 삼위 하나님을 주인으로 모시고 영원히 살아갈 곳이다. 미래형 하나님나라는 “죽음도 눈물도 아픔이나 애통이나 곡하는 것도 없(계 21:4)”다고 했다.

또한, 그 나라는 ‘선한 싸움을 싸우고 달려갈 길을 마치고 믿음을 지켰기에 우리에게 주신 의의 면류관(딤후 4:7-8)’을 하나님의 존전에 다시 돌려 드리며[59] 찬양하며 살아갈 나라다.

고전 4:1-2), 종(a servant, 디아코노스, διάκονος, 고전 3:5), 청지기(a steward, 오이코노모스, οἰκονόμος, 고전 4:1-2)이다.

하나님의 주인 되심을 기뻐하며 그분께만 영광을 돌려야한다. 이후 살아가게 될 분명한 장소 개념인 영원한 나라 '미래형 하나님나라'를 그리워하며.

그리스도인이 들어가게 될 '미래형 하나님나라'가 현재 우리가 느끼는 것처럼 동일한 시공간으로 주어질지 아니면 또 다른 형태로 주어질지는 아무도 모른다. 확실한 것이 있다면 그 나라에서는 변화된 몸인 부활체[60]로 살아간다는 것이다. 소위 신의 본체는 아니나 신과 방불한 자로 살아간다.

우리는 그렇게 삼위 하나님과 영생을 누릴 것이다. 우리는 그 나라에서 삼위 하나님을 주인으로 모시고 그분만 경배하며 영원히 살아갈 것이다.

'미래형 하나님나라'는 "먹고 마시는 것이 아니라 성령 안에서 의와 평강과 희락(롬 14:17)"뿐이다.

'미래형 하나님나라'가 장소 개념임을 분명하게 보여주는 구절인 요한복음 14장 2-4절을 한 번 더 자세히 살피겠다.

예수께서 부활 후 승천하시면서 우리에게 "내 아버지 집(house)에

---

59) 계 4:10-11은 밧모 섬에 유배되어 있던 사도 요한에게 천상의 예배 모습을 보여주는 장면이다. 일생 동안 열심히 사역하였기에 주신 것으로 생각했던 딤후 4:7-8의 '의의 면류관'이 알고 보니 전적으로 하나님의 인도하심이었음을 깨닫게 된다. 그러자 하나님의 존전으로 나아가 면류관을 돌려드리는 예배 장면이다.

60) 예수를 믿든 안 믿든 간에 모든 사람은 예수님 재림 후 다 부활한다. 성경은 그리스도인의 부활체(the resurrection of the dead ἡ ἀνάστασις τῶν νεκρῶν)에 대해서만 고전 15:42-44절에서 4가지로 말씀하여 주셨다. 우리의 몸은 썩지 아니하며 강하며 영광스러우며 신령한 몸으로 다시 산다고 하였다.

거할 곳(rooms)이 많도다 그렇지 않으면 너희에게 일렀으리라 내가 너희를 위하여 처소(a place)를 예비하러 가노니 가서 너희를 위하여 처소(a place)를 예비하면 내가 다시 와서 너희를 내게로 영접하여 나 있는 곳에(Where I am) 너희도 있게 하리라 내가 가는 곳에(Where I am) 그 길을 너희가 알리라"고 말씀하셨다.

여기서 '집', '곳', '처소', '나 있는 곳' 등의 헬라어[61]는 분명한 장소를 나타낸다. 그러므로 우리는 한 번 인생을 살며 그 나라(미래형 하나님나라)를 기다리며 기대하며 살아가야 한다. 동시에 복음과 십자가를 자랑함으로 그 나라(현재형 하나님나라)를 확장하는 일에 충성되게 살아가야 할 것이다.

하나님나라[62]는 헬라어로 βασιλεία(nf)이며 동사는 βασιλεύω이다. 남성명사는 βασιλεύς이다.

---

61) 헬라어의 장소를 가리키는 '집', '처소', '곳', '나 있는 곳'을 의미하는 단어로는 오이키아(house οἰκίᾳ), 모나이(room μοναὶ), 토폰(place τόπον), 호푸(where am I ὅπου)가 있다.

62) βασιλεία(basileia, kingdom, royal power, kingship, sovereignty, authority, rule)의 동사는 βασιλεύω(basileuó, (a) I rule, reign, (b) I reign over)이며 남성명사는 βασιλεύς (basileus, a king, ruler, but in some passages clearly to be translated: emperor)이다.

2부

사회부연(死灰復燃)

신구약 정경화에 다시 관심 가지기

6강 정경이란

하나님의 말씀인 성경(The Bible)은 구약과 신약으로 되어 있는 정경이다. 우리는 66권 정경만이 3대 영감 및 6대 속성으로 된 것임을 고수한다. 동시에 하나님의 유일무이한 말씀이자 말씀이 육신이 되신 로고스로 받아들인다. 1부 1강에서 살펴봤기에 여기서는 간단히 언급만 하겠다.

성경의 6대 속성은 무오류성(inerrancy), 완전성(integrity), 충분성(sufficiency), 명료성(clarity), 권위성(authority), 최종성(finality)을 말한다. 영감(靈感)이란 성령님의 감동(딤후 3:16-17)으로 기록된 것이라는 의미이다. 완전영감(plenary inspiration, 요 10:35 고전 2:13), 축자영감(verbal inspiration)[63], 유기영감(organic inspiration)의 3대 영감만을 인정한다.

성경은 약 1600여 년에 걸쳐 40여 명의 기록자를 통해 2,930여 명의 인물을 등장시켜 완벽한 저자이신 하나님의 '영감'[64](성령님의 감동)으로 쓰였다(딤후 3:16).

성경은 인류의 원역사와 선민의 역사, 그리고 교회의 역사를 보여준다. 성경은 먼저 문자적으로 보는 것이 맞으나 동시에 상징과 의미를 염두에 둬야한다. 그런 다음 전후 맥락을 함께 살피고 구약이나 신약의 배경(Historical & Cultural background)을 알아야 한다. 종국적으로는 성령님의 뜻을 알기 위해 무릎 꿇고 기도해야 하며 그렇게 말씀하시는 하나님의 표정을 주의 깊게 살펴야 한다.

또한 지중해를 중심으로 한 유럽과 아시아, 북아프리카, 이스라엘 주변, 메소포타미아 문명, 앗수르, 바벨론, 페르시아의 지도를 숙지하면 성경 전반을 이해하는 데 큰 도움이 된다. 더하여 성경 전체의 핵심인 2단어, 3단어, 4단어, 6단어, 8단어를 파악하면 아주 좋다.

---

63) 축자영감 (verbal inspiration, 눅 16:17, 마 5:18, 일점이란 히브리어의 '요오드'(׳)와 헬라어의 '이오타'(ι)를, '일획'이란 히브리어 '레스'(ר)와 '달레트'(ד)를 말한다)

64) 영감(Inspiration)이란 성령님의 감동이라는 의미이다. 《그랜드 종합주석》의 총론 편을 참고하라. 저자는 기계적영감(Mechanical Inspiration)이나 동력적영감(Dynamic Inspiration)은 받아들이지 않는다. 동시에 사상영감이나 부분영감도 받아들이지 않는다.

히브리 정경과 신약정경 분류

구약성경을 더 잘 이해하려면 히브리인들의 구약 분류가 도움이 된다. 그들은 구약을 히브리 정경(TaNak 타나크) 24권으로 분류한다. '토라'(Torah, 모세오경, 5권), '네비임'(Nebiim, 전후 선지서 각 4권으로 총 8권), '케투빔'(Ketubiim, 성문서 11권)의 3부분이다.

〈도표 1〉

<table>
<tr><td>토라</td><td colspan="2">창세기, 출애굽기, 레위기, 민수기, 신명기</td></tr>
<tr><td rowspan="2">네비임
(선지서)</td><td>전 선지서(역사서)</td><td>여호수아, 사사기, 사무엘기, 열왕기</td></tr>
<tr><td>후 선지서(예언서)</td><td>이사야, 예레미야, 에스겔, 12소선지서</td></tr>
<tr><td rowspan="3">케투빔
(성문서)</td><td>메길롯(5축)</td><td>룻기 – 맥추절, 칠칠절
에스더 – 부림절
렘애 – 아빕월
전도서 – 장막절
아가서 – 유월절</td></tr>
<tr><td>역사서</td><td>에스라–느헤미야, 다니엘, 역대기</td></tr>
<tr><td>시가서</td><td>욥기, 시편, 잠언</td></tr>
</table>

역사의 주관자 하나님은 당신의 섭리와 경륜으로 역사를 주도하신다. 시대 시대마다 선지자들을 통해 자신의 뜻을 알리셨다. 그래서 전선지서(역사서)와 후선지서(예언서)를 합하여 네비임(선지서)으로 묶은 것이다.

케투빔은 성문서(聖文書, Hagiographa)로 크게 세 부분으로 나눠는데 메길롯(5)과 역사서(3), 그리고 시가서(3) 등 총 11권으로 되어 있다.

메길롯은 5축으로 다섯 개의 두루마리에 쓰인 것이다. 유대인들은 절기가 되면 모든 연령대(all generation)가 회당에 모여 랍비가 낭독하는 메길롯을 듣는다. 그 내용에 집중하며 그날의 의미를 되새기는 것이다.

칠칠절 혹은 오순절에는 룻기(룻)를 낭독하며 그날을 기억하고 기념했다. 부림절에는 에스더서를, 장막절에는 전도서를, 유월절에는 아가서를, 성전이 파괴된 아픈 날, 아빕월(Tisha b'av)에는 예레미야애가를 낭독했다. 그들이 절기 때마다 메길롯을 낭독하는 것은 하나님의 사랑과 구원을 되새기려는 것이다. 또한 두 번 다시 성전 파괴와 포로생활의 아픔 등을 겪지 않으려는 몸부림이다.

성문서(케투빔)의 역사서는 3권으로 에스라-느헤미야, 다니엘, 역대상하이다. 시가서도 3권인데 욥기, 시편, 잠언이다.

네비임과 케투빔에는 내용이 거의 동일한 역사서[65]가 있다. 사무엘하와 열왕기상하인 네비임의 역사서와 역대기상하인 케투빔의 역사서다. 네비임은 바벨론 포로 전에, 케투빔은 바벨론 포로 후에 쓰인 것이다. 사무엘하와 역대상이 짝이며 열왕기상하와 역대하가 짝이다.

사무엘하와 역대상은 공히 다윗 왕의 생애에 초점을 맞추었다. 두 권의 차이가 있다면 포로 전후에 쓰였다는 점이다. 네비임의 사무

65) 《성경파노라마》, 테리 홀, 배응준 옮김, 규장, 2008.

엘하는 족보 언급 없이 다윗 왕의 업적을 강조했다. 반면에 그 짝인 케투빔의 역대상은 사무엘하의 주석으로 불리는데, 족보 언급과 함께 다윗 왕의 성전 건축 준비에 초점을 맞추고 있다.

한편 네비임의 열왕기상하는 남왕국과 북왕국을 모두 포함하여 역사적으로 서술했다. 그 짝인 케투빔의 역대하는 남유다왕국만의 특정사건을 다루었다. 케투빔의 역사서는 바벨론 포로 귀환 후에 기록되었기에 남왕국 유다로 이어진 이스라엘 백성들의 하나님과의 관계 회복에 초점을 맞추었다. 좋으신 하나님은 이스라엘 백성이 왕 되신 하나님만 열망하며 신정체제로 다시 돌아오길 바랐다.

결국 역사서는 비록 하나님의 백성이라 할지라도 율법을 떠나면 포로생활과 같은 고난과 어려움의 징계를 겪는다는 교훈을 담고 있다. 단, 그 징계는 한시적이고 일시적이다. 결국 바벨론에서의 포로생활은 이스라엘의 회복을 전제한 하나님의 징계였음을 알아야 한다. 결코 징벌이 아니다. 징계는 회복을 전제한 하나님의 훈련이다.

신약정경은 세 부분(역, 서, 예)으로 나누면 전체가 눈에 쉽게 들어온다. 사도행전과 사복음서 5권으로 된 역사서와 21권의 서신서[66], 그리고 예언서 1권이다.

역사서 중 사복음서가 예수 그리스도의 역사라면 사도행전은 교

66) 저자는 히브리서를 바울서신에 포함시켜 14권(롬-히)으로 나눈다. 바울서신이라 함은 바울로부터 수신자에 따라 이름이 붙여진 것이다. 일반서신은 기록자의 이름에 따라 붙여진 것으로 야고보서, 베드로전후서, 요한 1-3서, 유다서이다.

회의 역사이다. 서신서는 13권 혹은 14권의 바울서신과 7권 혹은 8권의 일반(사도)서신으로 나눈다. 예언서로는 요한계시록이 있다.

신약정경 중 가장 먼저 쓰인 복음서는 마가복음이다. 바나바의 조카였던 마가라 하는 요한이 성령님의 조명을 받아 AD 60년경에 기록했다. 성령님이 원 저자이시고 요한이 기록자임을 상기하라. 뒤이어 사도인 마태가 마태복음을 기록했다.

AD 65년, 의사이자 바울의 평생 동역자였던 이방인 누가가 누가복음과 사도행전을 연이어 기록했다. 제2의 누가복음인 사도행전을 기점으로, 성령님은 예수님의 십자가 보혈 위에 교회를 시작하셨다.

오순절 성령 강림으로 시작된 초대교회는 성령의 능력과 은혜로 든든히 세워졌다. 복음은 땅끝까지 퍼져갔다. 그 일에 전혀 상상 밖의 인물이 역사의 전면에 등장한다.

그가 바로 처음에는 복음을 그렇게나 박해했던 사울이다.

사울은 다메섹으로 가는 길에서 부활하신 예수님을 직접 목격(AD 35년)하고 가르침을 받았다. 예수님의 부르심과 보내심을 따라 이방인의 사도로 파송되었다. 바울로 개명한 그는 4차에 걸친 전도 여행[67)]을 통해 아시아와 유럽에까지 복음을 전했다.

바울은 성령의 감동으로 서신(書信)서를 기록했다. 갈라디아서를

---

67) 바울의 4차 여행의 순서는 영어 단어 PACER를 이용해 외우면 좋다. PACER는 pacemaker와 동의어로서 선두주자라는 뜻도 있다. 바울이야 말로 복음을 전파하는 일에 선두주자였다. PACER는 바울(Paul)이 복음 전파의 선두주자로서 복음을 전한

시작으로 데살로니가전후서, 고린도전후서, 로마서, 에베소서, 골로새서, 빌레몬서, 빌립보서, 디도서, 디모데전후서를 기록했다. 히브리서는 많은 학자들이 바울이 기록했을 것으로 추정하나 논란이 많다. 오리겐은 이에 대해 "주님만이 아신다"라고 했는데, 나는 그 말에 동의하지만 그래도 바울서신으로 분류하고 싶다.

유대인의 사도로 활동한 베드로는 베드로전후서를 기록했다. 특별히 베드로전서는 로마 대화재사건(AD 64년 7월 19일)이 일어나기 전에 쓰인(대략 AD 63-64) 것으로, 다가올 환난의 때를 대비하라는 것이었다. 특히 고난시 산 소망이신 예수 그리스도만 바라보며 인내할 것을 촉구했다. 그러기에 베드로 사도는 사랑하는 자들에게 "너희를 시련하려고 오는 불시험을 이상한 일 당하는 것 같이 이상히 여기지 말(벧전 4:12-13)"라고 하며 "오직 너희가 그리스도의 고난에 참예하는 것으로 즐거워하라"고 했다. 그러면 심판주이자 승리주이신 예수님의 영광스러운 재림의 날에 너희를 자랑스러워하고 너희에게 기쁨을 주실 것이라고 했다.

베드로후서는 그 약 3년 뒤인 AD 67년경에 기록되었다. 특별히 거짓교사를 추방하라고 외쳤다. 결국 이 베드로전서와 후서는 말세에 더욱 힘써 서로 사랑하며 하나님의 말씀을 붙듦으로 견고할 것과 흔들리지 말 것을 촉구했다.

여정을 주요 도시별로 열거하여 기억을 돕도록 어느 앞서가는 신앙 선배가 착안한 것이다. 수리아 안디옥(Antioch of Syria), 고린도(Corinth), 에베소(Ephesus), 로마(Rome) 순이다. 그래서 바울의 P로 시작해 각 대표도시 영어 철자의 첫 글자를 모은 것이 PACER이다.

예수님의 동생인 야고보가 야고보서를, 유다가 유다서를 기록했다. AD 90~95년경이 되자 영지주의(Gnosticism)가 극성을 부렸다. 이는 기형적이고 극단적인 금욕주의와 방탕을 일삼는 쾌락주의를 양산해 초대교회를 어지럽혔다. 그들은 예수님이 육체로 오심을 부인했고 예수님이 하나님의 아들이심을 인정치 않으려 했다. 이를 물리치기 위해 사도 요한은 요한1 · 2 · 3서를 기록했다. 또한 복음과 교리를 총망라한 요한복음을 기록했다.

사도요한은 11대 로마 황제 도미티아누스 때, 로마에서 순교의 제물이 될 뻔했다. 전승에 의하면, 그는 끓는 기름가마에서 살아났다고 한다. 그 후 에게 해의 밧모 섬으로 유배되었다. 그곳에서 요한계시록을 기록했다. 요한계시록으로 성령님은 신약정경을 닫으셨다(이후 AD 397년 카르타고 회의에서 신약의 정경화).

7강 삼위일체란

삼위일체란,
다른 하나님(Three Persons), 한 분 하나님(One Substance)을 말한다.

나무 위 십자가에서 죽었다가 부활하신 후 승천하신 예수님은 진리의 영인 보혜사를 보내셨다(요 16:7). 그분은 예수를 믿는 모든 자를 하나님의 자녀로 인(印)쳐 주시고 성전 된 개개인 안에 들어오신다. 이를 '성령의 내주(來住)하심'이라고 한다.

우리는 다른 하나님이시자 한 분 하나님 되시는 삼위일체 하나님에 대한 정확한 개념을 숙지해야 한다. 그래야 복음을 바르게 이해할 수 있고 성경을 쉽게 이해할 수가 있다.

일반적으로 우리는 성부 하나님, 성자 하나님, 성령 하나님에 대해 무수히 들어왔으나 정작 아는 것은 거의 없다. 그렇기에 성부 하나님, 성자 하나님, 성령 하나님을 서로 다른 하나님이라고 말하면 엄청 당황해 한다. 나는 그때마다 삼위일체 하나님을 설명해준다.

생각보다 많은 그리스도인들이 삼위일체 하나님에 대해 잘 배우지 못한 듯하다. 오래된 신자일수록 삼위일체 하나님이라는 말을 당연히 여기며 그냥 아멘으로 받아들인 듯하다. 아니, 받아들여진 상태이다. 물론 그런 믿음도 어떤 면에서는 귀하다. 그러나 정확한 지식이 없으므로 이단이 뱀처럼 간교한 말로 꼬드기면 금방 넘어가 버릴 위험이 있다.

이제 삼위일체 하나님에 대해 중요한 포인트를 언급하고자 한다. 분명히 전제할 것은, 어느 누구도 얄팍한 지식이나 논리로 삼위일체에 관한 모든 것을 명확하고 깊게 이해할 수도 설명할 수도 없다는 점이다. 삼위일체는 인간 이해의 경계를 훨씬 넘어선다. 그렇더라도 핵심과 개념만큼은 정립되어야 한다.

삼위일체론에 대해 많은 말들이 있으나 AD 325년 니케아회의의 결과를 토대로 언급하려 한다. 삼위 하나님에 관한 명료한 개념 없이 성경[68)]을 읽으면 읽을수록 혼란스러워진다. 그럼에도 불구하고 많은

68) 고전 13:3, 행 7:55, 요 14:16, 16:26, 16:7, 1:18, 10:30, 5:44, 막 1:11, 2:29, 행 13:2-4, 요일 2:22, 4:12, 5:20, 요이 1:7, 히 1:2, 사 6:8, 창 1:26을 읽어보면 다른 하나님이자

그리스도인은 삼위일체론 자체에 대한 두려움이나 조심스러움 때문에 그닥 알려고 하지 않는다. 심지어는 언급 자체를 터부시하거나 불경으로 생각한다. 이것은 사탄의 교묘한 속임수다.

대부분의 청년들은 종말(말세)의 끝으로 갈수록 '오직 말씀'은 인정한다. 그러나 무데뽀(막무가내)로 말씀을 읽다가 이내 곧 삼위일체론 때문에 힘들어짐을 느끼곤 한다고 말한다.

말씀의 강력함을 잘 아는 사탄은 온갖 방법을 동원해 우리를 말씀에서 멀어지게 한다. 때로는 진리인 말씀을 첨삭하거나 일반화시킨다. 때로는 과장하거나 엉뚱하게 왜곡시켜 버리기도 한다.

성경은 일찍이 인류의 원역사를 통해 사탄의 하는 짓을 자세히 보여주었다. 특히 창세기 3장에 나오는 사탄의 속삭임을 듣다 보면 등골이 오싹해진다.

"네가 하나님이 될 수 있다."

속이고 거짓말하는 사탄의 속성을 적나라하게 보여준 것이다.

사탄은 살아 있는 동물만 포획하는 뱀[69]의 속성과 유사하다. 그렇기에 사탄은 죽은 자는 건드리지 않고 살았으나 어설픈 성경 실력

한 분 하나님임을 잘 알 수 있다.

69) 뱀을 나하쉬(נָחָשׁ)라고 하는데 이는 '간교하다 혹은 지혜롭다'는 의미이다. 에덴동산에서는 악한 영의 세력을 상징한다. 한편 그리스 신화에 나오는 치료(의술)의 신인 Asclepius는 의술의 상징인 뱀이 휘감겨 있는 지팡이를 가지고 다녔다. 민수기 21장 9

의 신자만 골라 미혹시킨다. 그러므로 성경을 적극적으로 배워야 하고 삼위일체론에 대하여도 어느 정도 뼈대는 알아야 한다.

"우리가 다 하나님의 아들을 믿는 것과 아는 일에 하나가 되어 온전한 사람을 이루어 그리스도의 장성한 분량이 충만한 데까지 이르리니" _엡 4:13

삼위일체론을 이해하려면 기능론적 종속성과 존재론적 동질성을 알아야 한다.

"삼위일체 하나님은,
같은 분일까? 혹은 다른 분일까?"

이렇게 물으면 대부분의 청년들은 몹시 당황해 한다. "왜 그렇게 묻느냐?"라고 되묻기도 한다. "그렇게 물어도 되느냐?"라는 사람도 있다. '혹시 하나님 앞에서 불경한 물음은 아닌가?'라고 생각하는 청년도 있다. 많은 이들은 "당연한 답으로 알고 있었는데, 왠지 말하기는 주저된다"고 했다.

다시 다르게 물어본다.

절에는 놋뱀을 쳐다본즉 살았다는 말씀이 나온다. 그렇기에 뱀은 치료를 의미하기도 한다.

"삼위일체 하나님은,

세 분일까? 혹은 한 분일까?"

두 번째 물음에는 생각보다 자신 있게 답들을 한다. 아마도 '삼위'(三位)에 관해 다른 하나님이라고 하는 것은 뭔가 기존의 생각과 달라 약간 껄끄러운 듯했다. 반면에 '일체'(一體)에 관해 한 분이라는 것은 마음이 조금 편해 보였다.

분명한 것은, 삼위일체 하나님은 같은 분이 아니라 서로 다른 분이다. 기능론적 종속성(functional subordination)을 기억하라.

삼위 하나님은 창조, 구속, 완성에 있어 구별되게 일하시는, 기능적으로는 종속관계다.

성부 하나님은 인간의 구속을 계획하셨다. 성자 하나님은 아버지의 계획을 성취하시기 위해 '하나님의 기름 부음 받은 자(그리스도, 메시야)'로서 이 땅에 인간으로 오셨다. 또한 십자가 보혈이라는 엄청난 대가 지불을 통해 인간의 구속을 성취하셨다. 성령 하나님은 그 예수님만이 그리스도 메시야임을 알게 하시고 우리에게 믿음[70)]을 선물로 주셔서 우리가 믿게 되었다. 그러므로 우리가 구원받은 것은 우리의 의지적 믿음이 아니다. 먼저 성령님께서 주신(고전 12:3) 믿음 때문이다. 이후 우리는 하나님의 자녀가 되었다. 그런 우리를 하나님의 자

70) 로마서 1장 17절에는 두 가지 믿음이 나온다. 성령님께서 주신, 그리고 허락하신 믿음을 객관적 믿음(고전 12:3)이라고 하며, 그로 인하여 우리가 믿게 된 것을 고백한 믿음 혹은 주관적 믿음이라고 한다.

녀로 인쳐주신 분이 성령님이다.

삼위 하나님은 세 분이 아니고 한 분이시다. 본질[71]상 한 분 하나님(ousia, one substance)이다. 존재론적 동질성(essential equality)을 기억하라.

사도신경은 '누구를 믿을 것인가?'라는 믿음의 주체에 대한 것이다. 우리는 사도신경을 통해 삼위일체 하나님에 대해 잘 알 수 있다. 조금 낯설기는 하나 니케아-콘스탄티노플 신조에는 삼위일체 하나님에 관해 좀 더 깊이 설명되어 있다.

삼위일체론은 AD 362년 알렉산드리아회의에서 가장 잘 정리되었다.

삼위일체란 동일한 신성과 위엄, 권능을 지닌 하나의 본질(ousia, Substance)이자 독립적이고 인격적인 각 개체로서의 하나님인 세 실체(본체, ὑπόστασις, Persona)라고 했다.

나는 이를 쉽게 개념화하여 다른 하나님(세 실체), 한 분 하나님(하나의 본질)으로 설명한다.

다른 하나님은 사역에서 서로 충돌되지 않고 완벽하시다. 독자적으로 계획을 가지지 않으며 분리될 수 없고 전지전능하시다. 독립적 개체이나 유기적으로 연결되어 있다. 마치 놀이동산에서 회전놀이기구가 한 꼭짓점을 중심으로 빨리 돌면 하나의 원처럼(윤무, 페리코

71) 삼위일체론을 공부하려면 알아야 할 인물들이 있다. 삼위일체라는 용어를 처음 사용한 터툴리안과 그 뒤를 이은 어거스틴, 칼 바르트를 알아야 하고, 칼빈을 공부하여야 한다. 양태론(Modalism)을 얘기한 사벨리우스도 알아야 한다. 종국적으로 삼위일체는 알렉산드리아회의에서 가장 잘 정리하였다.

레시스) 보이듯, 각 개체로서의 다른 하나님은 서로서로 유기적인 관계를 이루고 있다.

삼위 하나님의 성품적 속성

다른 하나님의 성품적 특성을 알아보자. 굳이 이렇게 설명하려는 것은, 삼위 하나님의 성품[72]을 묵상하다 보면 말씀에 더 가까이 다가갈 수 있고 기능론적 종속성을 보다 더 쉽게 이해할 수 있어서이다.

성부 하나님의 성품은 공의(심판)와 사랑이다. 그 공의와 사랑의 결정체가 바로 예수님의 성육신과 십자가 보혈이다. 성부 하나님은 예수님을 보내셔서 그 말할 것과 이를 것(요 12:49)을 친히 명하셨다.

성자 하나님이신 예수 그리스도의 성품은 요한계시록 3장 7절과 6장 10절에 의하면 거룩과 진실(참됨)이다.

그러면 예수의 영으로서 또 다른 보혜사[73]이신 성령 하나님의

---

72) 성부 하나님의 성품은 공의(צְדָקָה, righteousness)와 사랑(חֶסֶד, 인자, 인애, 자비, 긍휼, the covenant loyalty, favour)이다. 성자 하나님의 성품은 거룩(set apart, holy, sacred, ἅγιος)과 진실 혹은 참됨(true, real, genuine, ἀληθινός)이다. 성령 하나님의 성품은 온유(gentleness, mildness, πραΰτης)와 겸손(humble, lowly, ταπεινὸς)이다.

73) 성령 하나님은 예수의 영으로서 또 다른 보혜사(another Helper, ἄλλον Παράκλητον)이시다. 요 14:16, 26, 15:26, 16:7을 참고하라. 흔히 성령님이라고 할 때 파라클레토스(παράκλητος)라고 하며 그 의미는 an advocate, comforter, helper, Paraclete이다.

성품은 무엇일까?

온유와 겸손(갈 5:22-23, 요 12:49, 14:26-27)이다. 성령 하나님은 무척 인격적(omni-personal)이시다. 당신을 드러내지 않으신다. 오로지 예수님만 드러내신다. 그분은 결코 자의로 말씀하지도 않으신다. 그 성령님은 구약에서는[74] 창조자, 지배자, 계시자, 촉진자, 능하게 하는 자로 활동하신 완전하신 하나님이다. 보혜사 성령님은 예수님의 부활 승천 후에 오셔서 우리에게 모든 것을 가르치시고 생각나게 하신(요 14:26) 본체 상 근본 하나님이다.

이처럼 삼위일체 하나님의 성품을 묵상해보면 아바 아버지이신 성부 하나님은 근엄함이나 두려움이 아니다. 오히려 성부 하나님은 위대함, 친근함, 든든함이다. 무한정 기대고 싶은 따사로운 분이다. 나에게 다가온 성부 하나님의 이미지이기도 하다. 그러므로 나는 성부 하나님의 성품을 빼닮고 싶다. 인자와 진실, 즉 공의와 사랑을 실천하며 살아가고 싶다.

---

74) 《성령을 아는 지식》, 제임스 패커, 홍종락 옮김, 홍성사, 2002.

8강

6 Sola

개혁 신앙의 정점에는 6 Sola[75)]가 있다.

첫째가 오직 말씀(Sola Scriptura)이다. 말씀만이 앞서 가야 한다. 둘째, 오직 믿음(Sola Fide), 셋째, 오직 은혜(Sola Gratia), 넷째, 오직 예수(Solus Christus), 다섯째, 오직 성령(Solus Spiritus), 여섯째, 오직 하나님께만 영광(Soli Deo Gloria)이다. 이는 개혁주의 신앙의 출발점이요 근간이다.

---

75) 6 Sola(롬 11:36, 사 43:21, 사 42:8) / 오직 말씀(Sola Scriptura, 딤후 3:16-17, 히 4:12, 딤전 4:5, 시 119:105, 9-11, 19:7-8) / 오직 믿음(Sola Fide, 롬 1:16-17) / 오직 은혜(Sola Gratia, 엡 2:8-9) / 오직 하나님께만 영광(Soli Deo Gloria, 마 6:13, 롬 16:27, 고전 6:20, 10:31, 빌 4:20, 딤후 4:18, 히 13:21, 유 1:25, 계 7:12) / 오직 예수(Solus Christus, 히 12:2, 수 24:15) / 오직 성령(Solus Spiritus, 보혜사(요 14:16, 26, 15:26, 16:7), 대언자(요일 2:1), 진리의 영(요 14:17, 16:13, 요일 5:6)

1. 오직 말씀(Sola Scriptura)

나는 '말씀만 붙들고 사는 꿀 먹은 벙어리'라는 별명을 가지고 있다. 그런 나는 '주님 약속하신 말씀 위에서 영원토록 주를 찬송하리라. 소리 높여 주께 영광 돌리며 약속 믿고 굳게 서리라'는 찬송가[76]를 애창한다. "약속하신 말씀"과 "굳게 서리라"라는 가사에 특별히 반응한다. 이 찬양을 부르면 늘 두근거림과 설렘이 있다.

"약속하신 말씀 위에서", "약속 믿고 굳게 서리라"

살아있고 운동력 있는 말씀!
좌우에 날선 어떤 검보다도 예리한 말씀!

그 말씀의 검은 살리기도 하고 죽이기도 한다. 나의 영과 혼과 관절과 골수를 찔러 쪼개며 마음의 뜻과 생각을 감찰하신다. 달고 오묘한 그 말씀은 꿀과 송이꿀보다 더 달다. 단맛은 한없이 즐기면서도 그것을 표현 못하는 나는 영락없이 '꿀 먹은 벙어리'이다. 말씀의 풍성함을 일일이 다 표현 못하고 있다. 그러나 말씀이 달다는 것만큼은

---

76) 마 24:35의 "천지는 없어지겠으나 내 말은 없어지지 아니하리라"는 말씀을 기반으로 지은 546장(구 통일찬송가 399장) 찬송이다. 저자가 특히 좋아하는 이유는 가사의 고백도 그렇지만 작사와 작곡을 한 러셀 켈소 카터 R. K. Carter(1849-1928)의 직업이 나와 같은 의사이기 때문이다. 더구나 동일한 칼잡이(나는 정형외과, 카터는 일반외과 의사)임에랴!

너무 잘 안다.

“입에는 꿀 같으나 배에는 쓰다”라는 요한계시록 10장 9-10절과 에스겔 3장 3절의 말씀이 매번 무겁게 다가온다. 말씀을 먹을 때 입에는 꿀 같으나 그 말씀으로 살아가노라면 힘들기 때문이다.

“입에는 꿀 같으나 배에는 쓰다”

가까운 미래에는 입에도 달고 배에도 꿀 같기를 갈망해본다. 또한 우리는 ‘하나님 말씀의 내적 증거(히 2:3-4)’를 붙잡는 일이 시급함을 알아야 한다. 그래야 흔들리지 않는다. 그래야만 ‘오직 말씀’에 권위를 둘 수 있다. 우리가 말씀에 권위를 둘 수 있는 것은 예수님과 사도들의 내적 증거 때문이다. 더하여 성부 하나님도 “표적들과 기사들과 여러 가지 능력과 및 자기의 뜻을 따라 성령이 나누어 주신 것으로써(히 2:4)” 예수 그리스도와 사도들과 함께 증언하셨다.

우리는 매일 아침 ‘말씀의 내적 증거’를 확신하며 믿음으로 삶을 알차게 살아갈 것을 선포함이 마땅하다.

성경은 온전한 하나님의 말씀이다.

나는 한때 초대교회의 사도들이 부러웠었다. 그 사도들은 말씀만을 부여잡고 확신 속에서 핍박을 감내하며 살았다. 그러나 가만히 생각해보면 마냥 부러워할 필요가 없음을 알게 된다. 왜냐하면 사도들이나 오늘날의 우리나 동일한 성도(하시드)이기 때문이다. 또한 초대교회 당시에는 AD 397년에 정경이 된 신약이 없었고 AD 90년에 정경이 된 구약밖에 없었음에랴. 그러나 오늘 21세기를 살아가는 우리에게는 특별 은총인 신구약 66권의 정경이 주어져 있다. 그렇기에 어떻게 보면 우리가 사도들보다 더 행복한 것이다.

더하여 그 말씀을 일일이 풀어주시는 예수의 영이자 진리의 영이신 보혜사 성령님이 우리 안에 계심에야 더 무엇을 바라랴.

그분은 늘 말씀을 생각나게 하시고 가르쳐(요 14:26)주신다. 우리는 성령님이 풀어주시는 말씀을 통해 성부 하나님을 자세히 알아가게 되고 예수님의 살아계심을 느끼게 되니 이 얼마나 행복한가! 이에 더하여 예수님의 승천 시 우리에게 주셨던 지상명령인 복음 전파의 사명도 받았으니, 이 시대의 우리 또한 예수님의 확실한 제자인 것이다. 할렐루야!

그러므로 먼저는 말씀의 내적 증거를 믿고 알고 확신하자. 그런 후 말씀만을 굳게 붙잡고 말씀만이 앞서가게 하자. 견고하며 흔들리지 말라. 진리를 가지고 장난치는 사탄과의 영적 싸움에서 쫄지 말고 물러서지 말라. 사탄에게 미혹되지도 말라.

각자에게 세미하게 동시에 풍성하게 주시는 레마(Rhema)는 복음 그 자체(벧전 1:25절)이다. 레마가 풍성해야 은혜가 더욱더 넘치게 된다.

하나님의 말씀, 즉 복음에는 평안[77]이 들어 있다. 다시 말하면 복음을 진리로 받아들여 하나님과의 바른 관계가 형성되면 살롬이 주어진다. 앞서 언급했던 살롬의 4가지 주요 의미를 상기하라. 풍성

---

77) 평안은 히브리어로 샬롬(שָׁלוֹם)이라고 하며 헬라어로는 에이레네(εἰρήνη)라고 한다. 이는 하나님과의 올바른 관계 속에서만 주어진다.

한 은혜를 받아 기쁨과 감사함으로 영적 전선을 잘 구분하여 승리의 싸움을 담대하게 싸우자.

우리의 싸움은 혈과 육에 관한 것이 아니다. 매번 영적 싸움에 임할 때마다 말씀이라는 검을 들고 평안의 복음의 신을 신고 당당하게 나아가야 한다. 우리는 늘 영적 전선의 최전방에 있음을 기억해야 한다. 전신갑주로 영적 무장을 단단히 하라. 영적 무장이란 종합적인 인성이나 품성까지도 겸비하는 것이다.

참고로 전신갑주에는 공격용과 방어용이 있다. 공격용으로는 말씀이라는 성령의 검이 있다. 나머지는 방어용으로 구원의 투구, 의의 흉배, 진리의 허리띠, 믿음의 방패, 평안의 복음의 신이다.

그중 의의 흉배를 붙이라는 것에 유의하라. 특별히 말씀을 가슴에 깊이 간직하라는 것은 말씀에 의지하여 감정 조절을 잘 하라는 것이다.

일반적으로 사탄은 우리에게 논리나 이성으로 달려들지 않는다. 대부분의 경우 마음을 공격 대상으로 삼는다. 그러므로 영적 싸움에 임할 때 우리는 먼저 말씀을 마음에 가득 채운 후 의의 흉배로 단단히 무장하고 싸움에 임해야 한다. 왜냐하면 "만물보다 거짓되고 심히 부패한 것은 마음(렘 17:9)"이라고 하셨기 때문이다.

그렇다. 우리는 마음을 잘 지켜야 한다. 감정을 잘 다스려야 한다. 취약하여 부서지기 쉬운 마음(감정)을 말씀으로 채우고 흉배로 잘 감싸야 한다. 사탄이 언제 어떤 방식으로 교묘하게 다가올지 모르기에 늘 근신하며 깨어 있어야 한다.

역사 이래 그리스도인들은 물론이요 악한 영의 세력들조차도 기독교의 최대 능력은 '하나님의 말씀'임을 알고 있었다. 그러므로 사탄은 모든 수단을 동원하여 그리스도인이 말씀에 접근하지 못하도록 온갖 전략을 구사해왔다. 중세까지는 문자의 제한을 통해 일부만 성경을 독차지하게 했다. 물론 그 이전에는 신앙의 자유를 억압함으로써 말씀을 차단하기도 했다. 그럼에도 불구하고, 어느 시대를 막론하고 말씀의 중요성과 더불어 그 말씀을 전하는 사명감으로 목숨을 걸었던 선지자, 목사, 교사와 선교사들이 있어 왔다. 그리하여 사탄의 작전은 지금까지 승리하지 못했다.

최근에 사탄은 교묘하게 전략을 바꾸었다. 말씀에 접근하는 것을 막지는 않되 은근슬쩍 말씀의 권위를 떨어뜨렸다. 말씀에 편하게 접근하도록 하되 별것 아닌 것처럼 읽게 했다. 마치 성경말씀은 시시하고 가벼운 것이라는 듯이.

있어도 그만 없어도 그만이라는 생각도 집어넣었다. 그 결과 말씀의 권위와 성경의 가치가 떨어지게 되었다. 사탄의 교묘한 속임수에 일부 걸려든 것이다. 그것은 상당히 교묘하고 무서운 전략이었다. 역사를 통해 알 수 있듯 영국 기독교의 몰락이 가슴 아프다.

그리스도의 말씀이 우리 안에 풍성히 거하면 믿음이 견고해지고 주신 지혜로 말미암아 더욱 슬기롭게 된다(골 3:16). 원래 사람은 하나님의 입에서 나오는 모든 말씀으로 살아갈 수 있고 말씀으로 살아가야 한다(마 4:4). 그 말씀은 우리를 언제 어디에서나 든든하게 세워주고(행 20:32) 항상 우리보다 앞서가셔서 죄인인 우리를 거룩함으로 살아가도록(딤전 4:5) 도와주신다.

우리는 하나님을 지극히 사랑하는 사람들이다. 매일매일 주님께 사랑 고백하며 살아가는 사람들이다. 사랑에는 진정성이 있어야 한다. 그런데 보이지 않는 하나님을 어떻게 사랑할 수 있을까? 이에 대해 "말씀을 가지고 지키는 자는 하나님을 사랑하는 자(요일 2:5, 요 14:21)"라고 말씀해 주셨다.

'오직 말씀'으로 영혼이 소성케 되고 지혜롭게 되며 눈이 밝아지게(시 19:7-8) 된다. 하나님의 말씀만이 완전하시고 확실하며 정직하고 순결하다. 그렇기에 우리는 평생 그 말씀을 세미하게 조명해주시는 진리의 성령님만을 따라가야 한다. 말씀의 풍성함을 따라가면 기쁨의 샘물을 만나게 될 것이다. 우리가 온전한 사람, 성숙한 사람이 되려면 "하나님의 아들을 믿는 것과 아는 일에 하나(엡 4:13)"가 되어야 한다.

그렇다. 먼저 예수님을 믿었으면 그 다음에는 계시된 말씀을 통해 예수님을 알아가고 예수님에 관해서도 점점 더 많이 더 깊이 알아가야 한다.

복음을 진리로 믿은 그리스도인이라면 그 말씀의 주체와 실체를 바르게 그리고 깊이 알아야 할 것이다. 신앙생활의 연륜도 중요하지만 말씀을 기준과 원칙으로 삼는 청년은 더 귀하다. 그들이야말로 '구별된 거룩한 무리'이다.

청년이 무엇으로 그 행실을 깨끗케 할 수 있을까? 먼저는 주의 계명에서 떠나지 않아야 한다. 동시에 죄를 반복하여 짓지 않으려면 말씀을 붙들어야(시 119:9-11) 한다. 이 세대를 본받지 않으려면 말씀을 통해 하나님의 뜻을 정확히 분별(롬 12:2)해야 한다. 오직 "하나님의 말씀과 기도로 거룩하여 짐(딤전 4:5)"을 알아야 한다.

시편 119편 105절은, 하나님의 말씀만이 걸음걸음 등불이 되고 인생길의 빛이라고 하셨다. 그렇다. 하나님의 말씀만이 우리 삶의 기준이다. 이 어둡고 탁한 세상의 빛이다. 험한 세상을 살면서 형통하고 평탄한 삶을 누리길 원하는가? 그렇다면, "이 율법 책을 네 입에서 떠나지 말게 하며 주야로 그것을 묵상하여 그 가운데 기록한 대로 다 지켜 행하라(수 1:8~9)".

작금의 세태와 우리 그리스도인들의 적나라한 모습을 다음의 두 구절은 잘 말해주고 있다.

"주 여호와께서 가라사대 보라 날이 이를지라 내가 기근을 땅에 보내리니 양식이 없어 주림이 아니며 물이 없어 갈함이 아니요 여호와의 말씀을 듣지 못한 기갈이라" _암 8:11

"때가 이르리니 사람이 바른 교훈을 받지 아니하며 귀가 가려워서 자기의 사욕을 좇을 스승을 많이 두고 또 그 귀를 진리에서 돌이켜 허탄한 이야기를 좇으리라" _딤후 4:3-4

2. 오직 믿음(Sola Fide)

신약성경에는 구원론(soteriology)에 대해 일목요연하게 잘 설명한 3권의 책이 있다. 로마서, 히브리서, 갈라디아서로 '믿음 3총사'이다. 물론 내가 붙인 별명이다. 1부 5강에서 언급했다.

특히 로마서는 그 은혜로 인하여 '오직 믿음'으로만 의롭게 됨을 잘 말해주고 있다. 이를 이신칭의(以信稱義) 또는 이신득의(以信得義)라고 한다.

히브리서는 구원은 오직 믿음으로 얻는다고 말하며, 믿음으로 살았던 신앙 선배들에 관해 자세히 설명한다.

갈라디아서는 그리스도인이 믿음으로 의롭다 칭함을 받은 후 의인 된 자로서 왜곡된 복음이나 다른 복음에 흔들리지 말고 살아가야 할 것을 말씀하셨다.

상기 3권의 말씀을 깊이 묵상하여 육신의 장막을 벗는 그날까지 '오직 믿음'으로 살아가야할 것이다. 하나님께로 난 그 믿음만이 세상을 거뜬히 이기게(요일 5:4) 한다. 인내함으로 하나님의 계명을 지키며, 예수님만이 길이요 진리요 생명이심을 알고 믿음 가운데 흔들리지 말아야 할 것이다.

로마서 1장 17절은 "복음에는 하나님의 의가 나타나서 믿음으로 믿음에 이르게 하나니"라고 하셨다. 그러므로 믿음은 2가지로 나누어 이해해야 한다.

전자의 믿음은 성령님께서 우리에게 선물로 '주신(고전 12:3)' 믿음이다. 성령님은 예수님만이 그리스도요 메시야이심을 가르쳐주셨다. 나는 이를 '객관적 믿음, 주신 믿음, 허락하신 믿음'이라 칭한다.

이에 반해 후자의 믿음은 우리가 '고백 혹은 반응'한 '주관적' 믿음이다. 결국 "믿음으로 믿음에" 이르게 된 것은, 성령님께서 선물로 먼저 '주신' 객관적 믿음을 통해 살아난 내가 주관적으로 '고백'하여 구원된 것이다.

그러므로 믿음으로 구원 얻은 것은 하나님의 전적인 은혜이다. 여기서 객관적인 믿음과 주관적인 믿음 사이의 간극(gap)은 신비의 영역이다.

성경은 여러 곳에서 "오직 의인은 믿음으로 말미암아 살리라"고 말씀[78]하셨다. 여기에서 "믿음으로 말미암아"에 대해 자세히 기술한 히브리서를 공부하다 보면 '믿음'으로 기술된 대부분은 헬라어 명사 πίστις(피스티스, faith, faithfulness)임을 알 수 있다. 이는, 믿음이 동사(피스튜오, πιστεύω)가 아니라 명사라는 것을 뜻한다. 결국 믿음은 명사로서 '있고 없고'의 유무가 중요하다.

일반적으로 믿음의 반대말은 '믿지 않음', 즉 '불신'이다. 그러나 성경적으로 말하면 '자기 의', '행위', '율법'이라고 할 수 있다. 그러므로 구원에 이르는 믿음은 자기 의(롬 10:2-3)나 행위를 앞세워서는 안 된다.

그렇다면 믿음의 동의어는 무엇일까?

두말할 것도 없이 하나님에 대한 '신뢰' 혹은 '은혜'이다. 그렇기에 믿음이 있다면 지금 당장 일어나고 있는 일들에 대해 비록 그 뜻을 다 모른다 할지라도, 하나님을 신뢰함으로 그분의 은혜에 의지하여 묵묵히 나아가야 한다.

결국 믿음은 '크다 작다, 많다 적다'의 문제가 아니요 '강하다 약하다'의 문제도 아니다. 복음과 십자가 보혈이라는 믿음의 유무가 가장 중요하다. 물론 그렇다 하더라도 구원받은 백성이 동사인 '믿음으

---

78) 로마서 1장 17절과 갈라디아서 2장 16절, 하박국 2장 4절을 읽어보라.

로 살아냄(피스튜오, πιστεύω)' 역시 중요한 것 또한 사실이다.

믿음이란 우리의 열심이나 노력이 아니다. 믿음은 하나님의 열심이다. 믿음은 우리를 향하신 하나님의 끊임없는 설득이다.

믿음은 이성의 인식으로 이해되지만 인간의 이성이 동의해야 성경이 하나님의 말씀이 되는 것은 아니다. 오히려 믿음으로 성경이 하나님의 말씀임을 알게 된다. 우리는 하나님을 믿기에 말씀을 통해 성삼위 하나님을 더 깊이 알게 되었다. 성령님께서 조명해주신 말씀을 통해(고전 12:3) 그 믿음으로 성삼위 하나님을 알게 된 것이다. 그리하여 믿음으로 믿음에 이르게 되었다(롬 1:17).

또한 말씀을 통해 삼위 하나님의 천지창조를 믿음으로 온 천지가 하나님의 창조물임을 알게 되었다. 그 믿음은 성령님께서 우리에게 허락하신 것이다. 소위 '객관적 믿음'이다. 그러므로 모든 믿는 자들은 성령의 증거하심을 따라 성경이 하나님의 말씀임을 믿는다. 그리고 객관적 믿음을 선물로 받아 주관적 믿음으로 구원 얻었다. '믿음으로 믿음에 이르게 된' 것이다.

"너희가 그 은혜를 인하여 믿음으로 말미암아 구원을 얻었나니(엡 2:8)"라는 말씀이 있다. 은혜와 믿음은 함께라는 것이다. 여기서 은혜로 주신 혹은 선물로 주신 믿음, 허락하신 그 믿음이 바로 객관적 믿음이다. 성령님께서 예수가 그리스도이심을 가르쳐 주시고(고전 12:3) 객관적 믿음을 주셔서 우리가 주관적으로 고백하여 믿게 되었다. 그러므로 믿음은 전적 은혜이다. 공로주의나 자기 의를 드러내는 'doing'이 아니다.

아직도 나의 믿음이 '강하다, 크다, 많다'라고 말하는 것 자체가 자기 의(롬 10:2-3)를 죽이지 못한 'doing'이요, 아직도 인생의 주인이 하나님이 아니라 자신임을 드러내는 것이다. 그런 못된 자아가 버젓이 살아 움직이는 것을 '믿음 없는' 행위라고 한다. 그들의 하나님께 대한 열심은 자신도 모르게 단순히 자기 의를 세우려는(롬 10:2-3) 교만이 되기 쉽다.

결국 믿음으로 구원을 얻은 것은 믿음에 이르는 어떤 행위 때문이 아니다. 믿음은 그저 초림의 예수님만이 그리스도요 온전한 메시야이심을 단순히 믿는 것이다. 다시 말하면 복음을 진리로 믿는 것을 '믿음이 있다'라고 한다. 우리의 주인 되신 그분의 때(카이로스)와 뜻(델레마)을 잠잠히 기다리며, 그분을 전적으로 신뢰해야 한다. 그러므로 한 번뿐인 인생을 거룩함으로 살아가려면 그분을 향한 믿음이 전제되어야 한다.

믿음은 말씀으로 굳게 함이 바람직하다. '충성된 증인으로(계 1:5)'라고 언급한 이 구절은 믿음과 말씀, 복음의 이해에 도움을 준다. 그렇다면 '충성된 증인'이 무슨 의미일까? 디모데후서 4장 7-8절을 보라.

> "내가 선한 싸움을 싸우고 나의 달려갈 길을 마치고 믿음을 지켰으니 이제 후로는 나를 위하여 의의 면류관이 예비되었으므로 주 곧 의로우신 재판장이 그날에 내게 주실 것이니 내게만 아니라 주의 나타나심을 사모하는 모든 자에게니라" _딤후 4:7-8

"선한 싸움을 싸운 것과 달려갈 길을 마쳤다"는 것은 한 번 인생을 충성스럽게 그리고 알차게 살았다는 말이다. "믿음을 지켰다"는 것은 '말씀만을 붙잡았다'는 의미이다. 결국 말씀으로 믿음을 굳게 하여 그 말씀만을 삶의 기준과 원칙으로 충성스럽게 살았다는 뜻이다. 복음만 자랑하고, 그 복음을 주님 오실 때까지 전하는 사람은 충성된 증인이다. 결국 요한계시록 1장 5절과 디모데후서 4장 7-8절을 연결하면 충성되게 말씀만을 붙잡고 복음만 자랑하며 살아가는 것을 '믿음으로 산다'고 할 수 있다.

히브리서 4장 14절에는 우리의 믿는 '도리'가 하나님의 아들 예수라고 했다. 그 예수는 우리의 대제사장이다. 그런데 '도리'가 무슨 뜻일까?

헬라어로 '도리'는 호모로기아스(ὁμολογίας)[79]이다. 이는 '복음의 요체는 예수님'이라는 뜻이다. 결국 '믿는 도리'라는 것은 '복음의 요체를 믿는다'는 의미이기에 예수님을 하나님의 아들로 믿는 것이다.

우리는 예수님을 보지 못했다. 그러나 믿는다. 우리는 재림의 예수님을 앙망한다. 그러나 그 시기를 알지 못한다. 그럼에도 불구하고 '믿음으로' 우리는 보지 못한 그 예수님이 실상으로 당신의 때(재림의 날)에 나타나실 것을 확신한다. 왜냐하면 "믿음은 바라는 것들의 실상이요 보지 못하는 것들의 증거"임을 믿기 때문이다(히 11:1-2).

하나님은 그 예수를 가리켜 "이는 내 사랑하는 아들이요 내 기

---

79) 동사 호모로게오(ὁμολογέω)에서 파생되었다. 이의 뜻은 I confess, I publicly declare, I praise이다. 나는 그렇게 고백한다. 나는 그렇게 선포한다, 혹은 나는 찬양한다는 의미이다. 결국 말씀, 하나님의 언약, 복음의 요체는 예수님이며 그분만을 고백하고 인정하며 찬양한다는 말이다.

뻐하는 자(마 3:17, 막 1:11, 눅 3:22)"라고 반복하여 말씀하셨다. 히브리서 1장 5절에도 동일하게 예수님을 향해 "너는 내 아들이라 오늘날 내가 너를 낳았다 하셨으며 나는 그에게 아버지가 되고 그는 내게 아들이 되리라"고 하셨다. 그런 후 히브리서 1장 2-3절에서는 기독론(Christology)의 정수를 보여주셨다. 바로 예수님이 만유의 후사시며 창조주 하나님, 역사의 주관자 하나님, 대속주 하나님, 심판주 하나님, 하나님 영광의 광채(근본 하나님), 하나님 본체의 형상(신인양성, 존재론적 동질성)이라고 하셨다.

결국 믿음이란 무엇이며 누구를 믿으라는 것인가?
믿음의 실체는 누구란 말인가?

대답은 명료하다. 믿는 도리(confession)의 사도시며 대제사장이신 그리스도 메시야, 예수를 믿으라는 것이다. 그러므로 우리는 복음의 주체되신 예수 그리스도를 믿으며, 말씀이신 예수 그리스도를 믿는다. 결국 믿음이란 하나님의 말씀을 믿는 것이다. 단순히 하나님에 대한 개인적 신뢰를 말하는 것이 아니다.

믿음은 너무 귀하다. 가끔 믿음으로 구원받는 것은 맞지만 믿음만으로는 완전한 구원은 조금 부족하다고 얘기하는 부류가 있다. 그렇기에 구원의 완성을 위해 율법의 행위는 필요하며, 행위가 있어야만 구원이 온전히 완성된다고 생각하는 그리스도인이 의외로 많다. 이는 바울이 거짓 교사들에게 놀아난 갈라디아 교인들을 질타했던 전형적인 '다른 복음'(갈 1:6-9)의 한 형태일 뿐이다.

3. 오직 은혜(Sola Gratia)

구원은 엄청난 대가 지불의 결과이며 전적인 하나님의 은혜이다.

구원[80](Salvation)의 히브리어는 예수아트(יְשׁוּעָה, nf)이고 헬라어는 소테리아(σωτηρία, nf, 눅 1:71, 출 14:13)이다. 반면에 구속(Redemption)의 히브리어는 가알(גָּאַל, v)이며 헬라어는 아포뤼트로시스(ἀπολύτρωσις, nf, 엡 1:7, 골 1:14)이다.

구속과 구원은 비슷하나 약간의 차이가 있다. 우리의 구원은 대가 지불이라는 구속의 결과이다. 복음이라는 예수 그리스도의 십자가 보혈인 대속적 고난(Vicarious suffering)으로 구원을 얻게 된 것이다. 그 구원에 우리가 한 일은 아무 것도 없다. 오직 하나님의 전적인 은혜이다. 이를 Sola Gratia라고 한다.

노예의 값을 속전(贖錢)이라고 한다. 마치 노예의 값(속전, 고전 7:23)을 치러야 해방되는 것처럼 대가 지불인 구속 후에야 구원이 주어지는 것이다.

예수님은 친히 우리의 속전이 되셨다. 그 예수의 피로 우리는 구속(속량) 곧 죄사함을 받은 것이다. 아무 죄 없으신, 역사상 유일한 의

---

80) 위키백과에는 구원이란 단어가 13세기(약 1225년)에 고대 프랑스어 'salvationem'에서 처음 쓰였다고 하였다. 그 어원은 '구출하다'라는 뜻의 라틴어 'salvatio'에서, 헬라어는 'Soteria'에서 유래되었다고 한다. 다음(Daum) 백과사전은 구원이란 대적으로부터의 해방, 보호, 죄로부터의 구속, 영생, 그리고 성화의 과정이며, 그 구원에는 치유, 건강, 염려로부터의 해방, 그리고 평안이라는 의미도 포함되어 있다고 기술하였다. Justification, Sanctification, Glorification.

인이신 예수님은 수치와 저주를 상징하는 십자가 나무 위에서 물과 피를 아낌없이 흘리셨다. 대속제물 되심으로 우리의 죄를 속량하셨다. 그 구속(대속)의 결과 우리는 값 없이 구원을 얻게 되었다. 이를 무조건적 구원 혹은 전적인 은혜라고 한다.

그러므로 성경은 계속하여 “그 은혜를 인하여 믿음으로 말미암아(엡 2:8–9)”, “그의 은혜의 풍성함을 따라, 그의 피로 말미암아(엡 1:7)” 구속 곧 죄사함을 받았다고 말씀하신다. 오직 은혜였기에 “값없이 의롭다하심을 얻(롬 3:24)”은 것이다. 죄사함으로 인하여 우리는 흑암의 권세에서 하나님나라(골 1:13–14)로 옮기어졌다.

요약하자면, 구원이 하나님의 사랑이라면 구속은 하나님의 공의다. 구속의 결과 구원이 주어졌다. 우리는 한평생 오직 은혜, 오직 믿음으로 살아야 한다. “그 은혜를 인하여 믿음으로 말미암아” 구원받았음을 기억하라.

4. 오직 예수(Solus Christus)
5. 오직 성령(Solus Spiritus)
6. 오직 하나님께만 영광(Soli Deo Gloria)

우리는 살아가며 가끔은 ‘나는 왜 사는가?’라고 정직하게 자문할 필요가 있다. 웨스터 민스터 소요리문답 제 1문에는 사람의 목적을 가리켜 “하나님을 영화롭게 하며 하나님을 영원토록 즐거워하는 것”이라고 했다. 성경에도 “너희는 먹든지 마시든지 무엇을 하든지 다 하나님의 영광을 위하여(고전 10:31)”하라고 했다. 왜냐하면 우리는 주의 것(롬 14:8)이기 때문이다. 살아도 주를 위하여 살고, 죽어도 주를 위하여 죽어야 한다.

동일한 질문을 내게 묻는다면 나 역시 주저함 없이 하나님의 영광을 위해 살 것이라고 말하겠다. 물론 그렇게 살았다는 의미는 아니다. 그렇게 살려고 몸부림치겠다는 것이다. 여생도 오직 하나님의 영광을 위해 그렇게 살고 싶은 마음 간절하다.

그렇다면,
어떻게[81] 사는 것이 하나님의 영광을 위해 사는 걸까?

특별히 나는 이 부분에 대해 많이 고민한다. 언제 어디에서나 무슨 일을 할 때마다 먼저 '하나님께 영광이 될까?'를 생각한다. 그러다 보니 얼핏 지나치게 자유가 없는 듯 보이기도 한다. 세상 사람들이 보면 그럴 수도 있겠다.

그러나 나는 하나님의 영광을 위해 사는 것만이 '주님 안에서의 진정한 자유'라고 말하고 싶다. 나는 세상에서 하고 싶은 모든 것을 다하며 사는 것을 자유라고 생각지 않는다. 오히려 말씀을 기준으로 절제하는 자유를 '진정한 자유'라고 외치고 싶다.

매번 하나님의 영광을 생각하는 사람은 자기의 소욕대로 살지 않는다. 마음 속에서 스멀스멀 기어나오는 탐심과 정욕에 대해 피 흘

81) 《오직 하나님께 영광》, 박순용, 지평서원, 2014.

리기까지 싸운다. 모든 일에 몸부림을 친다. 매사 매 순간에 하나님을 의식하며 산다. "나의 나 된 것은 하나님의 은혜(고전 15:10)"라며 매 순간을 감사하며 산다. 기쁨 충만으로 산다.

길지 않은 한 번 인생을 바람직하게, 하나님 보시기에 아름답게 살려면 어떻게 살아야 할까?

먼저는, 하나님 영광을 가린다고 생각되면 무조건 피하라. 그런 다음 하나님을 위하는 삶을 적극적으로 살라.

하나님 영광을 가리는 삶의 중심에는 교만이 있다. 하나님은 교만을 싫어하며 거만을 역겨워하신다. 그렇기에 '바늘로 찌르는 말'이라는 뜻의 잠언(箴言, The Proverbs)에는 교만(גֵּאָה, nf, geah, pride, 14회)과 거만(גָּאוֹן, nm, ga'own, arrogancy, 17회)이라는 단어가 반복적으로 언급되어 있다.

교만과 거만을 합하여 오만(傲慢)이라고 한다. 일반적으로 교만한 사람은 늘 가르치려 하고 배우려 하지 않는다. 교만을 신학적으로 정의하면, 하나님의 은혜를 구하지 않는 것, 하나님의 지혜를 구하지 않는 것, 하나님의 구원을 바라지 않는 것, 하나님의 영광을 가로채는 것이다. 그렇기에 교만은 "패망의 선봉이요 거만한 마음은 넘어짐의 앞잡이(잠 16:18)"라고 경고하셨다.

하나님의 영광을 가리는 또 하나는 음란함이다. 음란에는 영적 음란과 육적 음란이 있다. 영적 음란은 우상숭배를 말한다.

우상숭배(Idolatry)란, 하나님보다 더 가치를 두고 우선순위를 두는

가시적 비가시적인 모든 것이다. 특별히 육적 음란은 하나님의 창조 원리에 반하는 모든 것이다. 일부일처를 어긴 것, 한 남성과 한 여성이 만나 결혼하여 가정을 가지지 않는 것과 자손을 낳지 않는 것, 부부 이외의 섹스 관계, 부적절한 육체관계(Sexual immorality) 등등을 말한다.

예수님은 행위뿐 아니라 음란한 마음을 품는 것까지도 금하셨다. 우리는 이 말씀을 무겁게 받아들여야 한다.

하나님이 기뻐하시는, 거룩한, 산 예배(롬 12:1)를 '적극적으로' 드리지 않는 것도 하나님 영광을 가리는 것이다. 이 대목에서는 조금 답답할 수도 있겠다. 그러나 우리는 매사에 조금 더 보수적인 것이 좋다. 연약한 육신의 한계 때문이다. 우리는 삶으로 드리는 모든 예배를 거룩함[82]으로 드려야 한다. 더 나아가 가식이나 외식(外飾)을 과감하게 벗어버려야 한다. 매너리즘은 더더욱 아니다. 매일매일 우리에게 허락하신 '오늘'이라는 날은 결코 동일하지 않다. 비슷한 듯 보이나 '오늘'이라는 날은 우리 인생에서 처음이자 마지막인 늘 새로운 날이다.

하나님의 영광을 가리는 것 중 21세기인 오늘날 가장 조심해야 할 것이 있다면, 혼합주의 신앙이다. 평화로 포장된 구원다원주의(종교혼합주의, Religious pluralism)는 이단 사이비에 불과하다. 가짜 복음이다.

반면에 하나님의 영광을 드러내는 삶이 있다. 바로 하나님의 뜻을 따라 사는 삶이다.

---

82) 4부의 거룩함의 강의 부분을 참조하라.

하나님의 뜻은 무엇일까?

우리를 향한 하나님의 뜻은 '거룩함'이다. 거룩함에로의 몸부림 하나하나는 하나님의 영광으로 직결된다. 그렇기에 매 순간 코람데오(Coram Deo)로 살아가야 한다. 삼위 하나님 앞에서 그분의 통치 하에 살고 그분의 기쁨으로 살아가야 한다. 하나님은 우리의 겸손을 원하신다. 하나님 앞에서 겸손하게 몸부림치며 살아가는 우리를 그분은 존중해 주신다. "겸손은 존귀의 앞잡이(잠 15:33)"라고 말씀하셨다.

잠언에는 겸손 (עֲנָוָה, humility)이라는 단어가 8회 나온다. 겸손한 자는 상대를 가르치려 하지 않는다. 먼저 배우려 하며 상대의 말을 잘 경청하는 큰 귀를 가졌다. 그러므로 겸손한 자가 가장 지혜로운 자이다.

지혜는 '하나님의 음성에 적극 반응하는 예민한 마음 혹은 잘 듣는 큰 귀'라는 뜻으로 히브리어로 레브 쇼메아(왕상 3:9, an understanding heart, לֵב שֹׁמֵעַ)라고 한다. 우리는 매사에 말씀을 통해 그 분의 음성을 듣는 것이 중요하다. 하나님의 말씀을 통해 그분의 음성을 바르게 들어야 한다. "믿음은 들음에서(롬 10:17)"나기 때문이다. 그러므로 잘 듣는 겸손한 자가 믿음의 사람이요 지혜의 사람이다. 하나님의 음성에 민감하게 반응하는 자가 지혜로운 자이며 그런 겸손한 자에게 은혜를 베푸시겠다(잠 3:34)고 말씀하셨다.

또한 잠언 22장 4절은 "겸손의 보응은 재물과 영광과 생명"이라고 하셨다. 더 나아가 겸손한 자는 영예를 얻고(잠 29:23) 기쁨이 더하여질 뿐(사 29:19) 아니라 영이 소성케 될(사 57:15) 것이라고도 말씀하셨다. 그러므로 우리는 말씀을 잘 들음으로 믿음의 사람, 지혜의 사람, 겸손의 사람이 되어야 할 것이다.

또 하나, 복음과 십자가 자랑은 하나님의 영광을 드러내는 삶이다. 자기를 부인하고 자기 십자가를 묵묵히 지고 주님을 따르는 삶, 그리스도의 향기를 드러내는 삶을 하나님은 기뻐하신다. 장차 주어질 (미래형) 하나님나라를 기대하며 지금 (현재형) 하나님나라를 확장해 가는 그런 우리를 하나님은 기뻐하신다. 결과보다는 과정을 통해 당신의 마음 아는 것을 기뻐하신다.

그러므로 우리가 한 번 인생에서 혹독한 사명 감당을 통해 크고 아름다운 열매를 드려야 한다는 강박감이나 조급증은 버리자. 모든 일의 결과는 하나님께 맡기고 골고다 십자가 증인으로서의 삶에 초점을 맞추자. 세상 사람들이 이해할 수 없는 방식으로 살아가는 몸부림을 소중히 여기자.

우리 모두는 하나님의 사랑과 은혜에 빚진 자이다. 그러기에 우리 주변에 그 사랑을 복음과 함께 자랑하되 적극적으로 전해야 할 것이다. 그들을 잘 섬기고 높여줌으로 세상 속에서 빛과 소금의 역할을 감사함으로 감당하자.

9강

구약 - 중간사(BC 400 – BC 4) - 신약

구약 전체의 흐름을 파도타기 하듯 부드럽게 타고 싶다면 히브리정경 TNK(타나크)를 타라. 반면에 신약의 흐름은 역서예의 파도를 타는 것이 좋다. 그 중간에 낀 시기를 신구약 중간사라고 한다.

AD 4세기 이후 정경이 된 신구약 66권으로 된 말씀은 성경의 6대 속성과 3대 영감을 만족하고 있다. 구약은 히브리인들의 정경 분류법(TNK)이 성경의 흐름을 이해하는 데 도움이 된다. 반면에 신약은 개신교의 정경분류(역서예)가 도움이 된다. 앞서 2부 1강에서 설명했기에 최대한 중복을 피하겠으나 다시 반복하여 강조하는 것도 나쁘지 않으리라 생각된다.

역사의 주관자이신 하나님은 당신의 섭리 하에 경

륜으로 역사를 이끄셨다. 역사를 통해 각 시대의 선지자들을 쓰셔서 당신의 뜻을 알리셨다. 그래서 네비임이라는 선지서 안에는 역사서(전 선지서)와 예언서(후 선지서)가 있다. 물론 성문서(聖文書, hagiographa)인 케투빔에도 역사서는 있으나 네비임의 역사서와 시기의 차이가 있을 뿐이다.

신약의 경우, 나는 크게 3부분으로 나눈다. 사도행전과 사복음서의 5권으로 된 역사서와 21권의 서신서[83], 그리고 예언서이다. 역사서는 예수 그리스도의 역사인 사복음서와 교회의 역사인 사도행전으로 나눈다. 서신서는 14권(히브리서 포함)의 바울서신과 7권의 사도서신으로 나눈다. 예언서로는 요한계시록이 있다.

BC 400 - BC 4년의 기간을 신구약 중간기라고 한다. 말라기 이후 400년 동안 하나님은 어떤 선지자도 보내지 않으시며 침묵하셨다. 노하기를 더디 하시는 하나님은 BC 537년 1차 포로 귀환부터 BC 400년까지 선민들이 다시 돌아오기를 인내하며 기다렸다. 그러나 그들은 돌아오기는커녕 더 멀리 가버렸다. 끝내 돌아오지 않는 그들을 보며 실어증에 걸린 애끓는 아버지 하나님을 상상해 보라.

역대기와 에스라, 느헤미야, 에스더에서 말라기에 이르기까지의 시대적 배경은 약 200년을 존속(BC 538–331)했던 페르시아다. 그러므로 고레스(모친 만다네과 부친 캄비세스 1세의 아들)로 시작된 페르시아의 초

83) 저자는 히브리서를 바울서신에 포함시켜 14권(롬-히)으로 나눈다. 바울서신이라 함은 바울로부터 수신자에 따라 이름이 붙여진 것이다. 일반 사도서신은 기록자의 이름에 따라 붙여진 것으로 야고보서, 베드로전후서, 요한 1-3서, 유다서이다.

대 왕과 캄비세스 2세, 다리오1세(마라톤 전쟁, 하만 등장), 아하수에로(크세르크세스, 살라미스 해전, 영화 〈300〉), 아닥사스다 1세까지의 왕을 알아두자. 또한 각 시대별로 역사적 사건과 성경을 비교하면서 읽으면 성경의 역사적 사실(Fact)과 함께 그 폭과 깊이를 더할 수 있다.

당대의 최강자로 군림하던 페르시아(BC 538–331)는 다리오 3세를 끝으로 헬라(Greece)의 알렉산더(BC 333년 잇수스 전투, BC 331년 아르벨라 전투)에 의해[84] 역사의 주 무대에서 사라지고 만다.

헬라(BC 331–143)는 20세에 왕으로 등극했던 알렉산더가 33세라는 젊은 나이에 병사하자(BC 323) 그 휘하의 장군들에 의해 분할 통치되었다. 끝까지 두 장군이 남았는데 시리아를 중심으로 한 셀류커스 왕조(Seleucus, BC 198–167)와 이집트를 중심으로 한 프톨레미 왕조(Ptolemy, BC 301–198)이다. 후에 프톨레미 왕조는 BC 30년 안토니우스와 클레오파트라가 연합하여 로마의 옥타비아누스와 싸우다 악티움 전쟁에서 진 후 역사의 주 무대에서 사라지게 된다.

한편 셀류커스 왕조는 안티오쿠스 에피파네스 4세 때(BC 167) 예루살렘을 정복하여 성전에 제우스 신상을 세웠을 뿐만 아니라 돼지고기를 제단에 올리고 돼지 피를 성전에 뿌리는 만행을 저지른다. 이에 대항하여 3년간 싸움을 벌여 성전을 탈환했던 마카비(BC 166–143)가 왕위에 오르고 이로 인하여 하스몬 왕조(BC 142–63)가 이어진다.

---

84) 《그리스 전쟁》, 필립 드 수자, 발데마르 헤켈, 로이드 루엘린-존스, 오태경 옮김, 플래닛미디어, 2009.

BC 63년에는 로마의 폼페이(Pompeius, BC 106-48) 장군이 예루살렘을 점령하며 스룹바벨 성전이 파괴된다. BC 44년에는 브루투스에 의한 카이사르의 암살이 일어나고, BC 40년 어간에는 이두매(Idumea, 에돔) 출신이었던 헤롯 가문의 유대 지배가 시작된다. 헤롯은 자신을 은근히 무시하던 유대인들의 환심을 사고자 헤롯 성전을 건축한다(BC 20-AD 26).

당시 눈여겨보아야 할 인물이 헤롯 가문의 원조인 안티파터이다. 그는 이두매인으로 유대교로 개종한 사람이다. 폼페이우스는 안티파터와 그의 두 아들 파사엘루스와 헤롯을 유대 땅 전체의 총독으로 임명했다.

그후 안티파터는 열정적인 유대인에게 암살당하고 두 아들은 도망쳤다. 그들은 안토니우스의 도움으로 잠깐 재기했으나 여의치 않자 형은 동생을 위해 장렬한 최후를 맞는다. 동생 헤롯을 죽음으로부터 건지기 위해 형 파사엘루스는 돌에 머리를 박아 자결했던 것이다. 이리하여 구사일생으로 살아난 헤롯은 기회 있을 때마다 잔머리를 굴린다. 당시 아리스토블루스 2세의 아들인 안티고누스를 안토니우스에 의해 참수당하게 만들기도 한다. 결국 하스몬 왕조는 126년 만에 끝이 났다. 이후 유대의 권력은 온전히 이두매(에돔 사람을 뜻하는 헬라어) 사람 헤롯의 손으로 넘어갔다.

한편 로마는 120년 동안 카르타고와 3차에 걸쳐 전쟁(포에니 전쟁)을 벌였다. 이 전쟁에서 승리 후 로마는 BC 2세기 중반이 되어서야 제국으로의 길이 열리게 된다. 카이사르 암살 후 그의 양자였던 옥타비아누스가 로마의 초대 황제가 된다. 이때 원로원체제가 제정으로 바뀌었고 총독제도가 생겼다.

로마는 온갖 머리를 굴려 속국들의 통치에 신경을 많이 썼다. 특히 골치 아픈 유대의 통치는 분봉왕과 함께 총독을 보내어 정치와 군사를 맡게 하고 종교는 유대의 대제사장에게 맡기는 방법을 썼다. 그리하여 헤롯을 유대의 분봉왕으로 보냈고 그는 BC 40년에 왕위에 올라 BC 8년까지 다스렸다. 성경에 나오는 익숙한 로마의 총독은 두 번째 황제 티베리우스가 파견한 폰티우스 필라투스(Pontius Pilate, 본디오 빌라도, 눅 3:1), 사도행전에 바울과 함께 등장하는 펠릭스[85](Felix, 벨릭스, 행 24:3)와 베스도(Festus, 행 4:27) 등이다.

한편 유대인들은 로마 황제, 분봉왕, 총독, 그리고 유대의 대제사장들로 인해 너무 힘들었다. 세금에다가 고역이 더하여졌다. 그렇기에 그들은 안정을 갈구하며 진정한 왕이 다스리는 나라를 꿈꾸었다. 그러다 보니 메시야를 더욱 대망하게 되었다. 그런 그들에게 세례 요한을 통해(눅 3:1-2) 메시야의 도래가 선포되었고, BC 4년에 예수님은 인간으로 이 땅에 오시었다.

BC 4년, 세례 요한이 출생하고 그 6개월 후에 동정녀 마리아에게서 약속하신 말씀을 따라 예수님이 탄생했다. 예수님은 AD 26년이 되자 공생애를 시작하셨다. 이때는 헤롯 성전이 막 완공되던 해였다

---

85) 벨릭스는 원래 글라우디오 황제 모친의 노예였다. 그에게는 팔라스라는 형이 있었는데 둘 다 잔머리 굴리는 데는 명수였다. 벨릭스는 당시 문제 성격을 가진 글라우디오 곁에서 황제를 이용해 돈과 권력을 가지게 되고 노예에서 자유인의 신분이 되었다. 훗날 팔라스는 황궁에 머물렀고 벨릭스는 돈을 주고 총독이 되어 유대 땅으로 파견된다.

(BC 20년–AD 26년 공사 마침, AD 63년에 완공). 예수님은 AD 30년 중반에 십자가에서 죽은 지 3일 만에 부활하셨고, 40일간 이 땅에 계시다가 500여 성도들이 보는 앞에서 하늘로 승천하셨다. '왜 승천하셨나?' '어디로 승천하셨나?' '왜 다시 재림하시나?' 이 세 가지 질문에 답함으로 승리주 예수님과 미래형 하나님나라를 소망할 수 있기를 바란다.

신약의 흐름을 잘 알려면 신약정경 분류(역서예)와 함께 성육신하신 예수님과 바울의 발자취를 비교하면 도움이 많이 된다.

예수님 승천 후 그리스도인을 핍박하고 죽였던 사람들 가운데 구약학자이자 가말리엘의 수제자인 사울이 있다. 사울은 AD 5년에 길리기아 다소에서 유대인 디아스포라로 태어났다. 그는 그리스도인 순교자 스데반의 죽음과 밀접한 관련이 있는 사람이다. 당시 그리스도인들을 핍박하던 무리들 가운데 가장 열심이었던 인물이다. 그는 유대와 사마리아로 피해 간 그리스도인들까지 쫓아가 박해했고 먼 이방 땅 다메섹까지(예루살렘에서 다메섹까지 240Km) 박해의 여정을 떠나기도 했다. 사울이 다메섹에서 예수님을 만났던 때가 대략 AD 35년으로 그의 나이 30세 때였다.

열정적인 사울의 성향은 그의 배경을 보면 쉽게 알 수 있다. 당시 바리새파 주류에는 두 분파가 있었다. 하나는 보수를 지향하던 샴마이 학파였고 다른 하나는 진보개혁을 표방하던 힐렐 학파였다. 사울은 힐렐 학파에 속했다. 그 학파를 창설한 랍비 힐렐은 대단히 강한 사람이었는데, 사울의 스승인 가말리엘이 힐렐의 손자다. 어느 시대나 진보개혁을 주장하는 사람들의 열정은 대단하다. 당시 열정 하나로 똘똘 뭉친 사울은 그리스도인들을 박해하기 위해 다메섹까지

원정을 갔다. 그러나 다메섹에 거의 도달할 즈음(행 9:3) 부활의 예수님이 그에게 나타났다. 이 놀라운 사건으로 인해 사울은 예수님이 진정한 메시야이심을 알게 되고 예수를 따르는 사도[86]가 되어 순교하는 순간까지(대략 AD 68년경) '하나님의 은혜의 복음'만 전했다. 예수를 핍박하던 자의 자리에서 완전히 돌아선 것이다.

그는 이방인에게 복음을 전파했다. 그 여정은 자그마치 아시아에서 유럽에까지 이르렀다. 그는 복음을 전함으로 현재형 하나님나라의 확장에 일생을 바쳤다. 이런 바울이 이방인에게 보내진 사도라면 당시 유대인에게는 베드로, 야고보, 유다를 비롯한 제자들을 통해 복음이 전해졌다.

신약을 쉽게 이해하는 또 하나의 팁은 6명의 로마 황제[87]를 아는 것이다. 바로 1대에서 5대까지와 11대 황제[88]이다.

AD 54년에 등극한 로마의 5대 황제 네로는 기독교 역사에서 가장 못된 짓을 했던 인물이다. 그는 AD 64년에 그 악랄한 '로마 대화재사건'(7월 19일)을 일으킨다. 점점 더 로마 시민들의 분노가 끓어오

86) 사도는 초대교회에 한시적으로 두신 직분이다. 하나님께서는 사도들을 통해 성경을 기록하게 하셨고 아울러 교회를 시작하게 하셨다. 수리아 안디옥에서 사역을 시작한 시기는 대략 AD 45년인 40세 때로 추정한다. 즉 전도사로 갓 시작한 때가 40이라는 늦은 나이였다.

87) 아우구스투스(Augustus, 위엄 있는, 존귀한)는 황제들의 칭호이다. 율리우스 카이사르의 성을 5대 황제까지 세습하였다. 그래서 황제를 부를 때 카이사르(Kaesar)라고도 했다. 그러므로 아우구스투스와 카이사르라는 호칭이 결합되어야 진정한 황제이다.

88) 1대-아우구스투스(옥타비아누스), 2대-티베리우스, 3대-칼리굴라, 4대-클라우디우스, 5대-네로, 11대-도미티아누스

르자 얼른 기독교인에게 누명을 씌워 버렸다. 당연히 그의 말로는 좋지 못했다. 베드로전서가 바로 로마 대화재 1년 전에 쓰인 것이다. 고난을 대비할 것과 산 소망이신 예수 그리스도를 통해 주어질 영광과 즐거움으로 박해와 고난을 이겨나가라고 말씀하셨다.

AD 66-73년(74년)에는 부패한 로마(총독과 점령군)와 유대인들 간에 1차 유대 전쟁이 일어나는데, 그것은 로마의 잔혹한 범죄 행위였다. AD 70년에는 디도 장군에 의해 예루살렘이 함락되었고, AD 73년에는 마지막으로 남아 있던 '맛사다'[89]마저 완전히 점령됨으로써 1차 유대 전쟁은 막을 내리게 된다.

AD 81년에는 11대 황제 도미티아누스가 즉위했다. 바로 이 황제가 사도 요한을 밧모 섬으로 유배시켰던 인물이다.

AD 313년이 되자 드디어 콘스탄티누스 황제에 의해 기독교가 공인되었다.

AD 325년에는 1차 니케아공의회가 열렸고 AD 787년에는 2차 니케아공의회가 열렸다.

AD 395년 데오도시우스 1세가 사망했다. 이후 그의 두 아들에 의해 각각 동서 로마로 분리되었다. 서로마는 AD 476년에 망하고 동로마(비잔틴 제국)는 콘스탄티노플을 수도로 삼고 AD 1453년까지 버티다가 오스만투르크에 망하고 말았다.

---

89) 시카리(sicari)파가 마지막까지 맛사다에서 버티다가 전멸되었는데, 그들은 성격이 강하기로 유명했다. 시카리란 '자객들'이라는 뜻으로 옷 속에 단검을 품고 다녔던 자들이다. 그들은 에세네파 4개 분파 중 하나로 열심당(the zealots)이라고 하는데, 셀롯(눅 6:15; 행 1:13) 혹은 가나나인(카나니테스, 막 3:18)으로도 불렸다.

한편 AD 1096-1291년까지는 십자군 전쟁이 있었고(11C-13C), 14-16C까지 그 유명한 르네상스운동(문예부흥)이 있었다.

AD 1517년 종교개혁의 불쏘시개로 쓰였던 마틴 루터의 95개조 반박문이 비텐베르크 성문에 벽보로 붙여지기도 했다.

AD 1912-1913년에는 발칸 전쟁이 일어난다. 이 전쟁으로 인하여 오스만투르크 제국(1299-1922)은 유럽에서 축출되고, 이어 1922년에 오스만 제국이 멸망하면서 근대 터키가 건립된다.

한편 AD 1917년에 영국의 벨푸어에 의해 유대국가 건설이 지지되고 AD 1918년에는 영국이 팔레스타인을 점령한다. 뒤이어 AD 1922년이 되자 영국은 국제연맹으로부터의 위임통치를 승인받게 된다. 그리고 1948년 5월 14일에 이스라엘의 독립이 이루어지게 된다. 역사의 주관자 하나님의 섭리를 역사를 통해 보게 된다.

이제는 1세기 초대교회로부터 오늘날까지 2000년의 세계사 흐름을 살펴보자. '주의(-ism)'의 파도에 자연스럽게 몸을 맡겨 즐거운 파도타기가 되기를….

2-3세기 어간에 초대교회에 영지주의(Gnosticism)가 파고들어 많은 그리스도인들을 미혹시켰다. 영지주의는 양극단으로 나타났는데 금욕주의와 쾌락주의를 양산하였다.

3-10세기에는 금욕주의를 이어 깨끗한 영에 비해 더러운 육체를 보다 더 단련시키고자 수도정진하려는 흐름이 몰려온다. 이른 바 수도원주의(monasticism)이다.

11세기에는 교리 문제인 삼위일체 논쟁이 일어났다. 이로 인해 약 1,000년간 잘 유지되던 초대교회는 동방교회와 서방교회로 나누어진다. 동방교회는 삼위를 지나치게 강조하며 한쪽으로 달려갔고 서방교회는 일체 쪽으로 달려가 버렸다. 교리의 중요성을 다시 생각케 한다. 교리란 성경을 바르게 해석하는 길라잡이다.

11-14세기에는 스콜라주의(scholasticism)를 중심으로 지성의 강세가 계속되었다. 수도원주의에 대한 널뛰기인 셈이다. 그러다가 다시 14-15세기가 되면 개인의 체험을 중시하는 신비주의운동(mysticism)이 대두된다. 역사의 균형추가 부지런히 양쪽을 오가는 것을 볼 수 있다.

16세기가 되자 다시 말씀으로, 복음으로 돌아가자는 종교개혁운동이 일어난다. 한 사람의 용기 있는 행동이 있었다. 엄밀하게 말하면 종교개혁은 아니었다. 그를 종교개혁의 불쏘시개로 쓰신 성령님의 역사이다.

종교개혁 이후 17-18세기에는 말씀을 기준과 원칙으로 삼는 경건주의[90]운동이 일어난다. 그러나 죄인 된 인간의 한계는 금방 바닥을 드러냈다. 이내 곧 너무 불편하다며 자유를 외쳤다. 이것도 취하고 저것도 버리지 말자고 적당하게 타협했다. 그러다 너무 밖으로 나가버렸다.

결국 자유주의(Liberalism)[91]운동이 19-20세기에 일어났다. 이 운동

90) 《종교학대사전》, 편집부, 한국사전연구사
91) 《개념어사전(통합논술)》, 한림학사, 청서

은 점점 더 절벽으로 치달아가더니 종국적으로 '왜 예수만이 구원이냐'라며 종교다원주의(Religious pluralism)를 부르짖게 된다. 점점 더 복음주의가 코너로 몰리기 시작했다. 결국 오늘날은 진리를 외치는 기독교를 박해하기 시작했다. 바야흐로 21세기 기독교 신박해 시대가 온 것이다.

지금의 속도를 예상해보면 우리 아이들 시대에는 거의 순교 시대가 도래할 것 같다. 아마 그 시기가 더 앞당겨 질지도 모른다. 그 아이들이 배도하지 않도록 지금이라도 철저히 신앙교육에 올인해야 할 것이다. 성경의 경고[92)]에 귀를 기울이자.

종교다원주의 시대를 살아가는 청년들에게 외치고 싶다. 유월절 어린양 되신 예수 그리스도의 구원자(Savior) 되심과 예수님을 통해 장차 들어가게 될 미래형 하나님나라를 소망하며 그 예수님의 주(Lordship) 되심을 순간순간 인정하며 살아갈 것을 강권한다.

---

92) 호 4:6, 욥1:3, 삿 2:7-15을 자세히 반복하여 묵상해보라. 그리고 하나님의 마음을 읽으라.

10강 언약

이미 1부 4강에서 6대 언약을 가볍게 언급했다. 반복되더라도 조금 더 자세히 설명하고자 한다. 그만큼 성경에서 약속하신 하나님의 언약은 중요하다.

6대 언약은 성경 전체를 이해하는 또 하나의 길이다. 성경의 언약(言約, My Covenant, 베리트, 디아데케)은 하나님께서 직접 사람에게 약속하시고 그것을 당신만이 신실하게 이행해 가신다. 그러므로 성경의 언약은 하나님의 전적인 은혜이자 편무언약이요 일방적 언약이다. 인간들이 흔히 행하는 쌍방 간의 합의 하에 이루어지는 약속(쉰데케)이 아니다.

언약이란 상대방과의 엄중한 약속으로서 어길 시에는 그에 따른 징벌이 따른다. 매사에 약속을 지키지 못할 것을 뻔히 아시는 하나님은 당신 편에서만 약속에 대한 의무와 책임을 지기로 작정하셨다.

성경에 나오는 하나님의 언약은 인간의 원역사에서 시작되는데 아담언약-원시복음, 노아언약-2중언약, 아브라함언약-3중언약, 모세언약-소금언약, 다윗언약-등불언약, 그리고 2000년 전 성취된 '예수 그리스도의 새 언약'이다. 여기서 예수 그리스도의 새 언약이란 오신(성취된) 초림의 예수님과 오실(완성하실) 재림의 예수님 둘 다를 포함한다.

첫째, 아담언약(창 3:15)

최초의 복음으로 '원시복음'이라고도 한다. 태초에 삼위일체 하나님은 천지를 함께 창조하시고 동방의 에덴에 동산을 창설하셨다(창 2:8). 창세기 1장과 2장을 깊이 묵상하면 당신의 경륜을 세미하게 이끌어 가시는 역사의 주관자 하나님을 알 수 있다.

특별히 하나님의 속성을 표현하는 엘로힘과 야훼 엘로힘에 주목하자.

창세기 1장 1절에서 2장 3절까지는 매 성경구절의 주어가 엘로힘(אֱלֹהִים)이다. 반면에 2장 4절에서 25절까지는 그 주어가 야훼 엘로힘(יְהוָה אֱלֹהִים)이다.

엘로힘이나 야훼 엘로힘은 두 하나님을 가리키는 것이 아니다. 하나님의 이름은 더더욱 아니다.[93] 엘로힘은 유일하신 전능주 하나님의 속성이며 야훼 엘로힘은 당신의 약속을 신실하게 이행하시며 구체적이고 세부적인 것을 디테일하게 주관하시는 역사의 주관자 하나님을 말한다. 즉 엘로힘이나 야훼 엘로힘은 그 속성을 일컫는 말이다.

하나님은 사람을 창조[94]할 때 당신의 형상을 따라 당신의 모양대로 사람을 만들었다(창 1:26-27절). 그런 후 창세기 2장 7절은 그 사람에게 생기를 불어넣으셨다고 했다. 그리하여 사람은 성령을 모신, 진정 살아 있는 사람인, 생령이 되었다. 그런 후 그 사람을 가장 완벽한 장소인 에덴동산에 두시고 하나님의 다스림 가운데 바른 관계와 교제를 가지도록 하셨다. 하나님은 보기에 아름답고 먹기에 좋은 나무와 함께 동산 가운데에 생명나무와 선악을 알게 하는 나무를 두셨다.[95] 동시에 동산 각종 나무의 실과는 먹어도 좋으나 선악을 알게 하는 나무의 실과만큼은 금하셨다. 하나님과 사람의 계약에 따르면, 그 실과를 먹는 날에는 정녕 죽으리라는 것이었다.

---

93) 하나님은 스스로 자존하시는 분(I am who or that I am, 출 3:14)이다. 그러므로 이름이 필요 없다. 성경의 모든 이름은 속성이다.

94) 창 1:26-27을 읽어보라. 특별히 하나님의 형상을 쩨렘(in Our image, צֶלֶם)이라 하며 하나님의 모양을 데무트(according to Our likeness, דְּמוּת)라고 한다. 요약하면, 쩨렘이 신체적 형상이라면 데무트는 하나님의 성품을 의미한다. 근본인 땅(the ground אֲדָמָה)에서 취한 흙(dust עָפָר)으로 만든 사람을 아담(אָדָם, Man)이라고 하며 그 사람에게 생기(루아흐 רוּחַ, Breath, נָפַח wind, Spirit; 프뉴마 πνεύματι 성령)를 불어넣으셨다(창 2:7, 불어넣다. נָפַח breathed). 이는 창 1:2의 운행하다(Moved, רָחַף)와 동일한 의미이다. 그리하여 사람은 생령(네페쉬 하야, A Being לְנֶפֶשׁ Living : חַיָּה : 성령을 모신 진정한 살아 있는 사람)이 되었다.

95) 선악과와 생명과가 두 그루인지, 한 그루인지 분명하지는 않다.

그것은 하나님의 공의였고 하나님의 통치와 질서 하에서 살아가라는 것이었다.

그러나 사람은 사탄[96](נחש or שטן)에게 속아 하나님의 통치 질서를 어겼다. 심지어는 '하나님과 같이'(창 3:5) 되려고 했다. 결국 인간은 탐욕으로 인해 하나님께서 금하신 열매에 손을 댔던 것이다. 인간은 하나님과의 계약을 일방적으로 깨버리고 하나님의 권위에서 벗어나려 했다. 그 결과 하나님의 영이 사람을 떠나버린 상태인, 죽음이 찾아오게 되었다. 또한 에덴도 상실해버렸다.

그리하여 아담 이후 모든 인간은 누구나 다 영적 죽음 상태로 출생하며 죄인으로 태어나게 되었다. 이것이 대표의 원리와 연합의 원리이다. 그러나 좋으신 하나님은 인간에 대한 구원의 끈을 놓지 않으시고 아담에게 구원의 언약을 주셨다. 이것이 소위 원시복음이라고 말하는 '아담언약'이다(창 3:15).

둘째, 노아언약(창 6:18, 창 9:1, 9:9-17)

노아언약은, 하나님께서 주셨던 창세기 3장의 아담언약을 잊지 않으시고, 창세기 6장과 9장에서 주신 2중언약을 말한다. 이는 홍수 전후의 두 가지 언약이다. 홍수 전 언약을 방주 언약 혹은 구속 언약

---

96) 나하쉬(נחש)는 사탄(שטן)의 속성으로 '간교하다'라는 의미이다. 창세기 3장 1절의 뱀의 히브리어가 바로 나하쉬이다.

(창 6:18)이라고 한다. 반면에 홍수 후에 주어진 언약은 무지개 언약(창 9:9–17)이라 한다. 더하여 노아언약은 아담언약의 갱신까지 해 주셨다(창 9:1).

역사의 주관자이신 하나님은 에덴에서 쫓겨난 인간이 점점 더 곁길로 가는 것을 보며 마음이 아팠다. 가인은 동생 아벨을 죽인 것도 모자라 창세기 4장 16절에 이르면 하나님의 품을 떠나버렸다. 거기에다가 가인의 후예들은 그 이름들[97]의 의미로 짐작컨대 하나님을 몰랐을 뿐 아니라 강포하기까지 했다. 그들은 하나님의 명령인 일부일처를 어겼고 세상의 아름다움을 추구하며 그 길로 나갔다. 그들의 배신은 아버지 하나님의 아픔을 배가시켰다. 그러나 신실하신 하나님은 당신의 일방적 약속인 아담언약을 끝까지 기억했다. 그리고는 인간을 향한 당신의 경륜을 변함없이 이끌어갔다.

창세기 6장에 이르면 "사람이 땅 위에 번성"했다고 기록되어 있다. 이것은 지구상에 인구가 비약적으로 늘어났음을 말한다. 당시 엄청난 수명에다가 오염되지 않은 환경, 그리고 사명감으로 아이를 출산했기에 인구가 기하급수적으로 불어났을 것으로 쉽게 짐작이 된다. 사회가 틀이 잡혀가며 인간들의 죄악은 더 많아져 온 세상에 가득했다. 생각은 항상 악했다. 이에 하나님은 홍수심판을 결심하신다. 그리하여 지면의 모든 사람을 쓸어버리겠다고 작정하셨다.

---

97) 에녹의 아들 이랏은 '도망자'라는 뜻이며 손자인 므후야엘은 '하나님이 징계하셨다'라는 뜻이다. 그 후손인 므드세엘은 '지옥의 아들'이라는 뜻이며 일부일처를 최초로 어겼던 라멕은 '포학자'라는 뜻이다.

그러나 신실하신 하나님은 아담언약을 기억하셨다. 그리하여 하나님은 당시의 세상 사람들과 별반 차이 없이 살아가던 노아를 은혜(창 6:8)로 택하셔서 언약을 맺으셨는데 바로 노아언약이다. 아담언약과 마찬가지로 노아언약 또한 일방적 언약이었기에 하나님의 전적인 은혜이다.

홍수 이후 역사의 주관자이신 하나님은 당신의 경륜[98]을 약속대로 이어가심으로 당신의 신실함을 보여주셨다. 그러기에 창세기 12장부터 나오는 아브라함언약이나 아브라함으로부터 약 500년 후의 모세언약, 그리고 통일 왕국의 2대왕 다윗언약을 거쳐 종국적으로 예수 그리스도의 새 언약까지 하나도 빠짐없이 성취되었다. 인간들의 거듭되는 배신에도 불구하고 신실하신 하나님은 끝까지 당신의 언약을 이어가셨던 것이다. 그 후 정확하게 당신의 때에 예수님이 오셔서 인간의 구속을 성취하셨다.

98) 경륜(經綸, οἰκονομίαν, administration, 섭리, 주권적 계획 혹은 청지기, stewardship)이란 하나님의 통치를 뜻한다. 이는 역사에서 일어나는 크고 작은 모든 일들은 이해가 되든 안 되든 하나님의 섭리와 계획으로 이루어지며 그 모든 것이 그분의 허락 하에서 이루어진다는 의미이다. 경륜에 해당하는 헬라어 '오이코노미아'에서 생태계(ecology)와 경제(economy)라는 단어가 파생되었다. 뒤집어 말한다면 하나님의 경륜을 인간들이 무시하고 무너뜨릴 때 경제는 여지없이 무너져 내려 빈부 격차가 심해지고, 생태계 또한 파괴되어 전 지구적으로 몸살을 앓게 되는 것이다.

셋째, 아브라함언약(창 12:1-3, 15:17, 17:9-11)

아브라함언약이란, 창세기 12장 1-3절의 정식언약에 이어 15장 17절의 횃불언약, 그리고 17장 9-11절의 언약의 표징인 할례언약을 통해 주셨던 3중언약을 말한다.

바벨탑 사건으로 언어를 혼잡케 하셔서 인류를 온 지면으로 흩으셨으나 신실하신 하나님은 끝까지 당신의 언약을 기억하셨다. 그리하여 이방 땅 우르[99]에서 우상의 조각품을 만들어 적당하게 세상과 타협하며 그럭저럭 편하게 살던 아브람을 부르셨다. 그리고는 고향과 친척 아비의 집을 떠나 "지시하는 땅으로 가라"고 하셨다. 당시 아브람은 "갈 바를 알지 못하고(히 11:8)" 나아갔다.

우르에서 떠난 그는 밧단아람 지역의 하란에서 약 25년을 머뭇거리다가 아버지 데라가 죽은 후 성령님께 '이끌리어' 가나안으로 들어간다. 약속의 땅이라고 도착해보니 당황스럽게도 '마침' 기근이 있었다. '이끌리어'와 '마침'이라는 단어에 주의하라. 그는 성령님의 주도 하에 가나안 땅까지 왔다. 이상한 상황이 닥치자 아무 미련 없이 곧장 애굽으로 내려갔다.

기도 한 번 없이….

아브람은 그곳 애굽에서 수치를 당할 뻔했으나 하나님의 적극적

---

99) אוּר (flame) : Ur (Babylonian Uru; seat of moon-god worship, 불이라는 의미로 우상숭배와 함께 아마도 불 조각을 만들어 생계를 유지했던 듯하다.

개입하심으로 애굽 왕 바로보다 훨씬 '센' 하나님을 경험하게 된다. 당시 아브라함은 정확히는 몰랐어도 하나님은 자칭 신적 존재라는 애굽의 바로보다 훨씬 크신 분임을 생생하게 경험한 것이다.

다시 가나안으로 올라갔다. 어느덧 부유해진 재산으로 인해 조카 롯과 함께 동거하기가 어려워 헤어져야만 했다. 조카에게 땅 선택권을 먼저 양보한 결과 그는 약속의 땅 가나안에 남게 된다. 결국 양보는 대박을 낳고 싸가지는 쪽박을 낳게 됨을 역사는 보여준다.

이후 북방 4개국 동맹과의 싸움에서 하나님의 개입하심으로 싸움 초반에 말도 안 되는 승리를 얻는다. 아브람은 멜기세덱의 가르침으로 승리를 이끄신 하나님께 감사는 했으나 이내 곧 인간적인 관점으로 상황을 찬찬히 분석해보다가 갑자기 그들의 복수가 두려워졌다.

창세기 15장에 이르자 그런 아브람에게 하나님은 방패가 되어주실 것과 함께 국민, 주권, 영토까지 약속하신다. 이 모든 일은 하나님의 경륜으로 이루어질 것이라고 약속하시며 그 표시로 횃불언약을 주셨다. 그것도 부족하여 창세기 15장 17절에는 하나님만 쪼개진 짐승 가운데로 홀로 지나가셨다. 좋으신 하나님은 그 언약을 당신만 지키겠다고 하신 것이다. 그러므로 횃불언약은 편무언약이요 하나님 편에서는 일방적이고 불평등한 약속이었다.

다시 창세기 17장에 이르면 모든 남자에게 할례를 명하시며 그 1년 후 후손을 약속(창 17:21)하신다. 동시에 아브람의 이름을 열국의 아비인 아브라함으로, 사래를 열국의 어미인 사라로 바꾸셨다. 이후 21장에 이르러 '약속대로' 기쁨과 환희의 아들 이삭이 태어나게 된다. 그 아들로 인해 비웃음, 허탈의 웃음(창 17:17, 18:12)이 환희의 웃음(창

21:6)으로 바뀌었다.

그 후 이삭은 쌍둥이 아들을 두었다. 역사의 주관자 하나님은 형 에서가 아닌 동생 야곱을 택하셨다. 그 야곱의 11번째 아들 요셉을 통해 기근으로 죽을 뻔했던 이스라엘은 구원을 얻었다. 곧 이어 야곱을 위시한 70명(창 46:27)이 애굽으로 이주하게 되고 세월이 흐르며 점점 더 신분은 낮아졌다. 모진 박해 속에 희망을 잃어가던 이스라엘에 하나님의 언약의 결과로 모세가 오게 된다. 이른바 모세언약이다. 이후 출애굽을 통해 가나안에 들어가게 되고 하나님이 택한 왕국을 통해 다윗언약으로 이어진다. 그 다윗언약의 결과 등불이신 예수 그리스도가 오게 되었다.

넷째, 모세 언약(출 19:1-6, 레 2:13, 민 18:19, 대하 13:5)

"이스라엘 하나님 여호와께서 소금언약으로 이스라엘 나라를 영원히 다윗과 그 자손에게 주신 것을 너희가 알것이 아니냐" _대하 13:5

"네 모든 소제물에 소금을 치라 네 하나님의 언약의 소금을 네 소제에 빼지 못할지니 네 모든 예물에 소금을 드릴지니라" _레 2:13

"이스라엘 자손이 여호와께 거제로 드리는 모든 성물은 내가 영영한 음식으로 너와 네 자녀에게 주노니 이는 여호와 앞에 너와 네 후손에게 변하지 않는 소금 언약이니라" _민 18:19

모세언약은 소금언약이라고도 한다. 예수 그리스도의 새 언약의 대척점에 5개의 옛 언약이 있는데 특별히 신탁을 받았던 모세언약은 옛 언약의 대표격이다. 그렇지만 더 중요하다는 의미는 아니다. 이 모세언약은 율법언약, 첫(옛)언약, 시내산언약이라고도 한다.

한편 야곱을 위시한 70명의 가족이 이스라엘을 떠나 애굽에 이주하여 살기 시작한 곳은 고센지역의 라암셋이었다. 처음에는 총리였던 요셉의 영향력 아래에서 그들은 일종의 특권계급이었다. 그렇기에 애굽에서의 생활은 그럭저럭 괜찮았을 것이다. 빠르게 적응한 것은 물론이요 정착도 안정적이었을 것이다. 거기에 더해 이스라엘 자손은 생육하여 번성하고 심히 강대하여 온 땅에 가득하게 되었다. 그렇게 역사의 시간은 흘러갔다. 훗날 요셉을 알지 못하는 새 왕이 일어나 애굽을 다스리게 되었다. 당연히 이스라엘을 보는 눈이 곱지 않았을 것이다. 애굽에서 점점 다수가 되어가는 이스라엘은 근심거리일 뿐이었다. 그리하여 이스라엘 백성에게 고된 일이 주어지게 되었다. 시간이 흐를수록 고역은 더해갔다. 놀라운 것은, 이스라엘 백성은 학대를 받을수록 더욱 번성하고 창대해진다는 것이다. 마침내 애굽은 이스라엘 민족의 씨를 말살하려고 여아만 살리고 남아는 죽이는 정책을 발표한다. 이와 같은 민족적인 위기의 순간에 신실하신 하나님은 레위지파를 통해 모세를 보냈다.

이스라엘 백성의 430년간의 애굽 생활은 내일에 대한 희망이 없던 시간이었다. 그럼에도 불구하고 그들에게는 조상으로부터 구전되어 온 아담언약, 노아언약, 아브라함언약과 같은 실낱같은 희망이 있었다. 특별히 아브라함언약에는 애굽에서 400여 년간 압제를 받을 것과 출애굽에 대한 약속의 말씀이 창세기 15장 후반부에 포함되어 있었다. 그리고 이 약속은 모세를 통해 마침내 이루어진다.

출애굽 후 엄청난 기적을 맛보며 홍해를 건너 광야에 도착한 이스라엘 백성은 모세와 미리암의 찬양노래가 채 끝나기도 전에 의식주에 대해 불평을 쏟아내었다. 놀랍게도 그들은 가는 곳마다 불평불만이었다. 그들의 모든 불평에도 불구하고 신실하신 하나님은 시내산에 도착하게 했고 이스라엘 백성들에게 시내산언약을 주셨다.

> "세계가 다 내게 속하였나니 너희가 내 말을 잘 듣고 내 언약을 지키면 너희는 모든 민족 중에서 내 소유가 되겠고 너희가 내게 대하여 제사장 나라가 되며 거룩한 백성이 되리라" _출 19:5-6

다섯째, 다윗언약(삼하 7:4-17, 23:5, 사 55:3, 렘 23:5-6, 왕상 11:36, 15:34, 삼하 21:17, 대하 21:17)

다윗언약은 등불언약이라고도 한다. 다윗언약[100]이란 다윗의 후손을 통해 그리스도요 메시야인 예수가 온다는 것이다.

거슬러 올라가보면 아브라함에게 약속의 후손 이삭을 주셨고 이삭에게는 쌍둥이를 주셨으나 그중 하나인 야곱으로 족보(תולדות,

---

100) 삼하 7:4-17, 21:17, 23:5, 사 55:3, 렘 23:5-6, 33:15, 왕상 8:15-16, 11:36, 15:34, 대하 21:17를 읽어보라.

genealogy)를 이어가게 하셨다. 야곱의 톨레도트를 깊이 상고해보면 하나님의 경륜이 선명하게 보인다. 야곱은 12남 1녀를 두었는데, 하나님은 그 아들들을 장차 나라를 이룰 이스라엘의 12지파로 삼아주셨다. 문제는 예수님이 오셔야 할 족보의 실제적 장자인 유다가 아비의 집을 가장 먼저 떠나 가나안으로 가버린 것이다. 게다가 그곳에 가서는 이방 여인인 가나안 사람 수아의 딸을 덜컥 아내로 맞았다. 자칫하면 약속의 후손이 끊기게 될 순간이었다.

그 유다에게는 세 아들이 있었다. 유다의 맏며느리였던 다말은 남편을 잃은 후 계대결혼의 한 방식이었던 형사취수법에 의해 매우 기구한 삶을 살게 된다. 기구한 운명은 보다 더 야릇한 우여곡절을 겪으며 결국 며느리 다말을 통해 유다의 족보가 이어진다. 바로 유다와 다말 사이에서 쌍둥이가 나왔던 것이다. 그중 먼저 손을 내밀었던 세라를 제치고 차자였던 베레스가 세상에 먼저 나왔다. 그 베레스의 7대손이 보아스이며 10대손이 바로 다윗이다. 그렇게 하나님의 언약은 인간 편에서는 아슬아슬하게 이어졌고 하나님의 편에서는 정확하게 이어졌다.

다윗언약을 말씀하신 사무엘하 7장에는 3가지 약속이 나온다. 첫째, 네 이름을 존귀케 해주시마(삼하 7:9) 하셨다. 둘째, 모든 대적에게서 벗어나게 해줄 뿐 아니라 나 여호와가 너를 위하여 집을 이루겠다(삼하 7:11)고 하셨다. 그리고 마지막 셋째는 네 몸에서 날 자식을 네 뒤에 세워 그 나라를 견고케 할 것이며 그가 나를 위하여 집을 건축하리라(삼하 7:12)고 하셨다. 결국 여디디야(삼하 12:25)라는 별명을 가졌던 솔로몬은 하나님의 경륜 하에 통일 왕국의 3대 왕이 되어 성전건축을 하게 된다.

여디디야라는 별명을 가졌던 또 다른 분이 예수님이다. 예수님의 별명은 마태복음 3장 17절과 마가복음 1장 11절에 나타나 있다. 이는 여디디야(יְדִידְיָה)라는 별명을 가졌던 솔로몬을 통해 초림의 예수님이 오심을 예표한 것인바 '하나님의 사랑하는 자'(יָהּ, God + יְדִיד, beloved)라는 의미를 지닌 별명 그대로 다윗의 후손 여디디야로 초림의 예수님이 이 땅에 오셨던 것이다. 다윗의 자손으로 오신 초림의 예수 그리스도는 다윗언약의 성취이다. 종국적으로는 예수님이 주인이신 미래형 하나님나라가 새 언약의 완성으로 주어지게 될 것이다.

여섯째, 예수 그리스도 새 언약(눅 22:7-20, 렘 31:31, 고전 11:25, 히 8:6-13, 9:15, 12:24, 계 1:7, 22:20)

예수 그리스도의 언약이 바로 새 언약이다. 이는 옛 언약의 성취인 초림과 옛 언약의 완성인 재림을 함께 포함한다.

아담의 범죄 이후 모든 인간은 영적 죽음 상태[101]로 태어난다. 다시 영적으로 부활하기 위해서는 의인이신 예수님이 제2의 아담으로 오셔서 아버지 하나님의 공의를 위한 대가 지불(구속 혹은 속량) 후 우리를 살려야만 한다. 유일한 의인이시자 완전한 신이신, 신인양

101) 원죄는 연합의 원리와 대표의 원리이다. 마찬가지로 예수님의 십자가 보혈로 구속함을 입은 것이 대표의 원리와 연합의 원리이다. 고전 15:22, 갈 2:20.

성 예수님은 구약의 약속을 이행하기 위해 이 땅에 오셨다. 초림(first coming)의 주(主)로 오신 예수님은 새 언약의 성취로 오신 하나님이다.

예수님은 성부 하나님의 유일한 '기름 부음 받은 자'(the anointed one)라는 뜻으로 메시야이자 그리스도(요 1:41, 4:25)라는 말이다. 메시야(מָשִׁיחַ)는 히브리어이며 크리스토스(χριστός)는 헬라어일 뿐이다. 예수님은 인류의 모든 죄를 지시고 처절한 십자가 수난을 당하셨다. 수치와 저주의 상징(신21:22-23)인 십자가 나무 위에 달리심으로 자기 백성의 죄를 몽땅 짊어지고 가셨다. 이렇게 하심으로 테텔레스타이[102](τετελέσται, 요 19:30)가 되었다.

예수님은 십자가에서 완전히 죽으셨다가 3일 만에 부활하셨다. 십자가 달리기 전, 공생애 때 몇 번이나 부활을 언급[103]하셨던 예수님은 말씀 그대로 3일 만에 부활하셨다. 사도행전 1장과 고린도전서 15장에 의하면 부활 후 40일간 이 땅에 계시다가, 500여 형제가 보는 데서 승천하시면서 재림(second coming)을 약속하셨다. 그러므로 예수 그리스도의 새 언약은 초림의 구속주로 '오신' 언약의 성취와 함께 언약의 완성으로 승리주시며 심판주로 장차 '오실' 만왕의 왕 재림의 예수님까지를 포함한다.

---

102) τετελέσται(요19:30)는 '다 이루었다, 완전하게 해결하셨다, 모든 것을 다 이루시고 완성하셨다(It has been finished.)'라는 의미이다.

103) 마 16:21, 17:23, 20:19; 막 10:34; 눅 9:22, 18:33을 읽어보라.

3부

주마간산(走馬看山)

시대별로 신구약의 전체 흐름 읽기

11강 14시대로 전체 성경 훑기(총론)

12강 원역사에서 이집트 노예생활, 광야, 그리고 가나안 시대

13강 통일왕국 시대, 분열왕국 시대, 그리고 바벨론포로 시대

14강 바벨론포로후 시대, 그리고 하나님의 기다림, 실어증 시대

15강 예수 그리스도 언약의 성취와 완성 시대

11강

14시대로 전체 성경 훑기(총론)

성경에 대한 파편화(fragmentation)된 지식은 성경 전체의 맥과 흐름을 놓쳐 짜깁기식 성경 해석을 낳는다. 이것은 오늘날 이단의 왜곡된 교리에 더하여져 폭발적으로 나쁜 열매들(bad or toilsome fruits, πονηροὺς καρποὺς)을 양산하고 있다.

반면에 성경 전체의 흐름을 타며 디테일에 집중하면 하나님의 뜻을 명확히 알 수 있다. 그것은 마치 전체 숲과 나무 하나하나를 놓치지 않는 것과 같다. 그렇게 함으로써 말씀의 맛과 풍성한 열매를 함께 얻을 수 있다.

성경의 흐름을 놓치지 않으려면 성경 전체를 의

미 있는 시대별(時代別)로 분류하는 것이 좋다. 그런 후 먼저 문자를 살피고 그 문자의 상징과 의미를 전후 맥락을 잘 살펴 해석하고 역사적 배경과 문화적 배경을 고려하여 이해해야 할 것이다.

성경의 시대별 분류는 이미 많은 분들에 의해 이루어졌지만, 나는 성경이 말씀하는 바와 그 시대의 특성 및 흐름을 고려하여 신구약 전체를 14시대로 분류하고자 한다.

첫 번째는 '창조 시대'이다. 먼저 삼위 하나님의 창조과정을 구조와 콘텐츠를 나누어 살펴보라. 또한 주어를 살피며 전체를 주관하시는 전능하신 창조주 하나님(אֱלֹהִים)과 언약을 신실하게 이행하시며 디테일까지도 주관하시는 야훼 하나님(יְהוָה אֱלֹהִים)을 주목해보라.

두 번째는 '하나님의 재수 시대(재창조 시대)'이다.[104] 노아를 들어 쓰셔서 첫 창조(에덴의 회복)를 회복하고자 했던 하나님의 마음과 의중을 읽어가라.

세 번째는 비록 시작 시점에 하나님의 눈에는 부족했던 아브람이었으나 은혜로 택하시고 부르셔서 훈련의 과정을 거치게 하시고 그 결과 믿음의 조상되게 하신 '하나님의 3수(열심) 시대'를 다룰 것이다.

---

104) 여기서 말하는 재창조는 신천지에서 말하는 "창조와 재창조의 노정순리"와는 다르다. 신천지의 재창조는 새 목자를 통해 배도한 선민은 심판하고 구원된 선민으로 새 나라를 창조하는 것을 말하며 창조된 새 선민과 새 언약을 하는 것을 말하였다. 저자가 말하는 재창조는 에덴을 회복하시고자 노아의 방주를 통해 구원을 이룬 8명으로 다시 시작하고자 했던 하나님의 역사를 의미한다. 혼란을 피하기 위해 '하나님의 재수 시대'라고 달리 표현했다.

네 번째는 '홍해도하(渡河) 시대'이며, 다섯 번째는 '광야훈련 시대'이다. 언약에 신실하신 하나님은 430년간 애굽의 압제 하에 있었던 이스라엘 백성에게 지도자 모세를 보냄으로 이룬 역사이다.

여섯 번째는 '요단강도하(渡河) 시대'이다. 모세가 죽자 하나님은 요단 강 동편 모압 지방에서 지도자 여호수아를 중심으로 역사를 다시 이끌어 가셨다. 홍해 도하가 광야 1세대의 집단 세례를 상징한다면, 요단 강 도하는 광야 2세대의 집단 세례를 의미한다.

물론 세례는 구원의 조건은 아니다 구원받은 자의 당연한 동시에 즉각적인 반응이다. 세례란 나는 죽고 예수로 살겠다는 결단이다. 그렇기에 죄 씻음에 대한 감사와 예수님을 나의 구주, 나의 하나님으로 영접, 예수님과의 연합, 즉 하나 됨을 선포하고 그분을 주인으로 모시고 그분의 통치 하에 들어가겠다는 결단의 표시이다.

광야 1세대는 홍해를 건넘으로 집단 세례를 받았다. 거친 광야에서는 레위기를 통해 제사와 성결의 삶을 배웠고 신명기를 통해 말씀을 기준과 원칙으로 정해 살아가는 법을 배웠다. 이에 반해 광야 2세대는 요단강을 건너며 집단세례를 받았다. 가나안에 들어가서는 발로 밟는 땀과 눈물이 요구되는 신앙 자세로 살았다. 그들의 삶을 보며 오늘의 우리도 세례 후 세상 속에서의 치열한 삶을 결단해야 할 것이다.

일곱 번째는 '땀과 눈물의 시대'이다. 요단 강을 건너자 곧 바로 약속의 땅을 허락한 것이 아니었다. 가나안 정복이라는 땀과 눈물의 또 다른 광야가 있었다. 그곳에서 많은 전쟁을 치렀다. 때로는 땀과 눈물을 넘어 피를 흘려야 했다. 매 순간 하나님을 확인하며 붙들어야만 했다. 결국 바란 광야도, 가나안도, 현재 우리가 살아가는 세상도 모두 땀과 눈물이 요구되는 시대임을 알아야 한다.

땅 분배가 완료되고 안정을 찾자 다시 죄악된 습성을 따라 살아가게 된다. 그리하여 여덟 번째는 사사 시대를 관통하는 '매너리즘의 시대'로 들어간다. 이 시대는 당시의 사람들이 얼마나 하나님으로부터 멀리 떠난 삶을 살았는지(삿 21:25)를 여실히 보여주고 있다. 매너리즘에 빠져 습관적인 생활을 반복하던 그들은 점차 왕이신 하나님을 잊어갔다. 동시에 진정한 왕이신 하나님을 저버리고 인간 왕을 구하게(신 17:14-20) 된다. 이럴 것을 미리 아셨던 하나님은 선민을 향한 아픈 마음에도 불구하고 인간 왕이 지켜야 할 것과 왕에 대한 경고 및 주의할 점을 말씀해주셨다.

결국 그들은 인간 왕을 요구하며 왕국 시대로 들어가게 된다. 그리하여 사울 왕국이 세워졌다. 이는 세상 나라를 예표한다. 반면에 다윗 왕국은 하나님나라를 예표한다. 이것이 아홉 번째인 '두 왕국 시대'이다.

역사의 주관자이신 하나님의 경륜은 세미하셔서 말씀을 따르는 자를 사용하여 역사를 이끌어가셨다. 세월이 흘러 통일 왕국이던 이스라엘은 남북 왕국으로 나눠지고, 북왕조와 남왕조 모두 하나님을 거역하는 길로 걸어갔다. 그 결과 북이스라엘은 BC 722년 앗수르에 의해 망했고, 그 앗수르는 BC 612년 바벨론에게 망했다. 한편 남유다도 BC 586년 바벨론에 망하고 말았다. 결국 이스라엘 백성을 징계하기 위한 사람 막대기, 인생 채찍으로 하나님은 바벨론을 쓰셨던 것이다. 선민의 회복을 바라시는 아버지 하나님의 아픈 마음을 열 번째

'징계[105] 시대'라고 한다. 다시 강조하지만 징계는 징벌이 아니라 회복을 전제한 훈련이다.

바벨론 포로 이후 70년이 지나자 성경에서 예언한 그대로 바사(Persia)를 통해 세 차례에 걸쳐 포로 귀환이 이루어졌다. 이후 이스라엘의 마음에 불을 질렀던 열정의 노선지자 학개의 리모델링에 힘입어 중단되었던 스룹바벨 성전이 재건된다. 포로귀환과 성전재건을 열한 번째 '회복 시대'라고 한다.

이후 BC 400년이 되기까지 하나님은 많은 선지자들을 보내셔서 당신의 백성 이스라엘이 돌아오기만을 기다리신다. 그런 하나님의 마음과는 달리 점점 더 악한 길을 가던 이스라엘 백성에게 하나님은 깊은 침묵으로 반응하시는데 이 시기를 열두 번째 '하나님의 침묵 시대와 독립유대 시대'라고 한다.

열세 번째는 '언약의 성취 시대'로서, 새 언약이신 메시야요 그리스도인 예수가 인간으로 이 땅에 오신(BC 4년) 것이다. 그 예수님은 공생애(AD 26년) 후 우리를 위해 십자가(AD 30년 중반)를 대신 지셨다. 죽으신 후 3일 만에 부활하셨고 40일 후에 승천하셨다. 그리고는 예수의 영인 보혜사(Παράκλητος) 성령님을 보내주셨다. 이제 우리는 다시 오실 예수님을 기다리며 성령님을 주인으로 모시고 현재형 하나님나라

---

105) 징계(잠 3:11-12, 히 12장)란 단순한 심판이나 징벌을 의미하지 않는다. 회복을 전제한 훈련이다. 징계는 헬라어로 파이데이아스(the discipline, παιδείας, מוּסָר)라고 한다. 이는 파이듀오(chasten, παιδεύω, יָסַר)라는 동사에서 파생되었다. 파이데이아스는 '어린자녀(παῖς)를 양육 혹은 훈련하다'라는 의미이다. 결국 바벨론에 의한 하나님의 징계는 회복을 전제한 그 아들 이스라엘 백성들을 잘 훈련시켜 양육하는 것이었다.

를 확장하며 살아간다.

마지막 열네 번째는 '언약의 완성 시대'로서 초림주가 아닌 재림주로서의 예수님이 심판주, 승리주, 만왕의 주로 오시는 것이다. 그 분은 우리를 미래형 하나님나라로 데려가실 것이다.

이제 14시대들을 다시 크게 넷으로 나누어 제12강 원역사에서 이집트 노예생활, 광야, 그리고 가나안 시대, 제13강 통일 왕국, 분열 왕국, 그리고 바벨론 포로 시대, 제14강 바벨론 포로 후 시대, 그리고 하나님의 기다림, 실어증 시대, 제15강 예수 그리스도 언약의 성취와 언약의 완성 시대로 분류하여 하나씩 디테일하게 살펴보자.

12강 원역사에서 이집트 노예생활, 광야, 그리고 가나안 시대

성경은 인류의 원역사(Original History)인 '삼위일체 하나님의 창조 시대'를 시작으로 창조(창 1:1–2:25)와 인간의 타락(창 3:1–14), 그리고 예수 그리스도의 구속(창 3:15–계 18)을 말씀해주고 있다.

성경 연구자 대부분은 창세기 1장 1절부터 11장 32절까지를 창조 시대 혹은 인간의 원역사(Original history)로 분류한다. 너무 귀하고 중요한 부분이다. 그러므로 좀 더 세분화할 필요가 있다.

창세기 1장 1절에서 2장 25절까지는 창조를, 3장 1절에서 14절까지는 인간의 타락 이야기를 다루었다. 구속 이야기는 창세기 3장 15절 원시복음으로 시작하여 적그리스도를 예표하는 요한계시록 17–18장의 큰

음녀 심판과 큰 성 바벨론 심판까지로 나누는 것이 좋다. 나는 백마 타고 오셔서 심판하시는 요한계시록 19장부터 요한계시록 20장의 천년왕국을 지나 21-22장의 영원 천국을 완성의 범주에 넣어야 한다고 생각한다. 내가 이렇게 구분하는 까닭은 '무천년설'[106]을 지지하기 때문이다. 물론 전천년설이 틀렸다는 것은 아니다.

2000년 전 유대 땅에 완전한 인간으로 오셨던 예수님은 십자가 위에서 모든 것을 이루셨고 3일 만에 부활하셔서 40일간 이 땅에 계시며 하나님나라를 가르치고 전파하신 후 승천하셨다. 그리고는 성령님을 보내셨다. 이후 그 예수님을 '나의 구주, 나의 하나님'으로 입으로 시인하고 마음으로 믿으면 성전 된 우리 안에 성령님이 내주하게 된다. 그 성령님을 주인으로 모시고 살아가는 그리스도인 개개인을 가리켜 '현재형 하나님나라' 혹은 '천년왕국'이 그 안에 임하였다고 하는 것이다. 예수께서 재림하시면 그런 우리를 미래형 하나님나라인 거룩한 성 새 예루살렘으로 데려가실 것인데, 이것이 요한계시록 21-22장에 나오는 새 하늘과 새 땅이다.

창세기 1장에서 11장까지의 창조 시대를 나는 두 시대로 세분하고자 한다.

창세기 1장에서 5장까지는 창조 시대이고 6장에서 11장까지는

---

106) 무천년설(A-Millennialism)이란 천년을 문자적으로 존재한다고 보지 않고 완전한 기간 즉 그리스도의 초림부터 재림까지의 전체 기간을 상징한다고 보는 견해이다. 이 기간을 종말 시대라고 한다. 결국 종말이란 예수님의 초림에서 재림 전까지를 말하며, 그 기간을 상징적으로 천년이라고 보는 것이다.

재창조 시대이다.

청년들이 이해하기 쉽도록 창조 시대란 첫 창조로서 곧장 대학 들어간 것에 빗대었고, 재창조 시대란 노아를 통해 에덴의 회복을 기대하신 하나님의 열심(재수)을 빗대었다.

창조 시대는 삼위 하나님이 "좋았더라"고 하신 천지와 사람의 창조에[107] 관해 설명한다. 특별히 우주를 창조하신 유일신 전능주 엘로힘(אֱלֹהִים)과 언약을 신실하게 이행하시며 디테일을 주관하시는 야훼 엘로힘(יְהוָה אֱלֹהִים)에 주목할 필요가 있다.

창세기 1장 1절은 엘로힘 하나님께서 예수님을 통해[108] 하늘과 땅을 창조하셨고 뒤이어 2절은 성령님께서 운행하셨다고 했다. 창세기 1장 2절의 '운행하다'와 창세기 2장 7절의 '불어넣으시다'는 같은 의미[109]이다. 그리하여 '다른 하나님이시자 한 분 하나님'이신 삼위일체 하나님은 창조와 함께 구체적으로 역사를 주관하셨다. 삼위 하나님은 천지창조의 틀[110]을 세우신 후 콘텐츠를 채우셨다. 동방의 에덴

---

107) 좋다(good)라는 의미의 히브리어는 토브(טוֹב)이며, 그 반대인 좋지 못하다의 히브리어는 로 토브(לֹא־טוֹב)이다. 창조하다(created)의 히브리어는 바라(בָּרָא)이다.

108) '태초'의 히브리어는 베레쉬트(בְּרֵאשִׁית)이다. '베이트'는 ~를 통하여 혹은 ~로 말미암아라는 의미이다. 레쉬트는 첫 것 혹은 첫 열매(레 23:10)라는 뜻이다. 이는 잠자는 자들의 첫 열매이신(고전15:20) 예수님을 말한다. 또한 만물의 으뜸, 근본, 머리이신 예수님을 의미(골 1:18)한다. 결국 레쉬트는 예수님을 가리킨다.

109) 또한 창 1:2절의 성령님이 운행하시다(was moving)의 히브리어는 라헤페트(רַחֶפֶת)인데, 이는 창 2:7절의 생기를 그 코에 불어넣으시니(and breathed)라는 나파흐(נָפַח, blow)와 동일한 의미로 쓰였다.

110) 혼돈(was formless)을 히브리어로 토후(תֹהוּ)라고 하며, 첫째 날에서 셋째 날까지 구조(structure) 혹은 틀(form)을 창조하심으로 혼돈을 잡으셨다. 한편 공허(emptiness)의

에 동산을 창설하시고 그곳에 당신의 형상을 따라 지은 사람을 두시고, 당신과의 올바른 관계 속에서 진정한 살롬으로 살아가게 하셨다. 그러나 첫 사람 아담은 '하나님과 같이' 되려다가 에덴동산에서 쫓겨난다. 이후 창세기 4장으로 이어지는데, 아담은 아내 하와와 동침하여 가인과 그 아우 아벨을 낳는다.

에덴에서 쫓겨난 인간은 죄인이기에 죄를 지을 수밖에 없었다. 그들 중에 인류의 첫 살인자인 가인이 등장한다. 좋으신 하나님은 그런 가인에게도 표를 주셔서 죽음과 해를 면케 하셨다. 그럼에도 불구하고 가인은 역사의 주관자이자 보호자 되신 하나님을 신뢰 못하고 '에덴(환희와 기쁨)'의 동편 놋 땅에 정착한다. 놋은 '노드(נוֹד)'라는 히브리어로 '유리함 혹은 방황'이라는 뜻이다. 결국 하나님으로부터 떠나버린 것이다. 그곳에서 가인은 아들 에녹을 낳은 후 그 성을 아들의 이름을 따서 '에녹 성'이라 짓는다. 이는 하나님의 보호하심보다는 '내 운명은 내가 지킨다'는 의미로 하나님으로부터 한 발짝 더 멀리 나가버린 것이다. 이후 하나님을 떠난 가인의 후손들이 얼마나 악하게 살았는지는 창세기 4장 16-24절에 나오는 가인의 족보를 통한 후손들의 이름 뜻을 보면 적나라하게 알 수 있다.

하나님의 창조 시대를 통해 우리는 인간에 대한 삼위 하나님의 기대와 실망 그리고 회복을 이루고야 말겠다는 아버지의 마음을 적

히브리어는 보후(בֹּהוּ,emptiness)인데, 넷째 날에서 여섯째 날까지 내용물(contents)을 채우셔서 공허를 보시기에 좋게 만드셨다.

나라하게 읽을 수 있다.

창세기 4장 25-26절은 하나님이 아벨 대신 셋을 주셨다고 기록되어 있다. 이로 인해 다시 아담의 계보가 주어진다. 주목할 것은 창세기 5장부터는 창세기 4장에 등장했던 가인 자손과 대비해 셋의 자손이라 하지 않고 다시 아담 자손이라고 언급하고 있다는 점이다. 결국 가인은 아담의 족보에서 밀려나버렸다.

아담 자손 중 7대손과 10대손을 보면 흥미로운 점을 발견하게 된다. 일반적으로 유대인의 숫자에는 특별한 의미(Gematria, 수비학)가 주어져 있다. 7은 '약속, 맹세, 언약'을 의미[111]하며, 10은 완전수(完全數) 혹은 만수(滿數)를 뜻한다.[112]

아담의 7대손을 보자. 죽음을 보지 않고 하늘로 올라간, 우리가 가장 부러워하는 에녹(창 5:22, 24; 히 11:5)이 나온다. 에녹이 '승천'할 수 있었던 것은 하나님과의 '동행(할라크)' 때문이었다. 여기서 동행과 승천의 연결에 유의할 필요가 있다. 우리는 그동안 동행의 의미를 피

---

111) 요한계시록(58회)과 레위기는 숫자 '7'에 관한 언급이 많다. 레위기는 매 7일은 안식일, 매 7년은 안식년, 일곱에 일곱을 곱한 다음 해는 희년이다. 오순절은 유월절로부터 7주일 후였으며 일곱째 달에는 나팔절, 장막절, 속죄일이 있다. 오순절, 유월절은 7일간 지속되었다. 《성경파노라마》, 헨리에타 미어즈, 생명의말씀사. 1983.

112) 7과 10이라는 숫자의 실례는 유다에게서도 볼 수 있다. 예수님은 유다의 계보로 오셨다. 유다는 하마터면 약속의 후손(씨)을 단절시킬 뻔했다. 우여곡절 끝에 며느리 다말을 통해 쌍둥이를 얻었는데 그 쌍둥이 중 베레스의 계보를 통해 예수님이 오셨다. 그 베레스의 7대손과 10대손이 주목할 인물이다. 베레스의 7대손이 보아스(살몬+라합, 마 1:5)인데, 그는 모압 여인 룻과 결혼한다. 그리고 베레스의 10대손이 바로 다윗(룻 4:22)이다. 그리하여 예수 그리스도의 새 언약이 이루어진다. 베레스는 성경의 흐름을 잇는 차자주제로 이어지는 인물이다.

상적으로 알고 있었다. 동행의 히브리어는 테할렉크(תִּהַלֵּךְ /동사 הָלַךְ)인데, 이는 '하나님께서 등 뒤에서 떠밀고 가신다'는 의미이다. 모든 것의 주체(주도권)가 하나님이라는 것이다. 다시 말하면 에녹은 한 번 인생을 살아가며 전적으로 하나님의 주권에 순종했다는 것을 의미한다.

그리하여 그는 하나님의 은혜로 미래형 하나님나라로 곧장 들어간 것이다. 약속의 수 '7'을 가리키는 아담의 7대손 에녹이 말이다. 이는 하나님의 주권에 순종했던 에녹을 완전한 에덴의 회복인 미래형 하나님나라에 데려가심으로 하나님이 기대하시는 재창조의 밑그림을 살짝 보여주신 것이리라.

비슷한 관점으로 볼 때 아담의 10대손은 하나님의 은혜로 재창조의 역사에 본격적으로 쓰임받은 노아이다. 특히 노아의 방주 이야기는 홍수 심판 후 8명을 통해 에덴 회복의 역사를 쓰시려는 하나님의 재창조 의지를 엿볼 수 있다.

구태여 에녹과 노아를 들먹이며 아담의 7대손, 10대손을 게마트리아(Gematria, 수비학)와 연결시키는 것은, 죽음을 보지 않고 승천했던 하나님의 불러가심이 또 한 번 있었으면 하는 갈망과 죄인임에도 불구하고 은혜로 택해주실 것에 대한 나의 기대와 소망 때문이다.

삼위 하나님의 '창조 시대'를 뒤이어 창세기 6장-11장까지에는 '재창조 시대(하나님의 재수 시대)'가 이어진다. 앞서 언급한 첫째 창조 시대에는 인간에 대한 하나님의 기대(창조, 에덴동산, 창 1:1-2:25)와 피조물인 인간의 죄(타락, 창 3:1-14) 그리고 회복을 향한 아버지 하나님의 마음과 의지(창 3:15, 원시복음)가 나온다.

창세기 6-11장까지의 두 번째 재창조 시대에는 하나님의 창조에 대한 기대가 무너져 실망을 지나 절망하는 아버지의 탄식[113] 소리로 시작된다. 그러나 부성애적 아버지 하나님의 마음은 끈을 놓지 않으시고 노아를 부르셔서 재창조를 계획하시고야 만다. 아버지의 애끓는 마음을 외면하고 다른 아버지를 찾듯 '네피림[114]'을 택한 세상일지라도 한 번 더 기회를 주셔서 구원하고자 하나님은 방주(תֵּבָה, 구속언약 혹은 방주언약)를 준비하신 것이다.

창세기 6장에 들어서면 인류는 땅에서 번성하는데, 문제는 점점 더 하나님의 뜻에서 멀어져간 것이다. 하나님은 사람들의 죄악이 세상에 가득한 것과 그 마음의 모든 생각과 계획이 항상 악할 뿐임을 보시고 땅에 사람 지으신 것을 한탄하셨다. 그리하여 하나님은 에덴의 회복을 위해 물 심판을 결단하신다. 이것은 단순히 징벌을 통한 심판이 아니라 회복을 통한 재창조의 기대였다. 이런 와중에 노아는 당시 자신의 상태와는 무관하게 오로지 하나님의 은혜로 마치 '제2의 아담'[115]처럼 선택된다(창 6:8).

---

113) 여기서 '탄식, 한탄'이 후회를 말하는 것이 아니다. 왜냐하면 하나님은 후회가 없으시기 때문이다(민 23:19). 하나님의 '탄식'은 곁길로 가는 자녀를 바라보는 아비의 속타는 심정을 의미한다.

114) 네피림(נְפִלִים)이란 거인종족(giants)으로 나팔(נָפַל, fall, 떨어지다)에서 유래하였다. 창 6:4절의 네피림 사상은, 하나님이 아닌 초월적 존재를 기리는 영웅숭배 사상으로 초인 사상이라고도 한다.

115) 제2의 아담이라는 표현에 대해 첫째, 제2의 아담이라고 하면 예수님을 일컫는 말이다. 둘째, 노아 당시의 세태를 한탄하신 하나님께서는 재창조를 위해 구원의 방주를 노아에게 명하시고 노아로 하여금 제2의 아담이신 예수님과 같은 역할을 담당하게 하셨다는 의미이다(저자의 생각).

여기서 잠시, 노아를 언급할 때마다 우리가 쉽게 오해하는 것이 있어 짚고 넘어가려 한다.

창세기 6장 9절을 보면 "노아의 사적은 이러하니라 노아는 의인이요 당세에 완전한 자라 그가 하나님과 동행하였으며"라는 대목이 있다. 이 때문에 당시 악한 세상에서도 '노아는 의인이었고 완전한 자였으며 하나님과 동행'했기에 선택된 것이라고 곧잘 말하곤 한다.

그러나, 그렇게 해석하면 하나님의 은혜는 축소되어 버린다. 더구나 '노아가 구별되게 살았기에 쓰임받았구나'라는 오해도 생긴다. 그렇다면 '우리도 이 악한 세상에서 의롭게 살면 하나님께서 택해주실 것이다'는 결론으로 이어지게 된다. 이것은 하나님의 은혜보다 자기 의를 드러내는 율법주의에 가깝다.

우리는 성경을 읽으며 사소하게 보이는 이런 차이에 민감해야 한다. 그 민감성이 하나님의 의중과 마음을 바르게 읽게 하기 때문이다. 택함받을 수 없는 죄인 된 내가 하나님의 전적 은혜로 부름받은 것을 그저 감사할 수 있어야 한다. 그러므로 우리가 주목해야 하는 구절은 창세기 6장 8절의 말씀이다.

"그러나 노아는 여호와께 은혜를 입었더라" _창 6:8

'그러나!'
'여호와께 은혜를'

이 의미는 노아 역시 당시 주변 사람들과 별반 차이가 없었으나 하나님의 전적인 은혜로 택함받은 것을 말한다. 그저 노아는 의인이요 완전한 자로 여기심(하솨브-창 15:6, 로기조마이-롬 3:28, 4:3, 23, 6:11)을 받았을 뿐이다.

하나님의 택하심은 언제나 그분의 전적인 은혜에 의한 것이다. 우리의 조건이 하나님의 택하심을 유발하지 않는다. 그러므로 그리스도인은 항상 하나님의 주권과 은혜로운 택하심에 감사하는 자세를 잃지 말아야 한다.

결국 노아는 비록 당대의 의인으로 여겨지기에 부족했지만 은혜로 하나님의 부르심을 받았던 것이다. 다만 그는 방주를 지으라는 소명에 응답한 후 묵묵히 순종하는 겸손은 있었던 듯하다. 입장을 바꾸어 생각해보면, 노아가 처음 그 명령을 들었을 때 상당히 황당했을 것이다. 내게 잔잔히 다가왔던 감동은, 이런 당황스런 명령에도 '예스'로 반응한 노아의 태도였다.

하나님은 오늘날에도 이런 '또 다른 노아들'을 눈여겨보신다.

노아가 방주를 만든 세월은 무려 120년(창 6:3)이었다. 그 긴긴 세월 동안 노아는 비난, 조롱, 멸시, 천대를 묵묵히 견디었다. 그러나 가장 힘든 것은 내적인 고민과 갈등, 회의의 순간들이었을 것이다. 얼마나 울컥거렸을까? 노아의 인내에 저절로 고개가 숙여진다.

노아로부터 배울 수 있는 3가지가 있다.

먼저는, 하나님의 부르심에 예민할 뿐 아니라 즉시 반응하기. 둘째는, 때와 장소를 불문하고 인내를 겸비한 충성스런 자세 보이기. 셋째는, 하나님을 신뢰하고 앞만 바라보되 허락하실 은혜에 그저 감사하기.

방주가 완성되자 하나님은 혈육 있는 모든 생물과 노아와 가족을 불러 모으셨다. 홍수심판을 전하던, 노아를 비웃던 사람들은 하나님의 홍수심판을 조롱하여 구원에서 제외된 듯하다.

과정이 지나고 노아가족 8명이 방주에 타자 보란 듯이 하나님은 '직접' 문을 닫으셨다(창 7:16). 여기서 '닫으심'이란 방주 안은 구원이요 방주 밖은 심판임을 의미한다. 그로부터 일주일 후(창 7:9–10)에 비가 내렸다. 이때 노아의 나이 600세였다.

그런데 이 부분을 읽을 때마다 매번 궁금증이 생기곤 했다. 방주에 들어간 후 왜 일주일이 지나서야 비가 내렸을까?

120년이라는 긴 세월 동안 방주를 지었는데.

들어가자마자 보란 듯이 장대 같은 비가 쏟아졌다면 얼마나 속시원했을까? 방주를 짓는 동안 비웃던 사람들 앞에서 폼 잡을 수 있었을 텐데….

도무지 이해할 수 없었다. 방주 안에서 일주일을 기다리게 하셨던 분은 신실하신 하나님이다. 도대체 왜 그러셨을까? 한정된 공간인 방주 안에서 온갖 종류의 생물들과 함께 거하면서 이제나저제나 비가 내리기를 기다리며 조마조마했을 노아를 생각해보라. 나는 곧바로 비를 내리지 않은 이유가 너무 궁금했다. 당시 노아는 불안해서 위로 나 있는(창 6:16) 조그마한 창문을 틈만 나면 올려다보았을 것 같다.

기도하며 그분의 마음에 집중하던 중 오랫동안 해결되지 않던 궁금증을 풀게 되었다. 그동안 무심코 지나쳤던 하나님의 세미한 마음을 발견하였던 것이다.

홍수 전 마지막 일주일은 노아를 향한 특별훈련 기간이었다. 하나님은 자신이 택한 사람 노아를 끝까지 단단하게 다지고 싶으셨던 것 같다. 방주를 지었던 120년이 부족해서 또 7일을 더한 것은 아니었다. 방주 안에서 생뚱맞게 보내야했던 불안하고 지루한 7일은 모르긴 해도 노아에겐 큰 고통이었을 것이다.

나는 등산의 경우를 생각하며 하나님의 의중을 파악했다. 일반적으로 산에 오를 때 8부 능선까지는 씩씩하게 잘 올라간다. 문제는 다 왔다고 생각하며 긴장을 풀 때 사고가 생긴다. 그래서 정상을 앞에 두고는 이전보다 더욱 긴장해야 등정에 실패하지 않는다.

결국 7일은 단순한 기간이 아니라 하나님에 대한 온전한 신뢰를 위한 마지막 '다지는 훈련' 기간이었다. 처음이요 마지막인 알파와 오메가의 하나님은 7이라는 언약의 수, 맹세[116]의 수를 통해 다시 한 번 노아를 하나님만 온전히 신뢰하도록 훈련시키신 것이다. 이런 훈련은 홍수가 시작된 후 직면하게 될 무서운 일들 앞에서 조금도 흔들림이 없도록 하기 위한 하나님의 경륜이었다. 그것은 노아를 향한 배려이기도 했다.

나 역시 한 번 인생을 살아오며, 내게 아프게 다가왔던 많은 것들이 변장된 하나님의 배려였음을 너무나 잘 알고 있다. 그 과정은 힘들었으나 정금 같은 사람을 원하신 하나님의 경륜 속 특별 훈련이

116) 일곱이라는 의미의 히브리어는 세바(seven, שֶׁבַע)이다. 이는 맹세라는 의미의 솨바(to swear, אֶשְׁבַע:)에서 파생되었다.

었다. 그리하여 지금까지 신앙의 눈금들이 차곡차곡 쌓여오게 했던 것이다.

드디어 홍수가 시작되었다. 그것은 정말 단순한 폭우가 아니었다. 큰 깊음의 샘들과 동시에 하늘의 창들이 열리며 40일간 주야로 비가 쏟아졌다. 방주는 점차 물 위로 떠올랐고 천하의 높은 산도 물에 잠겼다. 이 무서운 홍수로 인해 코로 호흡하는 지면의 모든 생물들이 다 죽어 창세기 6장 7절의 말씀이 그대로 이루어졌다.

> "이르시되 내가 창조한 사람을 내가 지면에서 쓸어버리되 사람으로부터 가축과 기는 것과 공중의 새까지 그리하리니 이는 내가 그것들을 지었음을 한탄함이니라 하시니라" _창 6:7

물은 150일 동안이나 땅에 창일(漲溢)했다. 노아는 이 5개월 동안 정신이 혼미해질 정도의 공포와 불안을 경험하면서 비로소 '120년+7일' 훈련의 의미를 깨달았을 것 같다.

창세기 8장에 들어서자 하나님의 '권념'하심은 가장 먼저 물을 말리기 위해 바람을 동원하는 것으로 나타난다.[117] 개역한글판 성경에서 사용한 '권념'이란 아버지 하나님의 우리를 향한 사랑의 의지를

---

117) 바람으로 물을 말리는 장면은 훗날 출애굽기 14장 21절의 홍해 사건과 연결되기도 한다. 두 장면은 모두 다 하나님의 '권념(창 8:1, 19:29, 30:22)'을 잘 나타내주고 있다.

118) 창 8:1절에는 권념이라는 단어가 나온다. 이는 마음속에 깊이 새기고 늘 기억하다(remember)라는 의미로 히브리어로는 자카르(זָכַר)라고 한다.

뜻한다. 히브리어로는 '자카르'[118]라고 하는데, '마음판에 깊이 새기고 늘 생각하고 기억하다'라는 의미이다. 다시 말해 마음속으로 하려고 작정했던 계획을 잊지 않고 반드시 기억한다는 의미이다. 하나님은 방주 속의 노아를 한시도 잊지 않고 눈동자처럼 지키시며 '권념'하셨던 것이다. 이런 하나님의 권념은 노아가 방주 속에서 무려 1년 17일 동안이나 하나님만 신뢰하며 견딜 수 있게 했다.

방주에서 나온 노아는 가장 먼저 단을 쌓아 번제(창 8:19-20)를 드린다. 그러자 하나님은 그 향기를 흠향하시고 다시는 사람으로 인해 땅을 저주하지 않겠다고 약속하셨다. 그만큼 '재창조'에 대한 하나님의 기대가 크지 않았을까 생각된다. 이 대목에선 마치 에덴의 추억을 회상하시는 하나님의 표정을 보는 것만 같다.

9장으로 넘어가면 아담언약의 갱신을 통해 노아에게 생육하고 번성하며 땅에 충만하라는 노아언약의 복을 허락하셨다(창 9:1-7). 더하여 무지개언약도 주셨다. 이른바 홍수 후의 언약이다. 그러나 19-20절에 이르면 육체(육신, 창 6:3) 상태인 노아는 홍수 전의 '그' 포도주를 잊지 못하고 실수를 하고 만다.

9장 21절 문장의 첫머리에는 한글로 번역할 때 빠진 히브리어가 있다. 정관사(the)로 쓰이는 '헤(הַ)'이다. 즉 '포도주'가 아니라 '그' 포도주로 번역해야 한다. '그' 포도주는 히브리어로는 '헤 아인(הַיַּיִן)'[119]

---

119) 창 9:21절에는 "포도주를 마시고 취하여…"라는 말이 나온다. 이때 포도주(יַיִן, wine)라는 한글 번역 앞부분에 빠진 히브리어가 정관사 헤(הַ, the)이다. 이는 노아가 홍수 전에 마셔왔던 익숙한 포도주를 다시 마셨다는 의미이다.

인데, 홍수 전부터 노아가 마셔왔던, 홍수 이전에 노아에게 익숙했던 바로 '그' 포도주였던 것이다. 이 구절을 통해 홍수 전 노아의 생활방식을 살짝 엿볼 수 있다. 앞서 언급한 것처럼 노아 역시 홍수 전 당대의 세상 사람들과 크게 다르지 않았던 것이다.

육체의 습관을 버리지 못한 인간 노아는 자식을 양육하는 일에도 부족한 점이 많았다. 그 아들이었던 함도 그러했지만 함의 자손 구스를 통하여 니므롯이라는 영악한 인물이 나왔기 때문이다. 바로 그가 바벨탑 쌓는 일을 주도한 인물이다. 요엘서 1장 3절의 말씀, "너희는 이 일을 너희 자녀에게 고하고 너희 자녀는 자기 자녀에게 고하고 그 자녀는 후시대에 고할 것이니라"는 말씀이 무겁게 다가온다.

더하여 호세아 4장 6절에도 "내 백성이 지식이 없으므로 망하는도다 네가 지식을 버렸으니 나도 너를 버려 내 제사장이 되지 못하게 할 것이요 네가 네 하나님의 율법을 잊었으니 나도 네 자녀들을 잊어버리리라"고 하시며 자녀교육의 중요성을 무섭게 강조하셨다.

사사기 2장 10-11절로 가면, "그 세대 사람도 다 그 열조에게로 돌아갔고 그 후에 일어난 다른 세대는 여호와를 알지 못하며 여호와께서 이스라엘을 위하여 행하신 일도 알지 못하였더라 이스라엘 자손이 여호와의 목전에 악을 행하여 바알들을 섬기며"라는 말씀이 나온다. 무서운 자녀교육 부재의 결과다.

10장에 노아 아들들의 족보 기록을 지나면 11장에는 바벨탑 이야기가 나온다. 이 부분에는 역사의 시간이 약간 혼재되어 있어 보인다.[120] 다시 말하면 성경의 순서가 반드시 역사의 순서는 아니라는 것이다.

아무튼 바벨탑으로 인해 하나님은 온 세상의 언어를 혼잡케 하셨고 그들을 사방으로 흩어버리셨다. 그들을 지켜보셨을 아버지 하나님의 마음은 홍수 이전보다 더 아팠을 것 같다. 동시에 "내가 전에 행한 것 같이(창 8:21)" 모든 생물을 멸하지 않겠다고 약속하신 하나님은 장차 예수 그리스도를 통한 구원 계획을 살짝 밝히셨다.

신실하신 하나님은 당신의 언약에 따라 홍수와는 다른 심판 방법(예수를 믿으면 구원이요 아니면 심판)을 선택하신 것이다. 그리하여 인류를 구원하시기 위한 하나님의 계획은 새 언약의 성취인 초림의 예수 그리스도로 나타나게 된 것이다.

아무튼 하나님은 '재창조'에 대한 기대를 여지없이 무너뜨린 육체들[121]의 언어를 혼잡케 한 후 온 땅으로 흩으셨다. 하지만 아담과 노아에게 했던 언약은 기억하셨다. 그리하여 갈대아 우르에서 세상과 타협하며 적당히 살고 있던 아브람을 은혜로 택하시고 부르셨다. 이후 초급에서 고급 과정에 이르기까지 아브람을 조금씩 훈련시켜 믿음의 조상 아브라함이 되게 하심으로 인간의 원역사를 이어갈 '하

---

120) 창 10:5, 10:21-25절, 11:8-9절을 보면 하나님께서 사람을 지면에 흩으시는 것이 나온다. 족보를 통하여 셈의 아들 아르박삿의 손자 에벨(Hebrew, 건너온 자, עֵבֶר, alienate)은 두 아들을 낳는다. 벨렉('나눔'이란 뜻, divided, פֶּלֶג)과 욕단이다. 바로 10장 벨렉의 때에 바벨탑 사건(11장)으로 세상이 나눠지고 사람들이 흩어지게 된다. 그러므로 창세기 10장과 11장은 시간 순서가 아니고 의미 순서인 듯 보인다.

121) 고전 6:16, 갈 5:16, 17, 19, 24, 삼상 15:18을 읽어보라.

나님의 3수(3修, 열심) 시대'를 보여주셨다. 노아 대신 이번에는 아브람으로 바뀐 것이다.

창세기 11장 31절과 사도행전 7장 2-4절에 의하면 하나님은 우르에 살고 있던 아브람에게 처음으로 나타나셨다. '불'이라는 의미를 지닌 이방 땅 '우르(אוּר)'에서, 아마도 불을 상징하는 우상을 만들어 의식주를 해결하며 적당히 살았을 이방인 아브람을 불러낸 것이다. 그리고는 익숙하고 정든 고향을 떠나 약속의 땅 가나안으로 가게 하셨다. 여호와의 말씀에 "이끌리어(좇아, 할라크, 동행)" 갔다(창 12:4)는 표현을 보면 아브람이 가나안까지 자발적으로 간 것은 아니었던 것 같다. 역사를 주관하시는 '하나님의 열심'을 잘 볼 수 있는 구절이다. 결국 아브람은 우르를 떠나 하란으로 갔다가 거기서 아버지 데라가 죽자 비로소, 그것도 하나님의 열심에 이끌려(할라크, 동행) 유프라테스 강을 건너 가나안으로 들어갔던 것이다.

약속의 땅 가나안은 젖과 꿀이 흐를 것이라 기대했다. 그러나 현실은 참담하게도 심한 기근이었다. 그러자 아브람은 망설임 없이 애굽으로 '내려갔고'[122] 그곳에서 아내를 빼앗기는 부끄러운 일을 당하게 된다. 하나님의 열심은 적극적 개입으로 나타났다. 아내를 되찾았음은 물론 재물까지 챙긴 아브람은 다시 가나안으로 '올라간다'.

122) 히브리어로 내려가다(went down)라는 뜻이 야레드(וַיֵּרֶד)이다. 창 12:10을 참고하라. 반면에 올라가다(to go up)라는 의미의 히브리어 단어는 야알(וַיַּעַל)이다. 창 13:1을 참고하라. 우리는 한 번 인생을 살며 올라가는 삶을 살아야 한다.

잠깐 여기서는 동사에 주목해야 한다. 한 번 인생을 살면서 하나님나라를 향하고 하나님만 바라보며 '올라가는' 삶이 있는가 하면 지옥을 상징하는 깊은 구덩이로 '내려가는' 삶이 있다. 흔히들 내려가는 삶을 '잠수탄다'고 말한다. 올라가면 형통이요 내려가면 봉변이다.

다행인 것은 아브람이 애굽에서 다시 가나안으로 '올라'간 것이다. 정말 잘 선택한 것이다. 그런데 뜻하지 않은 문제가 생겼다. 그동안 아브람과 롯은 각각 딴 주머니를 차고 있었는데 그들 각자의 재산이 많아지자 더 이상은 한 곳에 함께 머물 수가 없게 된 것이다. 그리하여 롯은 소돔 땅을 선택해 가고 아브람은 가나안에 남았다. 아브람은 어른답게 선택의 우선권을 조카에게 양보했는데 세상적으로 보면 악수를 둔 것처럼 보이나 결과적으로는 약속의 땅을 얻게 되었다.

창세기 14장에 이르자 나라와 나라 사이에 전쟁이 일어난다. 메소포타미아 북방 4개국 동맹과 사해 연안 5개국 동맹 간의 싸움이다. 싸움은 북방 4개국의 일방적 승리로 끝났다. 이로 인해 소돔에 거하던 조카 롯과 그의 가솔들이 잡혀가고 재물까지 전부 노략 당한다. 이 소식을 접한 아브람은 자기 집에서 길리고 훈련한 사람들을 이끌고 단까지 쫓아간다. 그리고 야습(夜襲)을 감행해 빼앗겼던 모든 것을 되찾아온다.

승전보를 접한 두 왕이 아브람을 맞으러 나왔다. 한 명은 살렘 왕 멜기세덱이고 다른 한 명은 소돔 왕이었다. 창세기 14장 19-20절을 보면, 살렘 왕은 아브람의 승리가 천지의 주재이신 하나님의 승리였음을 일깨워준다. 이로써 아브람은 하나님의 크심을 다시 한 번 경험하게 된다. 이때 아브람은 예수 그리스도를 예표하는 멜기세덱에게 그가 얻은 재물의 '전부를 대표하는' 십분의 일, 즉 십일조를 드렸다.

십일조의 '조'는 가지 조(條)자다. 전체 나무를 대표하는 온전한 최고의 '가지'라는 의미이다. 그 가지만 보더라도 전체 나무를 알 수 있어야 한다. 동일하게 십일조도 단순히 10%가 아니라 전부를 대표하는 최고의 것이어야 한다.

멜기세덱은 아브람을 축복하며 전쟁의 승리를 허락하신 하나님께 감사할 것과 하나님만 찬양하고 자랑할 것(창 14:20)을 가르쳐주었다. 이후 아브람은 멜기세덱이 가르쳐준 대로 소돔 왕을 향하여는 천지의 주재이신 지극히 높으신 하나님을 고백했다. 동시에 그 하나님만 찬양하는 모습을 보여주었다(창 14:22-24). 역사를 움직여서라도 아브람을 하나하나 훈련시켜가는 하나님의 열심을 보여주고 있다.

창세기 15장에 들어서면 전쟁에서 승리 후 이내 찾아온 영적침체의 아브람을 볼 수 있다. 비록 전쟁에서 승리는 했으나 혹시라도 북방 4개국 동맹이 전열을 가다듬어 자기에게 복수하러 다시 올지도 모른다는 인간적인 생각을 한 것이다. 그러자 두려움에 휩싸이게 되었다.[123] 이때 하나님은 아브람에게 환상 가운데 나타나신다. 이것 또한 하나님의 열심이다. 그리고는 "나는 너의 방패요 너의 지극히 큰 상급이다"라는 말씀으로 위로해주셨다. 이는 '승리는 내게 있고 내가 너를 지키겠다'는 말씀이었다. 그럼에도 불구하고 아브람은

---

123) 15장 1절에 "아브람아 두려워 말라 나는 너의 방패요"라는 말이 나온다. 여기서 방패는 전쟁용어로 14장의 북방 4개국 동맹을 야습으로 물리친 후 승리는 하였으나 이후

여전히 믿음이 없었다. 그런 아브람을 친히 밖으로 데리고 나가 하늘의 별들을 보여주며 약속하자 그제야 겨우 여호와를 믿었다는 구절이 나온다.

> "아브람이 여호와를 믿으니 여호와께서 이를 그의 의로 여기시고" _창 15:6

이 구절에서 '여겨주셨다'는 말씀이 아브람의 이야기에서 가장 주목할 부분 중 하나이다.

'여기다'는 말은 히브리어 '하솨브'(חָשַׁב)와 헬라어 '로기조마이'(λογίζομαι, 롬 6:11)이다. 이는 '변함없는 한결같은 신뢰'를 뜻하는 단어로 '여기다(reckon), 여겨주다'라는 의미이다. 비록 충분한 정도는 아니지만 그럼에도 불구하고 '그렇다고 인정하며 여겨주고 간주하다'라는 뜻이다. 긍휼이 풍성하신 하나님은 아브람의 적은 믿음조차 의로 여겨주셨던 것이다.

창세기 15장 후반부에는 횃불언약이 나온다. 횃불언약(창 15:17–18)을 통해 땅과 자손까지도 약속해주셨다. 이때 하나님의 일방적 행동은 우리로 하여금 찡한 감동을 준다. 당시 아브람은 쪼갠 짐승 사이를 지나가지 않았다. 하나님의 현현인 횃불만이 쪼개진 짐승 사이

인간적으로 생각해보니 '저들이 복수를 하러오면 어떡하나?'라는 걱정과 두려움이 생긴 것이다.

로 지나갔다. 편무언약 혹은 일방언약을 보여 주신 것이다. 이는 언약의 일방성으로 상대의 언약 이행에 관계없이 하나님은 반드시 약속을 지키겠다는 것이었다. 하나님의 인자하심과 신실하심을 알 수 있다.

세월이 흘러 10년이 훌쩍 지났다. 자손에 대한 약속에도 불구하고 자식 하나 없던 아브람과 사래는 불안과 초조함으로 결국 인간적인 방법을 동원한다. 아내인 사래의 여종 하갈을 씨받이로 하여 이스마엘을 얻은 것이다. 복 있는 사람은 악인의 꾀를 따르지 말아야 했는데, 복된 길을 저버리고 말았다. 결국 이스라엘 자손에게 두고두고 눈엣가시가 되는 존재를 만들어버린 것이다.

이스마엘을 낳았을 때 아브람의 나이는 86세였다. 이후 13년간 하나님은 계속 침묵하셨다. 가슴에 묵직한 뭔가가 걸린 듯한 아버지 하나님의 속상함이 읽혀진다. 당황스러운 것은, 아브람이 그런 하나님의 침묵에 아쉬워하거나 그다지 안달하지 않은 것이다. 타성에 젖은 신앙인의 모습을 적나라하게 보여주고 있다.

창세기 17장은 아브람의 그런 모습에도 불구하고 먼저 다시 나타나셔서 새 언약을 세우시는 하나님의 열심으로 시작된다. 이때 아브람의 나이는 99세였다. 좋으신 하나님은 아브람에게 할례를 명하셨다. 그리고는 아브람에게 아브라함을, 사래에게 사라라는 이름을 주시며 열국의 아비와 열국의 어미가 될 것을 약속했다. 또한 아들을 약속하시며 궁극적으로는 예수 그리스도를 통한 모든 믿는 자의 조상이 될 것이라고 하셨다. 일 년 뒤에 아들을 얻게 될 것(창 17:21)이라는 말씀에 이르러는 믿음의 수준이 낮았던 아브라함과 사라는 불신

하며 실소하다가 들켜버린다.[124] 그러나 신실하신 하나님은 그들의 불신에서 기인한 조롱, 경멸의 웃음, 허탈한 웃음, 비웃음을 보기 좋게 바꾸어 버리셨다. 그리하여 창세기 21장 6절에 이르면 환희의 웃음, 기쁨, 즐거움의 웃음이라는 뜻의 진정한 웃음인, 이삭을 주시게 된다.

'하나님의 열심'은 소돔과 고모라 사건(창 18–19장), 그랄 왕 아비멜렉의 아브라함 아내 강탈 사건, 아브라함과 아비멜렉 왕 사이의 브엘세바 우물 사건(창 20–21장), 이삭의 모리아 사건(창 22장) 등을 통해 아브라함을 점점 더 믿음의 조상으로 단련시켜 가신다.

한편 이삭은 장성하여 리브가와 결혼하여 쌍둥이 아들을 낳게 된다. 하나님의 선택과 유기는 우리가 잘 이해할 수 없으나 형 에서는 하나님으로부터 멀어진 자가 되고 동생 야곱은 아버지 이삭을 뒤이어 언약백성의 바통을 이어간다. 하나님의 열심은 인간적으로나 세상적으로 부족한 야곱을 이스라엘로 바꾸어 당신의 역사를 이루어 가신 것이다. 결국 하나님의 열심은 야곱의 인생을 역전시켜서 그를 사용하셨던 것이다. 성경은 여러 곳[125]에서 반복적으로 "여호와의 열심이 이 일을 이루리라"고 말씀하셨다.

야곱은 4명의 아내로부터 12남 1녀의 자식을 낳았다. 그중 가장 사랑하던 아들 요셉[126]이 형들의 미움을 사 이집트에 노예로 팔려가

---

124) 이삭의 히브리어(יִצְחָק)는 두 가지 의미가 있다. 첫째는 메짜헤크(מְצַחֵק)인데 이는 비웃음, 조롱, 경멸의 웃음을 의미한다. 반면에 기쁨과 환희의 웃음, 즐거움의 웃음은 이쯔하크(יִצְחָק)이다.

125) 열왕기하 19장 31절과 이사야 9장 7절, 37장 32절을 읽어보라.

게 된다. 하나님의 열심은 노예였던 요셉을 이집트의 총리(창 41:43)가 되게 하신다. 뒤이어 가나안을 포함하여 온 땅에 기근(창 42:5)이 들게 하신다. 야곱은 죽은 줄 알았던 요셉을 애굽에서 다시 만나게 되었다. 하나님은 이 일에 기근을 사용하셨다. 결국 70명의 식구들을 데리고 애굽으로 내려가 고센 지역(창 47:1)에 정착하게 된다. 하나님의 열심은 사건이나 천재지변은 물론이요 한 개인에서부터 공동체와 당대의 최강대국까지도 들어쓰셔서 당신의 섭리와 경륜을 진행해 가심을 볼 수 있다.

세월이 흘러 야곱도 죽고(창 49:33) 요셉도 죽었다(창 50:26). 그의 모든 형제와 그 시대 사람들도 다 죽었다(출 1:6). 후에 나타난 새로운 애굽 왕은 총리였던 요셉을 알지 못하는 사람이었다. 그런 가운데 이스라엘 자손이 점점 더 번성해지자 그들을 견제하기 시작했다. 처음에는 박해를 심하게 하더니 결국 노예로 삼아 버렸다.

한편, 지난날 요셉이 총리가 되었던 것은 우연이 아니었다. 역사의 주관자이신 하나님의 열심이었다. 원래 애굽은 함족의 후예(창 10:6, 애굽의 히브리어가 미스라임, מִצְרַיִם)가 세운 나라이다. 요셉이 보디발의 감옥에 있는 동안 애굽에는 정변이[127] 일어났다. 그로 인하여 함족이

---

126) 야곱이 가장 사랑했던 아내 라헬의 첫 소생이며 야곱의 열한 번째 아들로 야곱의 장자권을 계승한다.

127) 기원전 17세기 힉소스인들이 전차를 끌고 이집트 중왕국을 침입해 100년간(BC 1680-1580) 지배하였다. 그러다가 이집트인들은 힉소스를 몰아내고 신왕국(BC 1580-1090)을 건립하였다. 《실크로드 사전》, 정수일, 창비, 2013과 《파라오의 역사》, 피터 A.클레이턴을 참고하라.

물러나고 셈족인 힉소스 왕조가 파라오가 되었다. 바로 왕의 꿈을 해석했을 당시 요셉이 총리가 될 수 있었던 것은 애굽의 바로 역시 요셉과 같은 셈족이었기 때문이다. 만약 파라오가 여전히 함족이었다면 요셉은 총리가 아니라 잘해야 파라오 곁에서 박사나 술객이 되었을 것이다. 이것은 역사를 움직여 당신의 경륜을 이어가시는 하나님의 열심을 볼 수 있는 또 하나의 선명한 사례이다.

요셉 사후 장구한 세월 동안 이스라엘 백성은 점차 노예로 전락해갔다. 그리하여 점점 더 고단하고 힘든 삶이 주어졌다. 그들을 버티게 했던 유일한 힘은 조상 때부터 구전된 하나님의 '언약'뿐이었다. 그들은 고된 삶 속에서 침묵의 하나님께 부르짖었다. 기도로 부르짖는 그들에게 마침내 '때(καιρός)'가 되매 신실하신 하나님은 모세를 보내셨다. 하나님께서는 언약을 기억하시고(출 2:25, 창 8:1) '권념'하셨던 것이다. 모세는 이스라엘 백성의 지속적인 부르짖음의 결과이기도 했다. 그리하여 레위 족속의 부부에게서 모세가 태어난다(출 2:1–2).

당시 애굽 왕은 히브리 남아가 태어나면 모조리 죽이라고 명령했다. 모세의 부모는 차마 죽이지 못하고 그 아이를 갈대상자[128)]에 태워 나일 강에 띄워 보낸다. 하나님의 섭리는 때마침 강가에서 목욕하던 바로의 딸을 선택했다. 아이는 구출되어 훌륭하게 양육되는데, 이 아이가 바로 모세이다. 모세는 장성하며 애굽의 모든 학문을 배웠다. 파

---

128) 출 2:3절에 나오는 갈대상자(basket)와 창 6:14, 18절에 나오는 노아의 방주(ark)는 히브리어로 동일하게 테바(תֵּבָה)라고 쓴다. 이는 둘 다 구원을 의미한다.

라오 공주의 아들로 세상적인 부귀와 영화도 누리게 되었다. 그러나 그 모든 권한을 포기하고 하나님의 백성과 함께 고난받는 길을 선택한다(히 11:24-26).

모세의 일생은 크게 세 가지로 분류한다. '괜찮은 사람'(something or somebody)으로 살았던 왕자로서의 첫 40년, 아무 것도 아닌 보잘것 없는 양치기(nothing or nobody)로 살았던 광야 40년, 80세가 되어 하나님의 부르심에 응답하여 사역자로서 최고의 인생(everything in God)을 누렸던 40년이다.

하나님의 섭리 속에서 자라난 모세는 권력과 잘 타협하면 애굽의 파라오도 될 수 있었다. 그러나 모세는 애굽의 부귀영화나 명예, 권력을 뒤로 한 채 40세가 되던 해에 동족을 돌아볼 마음이 생겼다. 어느 날 애굽 관리가 자신의 동족인 히브리인을 핍박하는 상황을 목격하자 그는 한순간의 머뭇거림도 없이 자랑스럽게 동족의 편을 들어 애굽 사람을 쳐 죽였다. 당시 모세의 마음에는 우쭐함과 흡족함으로 "참으로 잘한 일이었어! 이제 후로는 저들이 나를 달리 볼 거야!" 라고 자평하며 속으로 흐뭇한 미소를 지었을 수도 있겠다. 이때만 해도 그는 스스로를 향해 제법 괜찮은 사람(something)이라고 자뻑했을 것이다. 그러나 예상은 보기 좋게 빗나갔다. 결국 광야로 피신하는 도망자 신세가 되어버렸다.

점점 더 왕자의 모습은 사라져갔다. 나날이 피로가 겹치며 힘은 빠지고 몸은 지칠 대로 지쳐버린 어느 날, 하나님의 산 호렙에 이르매 80세가 된 모세 앞에 홀연히 하나님께서 나타나셨다. 그리고 전혀 뜻밖의 말씀을 주셨다. 그리하여 당시에는 완전히 힘이 빠진(nothing or nobody) 모세였으나 하나님의 손에 붙잡히자 엄청난 사명을 감당하는 전무후무한 지도자(everything in God's hand)가 될 수 있었다.

> "이제 내가 너(nothing)를 바로에게 보내어 너(everything)로 내 백성 이스라엘 자손을 애굽에서 인도하여 내게 하리라" _출 3:10

하나님은 보잘것없는(nothing) 사람처럼 되어버린 모세를 호렙 산으로 불러 사명을 주셔서 당신의 능력으로 그것을 감당하게 했다. 그리하여 모세는 구원의 대행자로서 이스라엘의 출애굽 도구가 되었다. 아무 생각 없이 양을 치며 세월을 낚던 때에 갑자기 나타나신 하나님이 자신을 불렀을 때, 처음 모세는 어안이 벙벙해서 아무 말도 못했을 것이다. 실소를 지으며 원망조로 이렇게 하나님께 내뱉었을지도 모르겠다.

> "하나님, 너무 늦으셨습니다. 40년 전에 나(something)를 불렀어야죠! 이제 나(nothing)는 아무 것도 못합니다."

그런 모세를 보며 하나님은 고개를 끄덕였으나 당신의 주장을 굽히지는 않으셨던 것 같다. 그리고는 "네가 그 일을 감당하는 것이 아니다. 너는 그 일에 쓰임을 받는 것이다. 내가 그 일을 하는 것이다"라고 말씀하셨다. 계속하여 "내가 누구이며, 장차 너와 애굽에 기이한 일을 보여주어 이스라엘 백성을 출애굽시킬 것"을 말씀해주셨다. 그리하여 출애굽을 통한 가나안에로의 여정이 시작된 것이다. 이후 네 번째, 홍해도하 시대가 열렸다. 이것 역시 하나님의 열심이다.

계속 주저하는 모세에게 하나님은 표적(출 4:3, 6)뿐 아니라, 10가지 재앙을 통해 당신의 역사를 이어가셨다. 특히 열 번째 재앙은 집 문 좌우 설주와 인방(引枋)에 어린양의 피[129]를 발라야했다. 바르지 않을 경우 그 집에서 처음으로 태어난 모든 것들은 죽게 되었다. 이 재앙으로 인해 애굽 왕의 장자도 죽게 된다(출 11:5). 그 결과 이스라엘 민족은 애굽의 압제에서 해방되었고 자유를 얻게 된다.

이스라엘 백성이 애굽을 떠날 때 20세 이상 장정이 60만 가량이었다. 수많은 잡족과 심히 많은 양과 소 등 가축도 함께 라암셋을 떠났다(출 12:37-38). 430년 만의 자유를 만끽하며 가나안으로 향하는 발걸음은 대단했을 것이다. 10가지 재앙은 한쪽에는 비극이었으나 다른 한편은 하늘의 기적이었다. 이후로도 하나님의 함께하심(את)과 동행하심(הלך)은 계속되었다.

광야의 여정에는 구름기둥이 함께 움직이며 뜨거운 한낮의 폭염을 식혀주었다. 칠흑같이 어두운 밤에는 불기둥이 냉기 가득한 추위를 막아주며 길을 환하게 밝혀주었다. 이 모든 것은 하나님의 은혜였다.

그렇다고 하여 매 순간의 모든 것이 일사천리는 아니었다. 바알스본 맞은편 바닷가 앞에 도착했을 때에는 바다를 건너야 하는 난감한 상황에 처하기도 했다. 설상가상으로 마음이 바뀐 애굽 왕이 전차

---

129) 당시 희생 제물로 쓰였던 어린양의 피는 바로 유월절 어린양 되신 예수 그리스도의 피를 예표하는 것이다. 죄인 된 우리가 바로 이 피로 인해 깨끗함을 입었고 죄로 인해 죽을 수밖에 없었던 우리가 그 피로 살아난 것이다.

와 군대를 이끌고 바로 뒤까지 쫓아왔다는 소식에는 많이 흔들렸다. 그리하여 한 순간에 이스라엘 백성은 대혼란에 빠지고 말았다. 지도자인 모세를 원망하며 고함치는 사람들로 아수라장(阿修羅場)이 되었을 것이다.

그러나 모세는 이 모든 상황에도 불구하고 당당했다. 왜냐하면 호렙 산에서 출애굽을 명하시며 표적을 보여주셨고, 애굽 왕 앞에 설 때도 함께하셨으며, 10가지 우주적 재앙을 통해 역사하셨던 하나님을 믿었기 때문이다. 그분은 모든 순간에 동행(הָלַךְ)하셨고 함께(אֵת)하셨다. 모세는 우왕좌왕하는 이스라엘 백성을 향해 분연히 외쳤다.

> "모세가 백성에게 이르되 너희는 두려워하지 말고 가만히 서서 여호와께서 오늘 너희를 위하여 행하시는 구원을 보라 너희가 오늘 본 애굽 사람을 영원히 다시 보지 아니하리라 여호와께서 너희를 위하여 싸우시리니 너희는 가만히 있을지니라" _출 14:13-14

애굽의 군대가 더 이상 다가오지 못하도록 여호와의 사자는 이스라엘 진 뒤로 옮겨갔다. 구름기둥도 앞에서 뒤로 옮겨가 애굽의 군대가 있는 저편에는 구름과 흑암이 있고 이스라엘 백성이 있는 이편은 밤조차 광명하여 밤새도록 한쪽이 다른 쪽에 가까이 가지 못하게 했다(출 14:19-20).

모세가 바다 위로 손을 내밀었다. 당시 그는 서쪽 해변에 서 있었는데 이는 모세가 바다물을 갈라지게 한 것이 아니라는 말이다. 여호와께서 큰 동풍(동에서 서로 부는 바람)을 이용해 밤새도록 바닷물이 갈라지게 했다는 말이다. 홍해를 건너가는 백성들 좌우에 벽이 되게 했고(출 14:21-22). 갈라진 홍해의 바닥조차 마른 땅이 되어 그들은 바다 한가운데를 육지처럼 건넜던 것이다. 할렐루야!

홍해 도하 사건은 이스라엘 백성에겐 엄청난 충격이었을 것이다. 평생 잊지 못할 최고의 경험이었으리라. 홍해를 건넌 모세와 이스라엘 자손, 그리고 미리암과 모든 여인들은 감동적이고도 뜨거운 노래[130)]를 불렀다(출 15장). 그 감격은 영원히 잊지 못할 기억이었을 것이다.

그러나…

다섯 번째, 광야훈련 시대를 살펴보자.

그 감격도 잠시, 갈 바를 알지 못하고 광야를 걸어야 하는 그들에게는 기대와 설렘도 있었겠지만 두려움도 있었다.

본격적으로 광야로 들어섰다. 홍해 도하의 감격도 잠시, 수르 광야로 들어간(출 15:22) 백성은 사흘이 지나도록 물을 얻지 못했다. 겨우 발견한 물은 '마라'[131)]였는데 써서 마실 수 없었다(출 15:23). 그러자 불과 며칠 전에 기적을 맛본 후 찬양했던 그 입에서 원망이 터져 나왔다. 이때 '하늘 향해 기도하며 하나님께 간구했더라면 얼마나 좋았을까'라는 아쉬움이 절로 남는다. 인간의 감탄고토(甘呑苦吐)[132)]를 다시

130) 역대상 25:1-3에는 신령한 노래라고 표현했다. 이는 히브리어로 나바(נָבָא)라고 하는데 '하나님의 뜻(말씀)을 전하다, 하나님의 의중을 드러내다'라는 의미이다. 나비(נָבִיא, nm, a spokesman, speaker, prophet)에서 파생되었다.

131) 히브리어로 마라(bitter, 룻 1:20, מָרָא)는 '괴로움(a bitter spring in the Sinai peninsula)'을 의미한다.

절절이 느끼게 된다. 그럼에도 불구하고 좋으신 하나님은 그 마라를 단물로 바꾸어주셨다.

애굽을 출발한 지 한 달 15일째 되던 날에 엘림과 시내 산 사이의 신 광야에 도착했다(출 16:1). 이때 백성들은 떡과 고기가 먹고 싶다며 또 다시 모세와 아론을 원망했다. 그러나 이번에도 하나님은 '만나'[133]와 메추라기로 응답하셨다.

다시 신 광야를 떠나 르비딤에 이르렀다(출 17:1). 백성들은 또 "우리와 우리 자식들과 가축들을 목말라 죽게 하시렵니까?"라며 모세를 원망(출 17:3)했다. 모세는 하나님의 명령을 따라 지팡이로 바위를 쳐서 물이 나오게 했으며, 그곳의 이름을 맛사[134] 또는 므리바라고 했다(출 17:6-7, 시 95:8).

잠시 한숨 돌리는가 싶더니 이번에는 에서의 후손(창 36:15-16) 아말렉이 쳐들어왔다. 모세는 여호수아에게 나가서 싸우라고 한 후, 아론과 훌을 데리고 산에 올라가 손을 높이 들었다. 모세가 손을 들면 이스라엘이 이기고 손을 내리면 아말렉이 이겼다. '손을 든다'는 것은 하나님만 전적으로 의지한다는 의미이다. 모세가 피곤하여 손을 내리자 아론과 훌이 양쪽에서 손을 붙들어 올려주었다. 왜냐하면 전쟁의 승리는 칼과 창에 있지 않고 하나님께 있음을 분명히 보았기

132) '달면(달 감) 삼키고(삼킬 탄) 쓰면(쓸 고) 뱉는다(토할 토)'라는 의미의 사자성어.

133) 히브리어로 만나(מָן)는 '이것이 무엇이냐'라는 의미이다(출 16:15, 31).

134) 히브리어로 맛사(מַסָּה)는 '시험'이라는 의미이며 므리바(וּמְרִיבָה)는 '다툼'이라는 뜻이다.

때문이다. 동역의 중요성과 합심기도의 능력을 볼 수 있는 선명한 장면이다. 이스라엘 백성은 이 전쟁으로 인해 '이김은 하나님께 있다'라는 여호와 닛시를 경험하게 된다(출 17:15).

우리는 광야 같은 삭막한 인생을 살아가며 끊임없이 죄인 아말렉[135)]과 영적싸움을 해야만 한다. 이때 아론과 훌같이 팔을 들어 올려주는 사람이 있는가 하면 팔에 매달리는 사람도 있다. 아예 팔을 끌어내리려는 사람도 있다. 잠시 책을 내려놓고 눈을 감으라. '내 주위에는 어떤 사람이 있는가? 나는 누구와 함께 살아가고 있는가?'를 살펴보라. 그리고는 적극적으로 예수님 안에서 한 피 받아 한 몸 된 지체들에게 기꺼이 아론과 훌 같은 사람이 되길 바란다.

모세와 백성은 두 달 후 시내 광야에 도착했다(출 19:1). 하나님은 모세를 시내 산으로 불러 십계명과 율법을 주셨다(출 20장). 모세가 산에서 내려와 진에 가까이 이르니 백성들이 송아지 모양의 우상을 만들어 마치 그것이 자신들을 애굽에서 인도하여 낸 신인 양 그 앞에 제단을 쌓고 축제를 벌이고 있었다. 이것을 본 모세는 크게 노하여 하나님이 친히 써주신(출 31:18) 첫 번째 십계명 두 돌판을 산 아래로 던져 깨뜨려버렸다(출 32:19). 또한 끝까지 여호와의 편에 서지 않던 3,000명을 레위 자손에게 명하여 죽이라고 했다(출 32:28).

---

135) 아말렉은 육체(욜 2:28, 창 6:3, 갈 5:16), 육신(롬 7:14) 혹은 죄인(삼상 15:18)을 의미하는데 하나님을 떠난 모든 상태, 하나님을 반대하고 대적하는 모든 총체, 하나님과 반대되는 가치관을 의미한다.

이후 하나님은 모세에게 돌판 둘을 처음 것과 같이 깎아 만들어 다시 시내 산으로 부르신다. 그리고는 언약의 말씀, 곧 십계명을 한 번 더 그 판에 기록해주셨다. 모세는 그것을 가지고 시내 산에서 내려왔다. 또한 하나님께서 직접 가르쳐주신 양식대로 성막을 만들기 위한 준비에 들어갔다. 시간이 흘러 성막이 완성되자 감격적인 봉헌을 할 수 있었다(출 40장).

시내 산을 떠난 백성은 바란 광야의 가데스에 도착(민 13장)했다. 12지파에서 한 사람씩 12명을 뽑아 40일 동안 가나안 땅을 탐지하도록(민 13장) 보냈다. 그런데 돌아온 정탐꾼들의 보고가 서로 엇갈렸다. 12명의 정탐꾼 중 2명은 "그들은 우리의 밥이라 그들의 보호자는 그들에게서 떠났고 여호와는 우리와 함께하시느니라 그들을 두려워 말라(민 14:9)"고 했다. 반면에 나머지 10명은 "우리는 스스로 보기에도 메뚜기 같으니 그들의 보기에도 그와 같았을 것이니라(민 13:33)"며 그 탐지한 땅을 악평했다.

다수의 주장이 대세가 되자 온 회중은 소리를 높여 부르짖으며 밤새도록 곡했다(민 14:1). 상식적으로 보자면 10명의 주장이 맞을 수도 있다. 그렇기에 백성들이 암담한 소식 앞에서 밤새 울며 원망하고 불평했던 일은 지극히 당연하다. 그러나 신앙의 관점에서 보면, 하나님만이 역사의 주관자임과 하나님의 약속에 대한 그들의 믿음은 꽝이었던 것이다.

하나님은 밤새도록 원망하는 백성의 소리를 고스란히 들으셨다(민 14:27-28). 그리고는 "너희 말이 내 귀에 들린 대로 내가 너희에게 행하리니"라고 말씀하셨다. 그리고는 이스라엘 백성을 다시 바란 광야[136]로 되돌려 보내 38년 3개월 10일 동안 광야 훈련을 더 받게 하신다. 또한 광야 1세대 중 2명의 정탐꾼 여호수아와 갈렙만이 가나안에 들어가게 했다(민 14:30).

민수기 16장 3절에는 모세와 아론의 지도력에 반기를 든 무리가 나타난다. 그들은 레위의 증손 고라와 르우벤의 자손 다단과 아비람과 벨렛의 아들 온을 정점으로 한 250명의 족장들이었다. 하나님은 땅을 갈라 이들을 삼켜버리게 했고, 이 악한 무리에 동조하는 회중들에게 염병을 내려 그중 14,700명이 죽었다(민 16:49). 그 후 모세와 아론의 지도력은 강화되었고 아론의 싹 난 지팡이 표징을 통하여 지도력은 한층 더 견고해졌다(민 17:1-11).

민수기 20장에 이르자 르비딤에서처럼(출 17: 6-7), 므리바 물로 인해 또 다툼이 생겼다(민 20:11-13). 게다가 사해 남쪽 에돔 땅을 지나가는 일이 거절되자 요단 동편까지 빙 둘러가게 되었다. 그 일로 인해 백성의 마음이 상했다. 그러자 백성들 가운데서 원망이 터져 나왔다. 이에 하나님은 불뱀을 보내 원망하는 백성을 물게 했다. 동시에 장대 위에 놋뱀을 달았다. 그리고는 말씀대로 불뱀에 물린 자는 누구든 놋뱀을 쳐다보면 다 살려주셨다(민 21:4-9).

쳐다만 봐도 살 수 있었는데,

---

136) 광야를 히브리어로 미드바르(wilderness, מִמִּדְבָּר)라고 하는데, 여기에서 파생된 동사 다바르(명사 데바림, word, דְּבָרִים 는 '말씀하다'라는 의미이다. 광야를 지나는 동안 기준과 원칙은 '오직 말씀(Sola Scriptura)'이라는 의미이다.

예수만 믿으면 구원인데,
그런데도 쳐다보지 않고 죽어간 사람이 많으니…
그런데도 예수를 믿지 않으니…

이 사건은 생각할수록 감사가 절로 나온다. 우리는 유한한 한 번 인생 동안 쉴 새 없이 원망과 불평을 한다. 이미 주신 것이나, 허락해 주신 것에 대한 감사가 없다. 반면에 가지지 못했거나 누리지 못하는 것들로 인해 불평불만이 가득하다. 광야를 지나는 이스라엘 백성의 모습과 판박이다. 하나님의 심판은 당연히 우리에게도 불뱀일 것이다. 우리는 모두 그 불뱀에 물려 죽어 마땅한 존재들이다. 그럼에도 불구하고 그런 우리를 살리시려고 놋뱀을 주셨다. 십자가 위에 달리신 예수님이 바로 그 장대 위에 매달린 놋뱀이다. 이제 우리는 그 예수님을 믿고 바라보기만 하면 다시 살아나게 됨을 알아야 한다.

할렐루야!

그들은 마침내 여리고 맞은편 요단 동쪽 모압 지역에 다다랐다. 그곳에는 당시 철기 문명의 강력한 군대를 자랑하던 아모리 왕 시혼이 있었고 북쪽에는 거인족의 후손 바산 왕 옥이 있었다(신 3:11). 아직 청동기 문명에다가 오합지졸이었던 모세와 이스라엘이었지만 만군의 여호와 하나님은 이들을 물리치고 그 땅을 점령하게 하셨다. 그것은 하나님의 개입이요 열심이었다.

안타까운 것은 모압을 다 정복하지 않고 일부 지역을 남긴 것이다. 그중 하나가 모압 왕 십볼의 아들 발락이 다스리던 지역이다(민 22:4). 당시 발락은 이스라엘이 아모리인들에게 행한 모든 일을 보았으므로 두려워하며 번민하고 있었다. 이때 동원되었던 거짓 선지자가 바로 나귀에게 야단맞았던(민 22:28-29) 발람이다. 이는 여호와께서 강권적으로 역사에 개입하심을 보여준 또 하나의 사건이다. 발람은 성경 곳곳에서 나쁜 예로 인용되는 악명 높은 인물이다.

베드로후서 2장 15절은 재물이나 불의의 삯을 위해 바른 길을 떠나 불법을 행하는 것을 '발람의 길'이라 하였다. 유다서 1장 11절에서는 하나님의 뜻을 거스를 뿐 아니라 하나님의 거룩한 백성을 저주하는 것을 '발람의 어그러진 길'이라 했다. 요한계시록 2장 14절에서는 하나님의 백성 앞에 올무를 놓아 우상의 제물을 먹게 하고 행음하게 하는 것을 '발람의 교훈'이라고 하였다. 이렇듯 거짓 선지자 발람은 탐욕에 눈이 멀었을 뿐 아니라 하나님께 대항하며 자기의 고집을 꺾지 않았다. 이스라엘 백성을 부추겨 모압 여인들과 음행하도록 만들었고 그로 인해 촉발된 하나님의 분노는 염병으로 나타나 24,000명[137]이 죽고 나서야 그치게 된다. 그 염병 후 하나님은 모세와 아론의 뒤를 이은 그의 아들 엘르아살에게 인구조사를 시키셨다(민 26장).

민수기 31장에 이르면, 예언한 대로 거짓 선지자 발람은 죽임을 당한다. 미디안의 다섯 왕도(민 31:8) 함께 죽임을 당했다. 이후 요단

137) 고린도전서 10장 8절에는 23,000명으로 기록됨.

강 동편의 땅은 갓 자손과 르우벤 자손, 그리고 요셉의 아들 므낫세 반 지파에게 분배되었다(민 32:33).

여기서 안타깝게도 모세는 요단을 건너지 못하고 죽게 될 것이라는 말씀을 듣게 된다(민 31:1-2, 신 3:27). 또한 하나님은 이스라엘 백성이 요단을 건너 약속의 땅 가나안에 들어가서 취한 땅은 조상의 지파를 따라 분배하여 그들의 소유로 삼으라고 말씀하신다(민 33: 50-56).

모세는 가나안에 들어가기 전 모압 땅에서 이스라엘 백성에게 하나님이 주신 십계명과 규례와 법도와 명령(신 4-5장)을 다시 한 번 강조했다. 그리고는 그것을 삶의 기준과 원칙으로 삼으라고 했다. 또한 신명기 6장 4-9절의 '쉐마'[138]를 들려주었다. 결국 광야 같은 인생을 살아갈 때나 가나안에 들어가 일상의 삶을 살아갈 때 유일한 기준은 '데바림(דְּבָרִים)', 즉 '오직 말씀'이라는 것이다.

모세가 요단 강 동편에서 죽자(수 1:1) 하나님은 모세의 후계자 여호수아를 통해 여섯 번째로 '요단강도하 시대'를 여셨다. 홍해를 건넌 것이 광야 1세대의 집단 세례를 상징한다면, 요단 강은 광야 2세대의 집단 세례이다. 처음 지도자가 된 여호수아는 막중한 사명감과 책임감으로 두려웠으나 이내 곧 "내가 모세와 함께 있던 것 같이 너와 함께 있을 것"이라는 하나님의 말씀으로 힘을 얻게 된다(수 1:1-9).

---

138) 히브리어로 쉐마(hear, שְׁמַע)는 '들으라'는 의미이다.

"너의 평생에 너를 능히 당할 자 없으리니 내가 모세와 함께 있던 것 같이 너와 함께 있을 것임이라 내가 너를 떠나지 아니하며 버리지 아니하리니 … 내가 네게 명한 것이 아니냐 마음을 강하게 하고 담대히 하라 두려워 말며 놀라지 말라 네가 어디로 가든지 네 하나님 여호와가 너와 함께 하느니라" _수 1:5, 9

여호수아는 먼저 두 정탐병을 은밀히 보내(수 2:1) 요단 강 건너편의 첫 성인 여리고와 그 땅을 엿보게 했다. 정탐병들의 보고를 자세히 들은 여호수아는 다음날 아침 일찍 일어나 백성에게 요단 강을 건너기 전 먼저 스스로 정결하게 할 것을 명한다(수 3:5). 그런 후에 제사장들에게 백성들보다 앞서 언약궤를 메고 요단 강에 들어갈 것을 명령했다. 강둑까지 가득 찬 강물에 먼저 들어가는 것은 두려움이요 죽음 그 자체였다.

우리는 이 사건을 통해 무엇을 시작할 때 어떤 순서로 임해야 하는 지를 배울 수 있다.

첫째, 하나님께 먼저 무릎을 꿇고 기도하라. 그리고 정직한 마음으로 여쭈라.

둘째, 자신을 점검하되 죄는 철저히 회개하라.

셋째, 하나님의 말씀을 붙잡고 나아가되 항상 말씀보다 앞서지 않도록 주의하라.

넷째, 지도자나 공동체의 리더는 다른 사람보다 앞장서서 행동하며 '죽으면 죽으리라'는 솔선수범으로 진정 하나님을 신뢰하는 삶을 보여줘야 한다.

마지막으로, 함께 동행하신 하나님의 능력으로 그 일이 성취되면 오직 하나님의 은혜를 찬양하고 감사하며 하나님께만 영광 돌려야 한다.

당시 요단 강을 건너야 했던 때는 보리를 추수하는 시기여서 강물이 강둑에 넘칠 정도로 물이 가득했고 물살은 거칠고 유속은 빨랐다(수 3:15). 40년 전 홍해를 바라보던 광야 1세대도 그랬겠지만, 지금 요단 강을 건너야 하는 광야 2세대도 처음에는 정신이 아득하고 혼미했을 것이다. 그러나 신실하신 하나님은 홍해 때와 마찬가지로 요단 강도 마른 땅으로 건너게 하셨다.

할렐루야!

요단 강 도하 사건은 단순히 이스라엘 백성에게만 이적을 체험하게 하려는 의도가 아니었다. 하나님은 이미 가나안 정복의 싸움까지도 예비하고 계셨다. 요단 강 사건을 통해 요단 서편의 아모리 왕과 가나안의 모든 왕들이 이 기적을 듣고 공포에 사로잡히게 함으로써(수 5:1, 9:24), 앞으로 있게 될 전쟁의 기선을 제압하는 준비 작업이었다.

그리하여 그들은 감격스런 기적 속에서 요단 강을 건넜다. 그리고 짠~~~ 안정된 땅이 그들을 맞을 줄 알았다. 전혀 아니었다. 본격적으로 발로 밟고(수 1:3) 뛰어야만 하는 '땀과 눈물'이 요구되는 정복기가 시작되었다. 바야흐로 일곱 번째 '땀과 눈물의 시대'이다.

여호수아와 이스라엘 백성은 31번(수 12:24)의 많은 전쟁을 치른다. 그들은 수많은 땀과 눈물의 시간을 통해 하나님을 더 의지하고 확신하게 되었다. 때로는 아이 성 사건처럼, 하나님이 하신 일을 잊어버리고 마치 자신에게 대단한 능력이 있기라도 하듯 착각했다가 된통 얻어맞기도 했다. 그러나 이 또한 하나님의 역사하심을 배우는 소중한 경험이 되었다.

요단을 건너온 백성은 아침 일찍 일어나서 여호와의 궤를 앞세운 일곱 제사장을 따라 철옹성 같은 여리고 성을 돌며 행진했다. 6일 동안 하루에 한 번씩 돌았고 7일째 되는 날에는 일곱 번을 돌았다(수 6:4). 여기서 '일곱'[139]이라는 숫자가 계속 반복되는데, 이는 숫자의 의미를 통해 하나님의 뜻과 의중을 읽으라는 메시지이다. 게마트리아(Gematria)에 의하면 '7'은 약속, 언약, 맹세의 수이기 때문이다. 그리하여 여리고 성을 주시겠다는 약속대로 7일째 일곱 제사장과 이스라엘 백성이 일곱 번 성을 돌자 여리고 성이 무너졌던 것이다.

여리고 성을 멋지게 정복하자 그들은 마치 자신의 힘으로 해낸 양 어깨에 힘이 들어가 버렸다. 그러면서 그 다음 아이 성은 아주 가볍게 대했다. 마치 자신이 대단하다는 듯이. 그들에게서는 여리고 성을 칠 때의 긴장감을 찾아볼 수 없었다. 하나님을 의지하는 간절한 기도도 부실했다. 반면에 교만한 마음과 힘이 잔뜩 들어간 거만함은 아이 성을 치기도 전에 이미 정복한 듯 얕잡아 보았다(수 7:3). 여호수아조차도 긴장이 풀렸던 듯하다.

당연히 대패했다. 그러자 여호수아는 옷을 찢으며 납작 엎드렸

139) 일곱이라는 의미의 히브리어는 세바(seven שֶׁבַע)이다. 이는 맹세라는 의미의 솨바(to swear, אִשָּׁבַע:)에서 파생되었다.

다. 하나님은 패배의 원인으로 아간의 범죄를 지적하셨다. 동시에 아무리 작은 일이라도 하나님을 철저히 의지해야 함을 가르쳐주셨다. 그 후 아이 성은 쉽게 정복되었다(수 8:26, 28).

이후 아모리 다섯 왕을 기점으로 디르사 왕에 이르기까지 모두 쳐서 멸하였고 여호와께서 주시마 약속하신 모든 땅을 다 얻게 되자 전쟁은 끝이났다(수 21:43-44). 그러나 블레셋을 포함한 일부 땅은 하나님의 명령에 불순종하여 남겨두었다(수 13:1-6). 마치 하나님에 대한 순종은 98%로 족하다는 듯이.

순종은 100%이다. 오직 순종은 100%일 뿐이다. 결국 그 2%가 이어지는 역사 속에서 두고두고 이스라엘의 걸림돌이 되었다. 반면, 하나님을 찾는 훈련의 도구가 되기도 했다. 세월이 흘러 여호수아도 늙어 모든 사람이 가는 길을 가게 되었을 때 마지막 고별 설교로 백성들에게 메시지를 남긴다(수 24장).

> "그러므로 이제는 여호와를 경외하며 온전함과 진실함으로 그를 섬기라 너희의 조상들이 강 저쪽과 애굽에서 섬기던 신들을 치워버리고 여호와만 섬기라 만일 여호와를 섬기는 것이 너희에게 좋지 않게 보이거든 너희 조상들이 강 저쪽에서 섬기던 신들이든지 또는 너희가 거주하는 땅에 있는 아모리 족속의 신들이든지 너희가 섬길 자를 오늘 택하라 오직 나와 내 집은 여호와를 섬기겠노라 하니" _수 24:14-15

또한 여호수아는 세겜에서 백성과 함께 '세겜언약'을 세우고 그들을 위해 율례와 법도를 베풀었다.

땅의 분배가 끝나자 백성들의 생활은 점차 안정되어 갔다. 당연히 하나님께 감사해야 함에도 불구하고 인간의 죄성에서 비롯된 못된 옛 습성을 또 드러냈다. 이른바 사사 시대이다. 다람쥐 쳇바퀴 돌듯 타성에 젖은 여덟 번째 '매너리즘의 시대'로 들어선 것이다. 여호수아가 행했던 고별 설교의 큰 울림이 채 가시기도 전에 그들은 자신의 소견에 옳은 대로 행하고야 말았다. 자기중심으로 살아가고 자기 마음대로 행하였다. 그리하여 이스라엘 역사상 가장 어두운 약 300여 년[140]에 걸친 암흑기로 들어가게 된다. 이를 기록한 책이 사사기와 룻기이다.

사사들이 통치하던 이 시대의 특징은 판에 박힌 듯 죄로 얼룩진 생활과 회개의 반복이었다. 죄를 지어 매 맞으면 회개했다. 회개 후 회복시켜 주면 언제 그랬냐는 듯이 또 죄를 범했다. 지겹도록 회개와 죄를 반복하는 삶이었다.

"이스라엘 자손이 또 여호와의 목전에 악을 행하매"라는 말씀은 사사기에서 가장 흔한 문장 중 하나이다.

왕들이 통치하는 시대로 넘어가기 전까지 엘리와 사무엘 외에 이 시대에는 총 14명의 사사가 있었다. 그들이 치리하던 시대에 역사의 주관자이신 하나님은 이스라엘 왕국을 위한 계획을 차곡차곡 진행하셨다. 그중 한 사건이 유대 땅의 흉년으로 시작된 룻의 이야기다

140) 혹은 350여 년.

(룻 1:1). 마치 아무 것도 아닌 사건처럼 시작된 이 이야기는 이전과 이후 시대를 잇는 주요한 연결고리이다.

당시 유대 땅 베들레헴에는 엘리멜렉이라는 사람이 두 아들과 아내 나오미와 함께 살고 있었다. 유대 땅에 흉년이 들자 엘리멜렉은 가족을 이끌고 요단 강 동편 모압 지방으로 간다. 그곳에 정착한 지 10년쯤 되었을 때 나오미는 두 아들과 남편을 다 잃었다. '희락(נָעֳמִי)'이라는 이름과는 정반대로 '마라'[141]의 상태가 된 나오미는 이방 땅 모압을 뒤로 하고, 자신의 피붙이가 있는 고향 땅으로 돌아갈 생각을 한다. 그리하여 나오미는 모압 여인인 두 며느리를 불러놓고 자신의 결심을 알린다. 여호와의 선대하심을 바라며 두 며느리를 축복한 후 그들을 친정으로 돌려보낸다. 그러나 오르바와 달리 룻은 시어머니와 끝까지 함께하겠다며 자신의 뜻을 꺾지 않았다. 마침내 나오미는 하나 남은 며느리 룻과 함께 빈털터리로 베들레헴[142]으로 돌아온다.

당시 이들 두 여인에겐 무슨 희망이 있었을까?

그러나 역사의 주관자이신 좋으신 하나님은 엄청난 반전을 예비하고 계셨다. 일말의 희망도 없을 때, 밑바닥을 치는 극한 고난 중에, 우리가 할 수 있는 최선은 하나님만 신뢰하는 것이다. 비록 한치 앞을 볼 수 없을지라도.

---

141) 히브리어로 마라(bitter, 룻 1:20, מָרָא)는 '괴로움(a bitter spring in the Sinai peninsula)'을 의미한다.

142) 베들레헴은 떡집이라는 뜻으로 집(a house)이라는 의미의 베이트(בַּיִת)와 빵 혹은 떡(place of bread)이라는 의미의 라헴(לֶחֶם)의 합성어이다.

한편 물설고 낯선 땅에서 시어머니를 모시며 살게 된 모압 여인 룻은 때마침 보리 추수기를 맞아 부자들의 밭에서 이삭을 주우며 생계를 이어갔다. 당시 나그네 환대법이라는 히브리인의 율법은 어려운 이웃을 위해 추수 때가 되면 떨어진 이삭을 줍게 했다. 그렇게 함으로써 공동체는 더불어 살아갈 수 있었다.

이삭을 주워 시어머니를 봉양하던 착한 며느리 룻은 시아버지인 엘리멜렉의 친척 보아스의 밭에 가게 된다. 그것은 우연이 아니었다. 그것은 필연인 하나님의 경륜이었다. 그동안 젊은 과부인 룻이 그 시어미 나오미에게 한 일들에 대한 소문은 이미 그 동네에 파다하게 퍼져 있었다. 당연히 호감을 갖고 있던 노총각 보아스는 안팎으로 예쁜 룻을 세심하게 배려하게 된다. 말하자면 하나님의 경륜이 룻으로 하여금 그곳의 유력자인 보아스를 만나게 했던 것이다. 이리하여 보아스는 룻으로부터 죽은 남편의 이름으로 기업을 무르는 사람[143]이 되어 달라는 요청을 받게 된다. 보아스는 기꺼이 그 책임을 맡는다. 우리는 이들 두 사람의 만남[144]이 우연이 아니라 하나님의 멋진 중매임을 즐겁게 보게 된다(룻 3-4장).

---

143) '기업을 무르는 자'란 히브리어로 '고엘'(to redeem, הַגֹּאֵל)이라고 하는데 '구속자'라는 뜻도 있다. 고대 이스라엘에는 어떤 가문에서 자손을 보지 못하고 큰 아들이 죽으면 둘째가 형을 대신하여 자식을 낳아주는 계대혼인법이 있었다. 그 집안의 아들이 몽땅 죽어 더 이상 자손을 이을 수 없으면 가장 가까운 친척이 자기 재산을 포기하거나 떼어주면서 그 집안의 여인과 결혼하여 자손을 이어주는 풍습이 있었다. 재산을 희생할 뿐 아니라 낳은 자식도 자신의 혈통이 안 되기에 기업 무를 자의 책임을 지며 결혼하기란 결코 쉽지 않았다.

144) 전승에 의하면 이때 룻은 25세 전후였고 보아스는 50세 정도의 노총각이었다고 한다.

이들이 낳은 아들이 오벳인데 바로 다윗의 할아버지이다(룻 4:22). 다윗의 족보에서 예수님이 오시는데 이 계보 속에 이방 여인 룻이 있다는 사실은 참으로 의미심장한 일이다. 사실 마태복음 1장에 나오는 족보를 보면 이방 여인 룻만이 '깜놀'[145]은 아니다. 룻의 남편인 보아스의 어머니가 바로 여리고 성의 기생 라합이며 그 아버지가 살몬(마 1:5)이다. 살몬의 선조는 유다가 며느리 다말에게서 얻은 베레스다. 이런 이해불가 복잡다단한 사실로부터 우리는 예수님을 통한 구원의 복은 언약의 성취임을 알 수 있다. 동시에 무조건적 은혜임을 알 수 있다. 또한 하나님의 경륜은 유대인뿐 아니라 이방인에게도 차별 없이 주어짐을 보게 된다. 결국 복음인 예수 그리스도는 모든 민족과 열방의 진정한 복이다. 우리는 이 사실에 그저 감사하고 기뻐할 수밖에 없다.

145) '깜놀'은 21세기 아이들의 은어로 '깜짝 놀랐다'는 뜻이다. 그룹 신화의 신혜성이 처음 썼다고 한다.

13강 통일왕국 시대, 분열왕국 시대, 그리고 바벨론포로 시대

마지막 사사이자 선지자였던 사무엘은 레위지파로서 에브라임 산지 라마다임소빔 사람이었다. 그의 아버지는 엘가나요 어머니는 자식이 없어 가슴에 한이 맺혔던 기도의 사람 한나이다. 특별히 엘가나는 레위 가문 사람이요 제사장이었으며 찬양의 직분을 가진 신앙의 로열 패밀리였다(대상 6장). 그럼에도 불구하고 하나님이 정하신 일부일처제를 예사롭게 어겼는데 그것은 당시의 영적 상태를 적나라하게 말해주는 것이다. 그렇기에 사무엘기의 시대적 배경은 영적으로 암흑기였던 사사 시대라고 말하는 주석가들도 있다. 나는 이 견해에 동의한다.

한편 당시 대제사장이었던 엘리[146]는 영적으로 아

주 둔감한 사람이었다. 자녀들의 신앙 교육에도 별 관심이 없었다. 왜냐하면 성경은 "엘리의 아들들은 여호와를 알지도 못할 뿐더러 불량자(삼상 2:12)"였다고 기록하고 있기 때문이다. 게다가 그 아들들은 회막문에서 일하는 여자들과 동침하는 등(삼상 2:22) 하나님 앞에서 악행을 일삼았고 여호와의 제사를 멸시(삼상 2:17)하기까지 했다. 그리하여 하나님은 엘리와 그 가족의 미래에 대해 사무엘을 통해 준엄한 경고(삼상 2:22-36)를 하셨다. 그 후 블레셋과의 싸움에서 엘리의 두 아들은 하나님의 언약궤인 법궤를 적들에게 빼앗긴다. 게다가 둘 다 한꺼번에 한 전쟁터에서 죽임을 당한다. 그 소식을 들은 엘리 또한 의자에서 거꾸러져 목이 부러져 죽게 된다. 이로써 엘리 가문에 대한 하나님의 경고는 그대로 이루어졌다.[147)]

사무엘이 늙어갈 무렵 이스라엘 백성과 장로들은 진정한 왕이신 하나님을 도외시하고 주변 나라들처럼 인간 왕을 구하게(삼상 8:19-20)

---

146) 엘리는 이다말의 후손이었다. 원래대로라면 아론의 셋째 아들(민 3:2)인 엘르아살의 후손이 대제사장이어야 했다(민 20:28). 그러나 언제부터 어떻게 바뀌게 되었는지는 정확하게 알 수 없으나, 아론의 넷째 아들이었던 이다말의 후손 엘리가 당시 대제사장으로 있었다. 그는 자녀교육을 등한시하여 그 대가를 받았던 인물이다. 삿 2:10,11,13과 호 4:6, 욥 1:3을 읽어보라.

147) 열왕기상 1장 7-8절에 의하면 아론의 아들 중 넷째 이다말의 후손 아비아달은 다윗의 아들 중에 아도니야를 추종한다. 반면 아론의 셋째 아들이었던 엘르아살의 후손 사독은 솔로몬을 추종한다. 정확하신 하나님의 경륜은 솔로몬으로 하여금 이스라엘의 3대 왕이 되게 하신다. 왕이 된 솔로몬은 아비아달을 내쫓고 대제사장 직분을 파면(왕상 2:27)한다. 그 대신 제사장 사독으로 아비아달을 대신하게 한다(왕상 2:35). 이로 인해 다시 아론의 넷째 아들 이다말에서 셋째 아들인 엘르아살의 후손으로 대제사장의 직분이 제자리를 찾게 되고 엘리에 대한 경고도 그대로 이루어진다.

된다. 그것은 하나님이 결코 원했던 것이 아니었다(호 13:10-11). 사무엘의 경고와 만류에도 불구하고 백성들은 요지부동이었다. 설상가상으로 당시 사무엘 역시 자신의 스승인 엘리 제사장처럼 자식교육에 실패했던 듯하다. 사무엘상 8장 3절과 5절은, 사무엘의 아들들은 "그 아버지의 행위를 따르지 아니하고 이득을 따라 뇌물을 받고 옳지 않은 판결을 내렸다"고 되어 있기 때문이다. 참으로 안타까운 일이다.

왜 그런 일이 벌어졌을까?

추측컨대 사무엘 역시 엘리 대제사장 밑에서 자라면서 자녀양육에 대해 잘못된 영향을 받은 것은 아닐까라는 생각이 든다. 사람은 "흉보면서 닮는다"고 하지 않던가.

이스라엘 백성이 인간 왕을 계속하여 강력하게 밀어붙이자 하나님은 이를 '허용'하신다. 정확하게 말하면, 승낙한 것은 아니다. 단지 '허용'일 뿐이었다. 그러나 구원을 향한 하나님의 계획은 변함없이 당신의 신실하신 섭리와 경륜으로 이어진다. 그리하여 이스라엘의 초대 왕으로 사울이 기름부음 받는다(삼상 10:1). 비록 하나님은 기뻐하지 않았으나 인간의 소원을 따라 초대 왕 사울을 허용하신 것이다. 결국 사울은 하나님의 '분노적 허용'을 보여주는 용두사미(龍頭蛇尾)의 모델일 뿐이었다.

'분노적 허용'[148]이란 본질적으로는 하나님이 싫어하셨다는 의미이다. 그러므로 승낙(acceptance)은 아니나 '허용(permission)했다'라는

148) 호13:11절에 '분노적 허용' 혹은 '진노적 허용'을 말씀하셨다. 승낙(Acceptance)이 아니라 허용(permission)이라는 말이다.

의미이다. 인간의 집요하리만치 고집스런 요청을 들어주시지만 기뻐하지 않으셨다는 의미이다. 세상의 아버지들도 지독스럽게 고집 피우는 자식의 요청에 마지못해 허용하는 일을 생각하면 쉽게 이해할 수 있다. 바야흐로 아홉 번째, 왕국 시대[149]로 들어선 것이다.

초대 왕 사울은 자결로 생을 마쳤고 하나님의 마음에 합한 왕인 다윗이 이스라엘의 2대 왕이 된다. 그리고 다윗의 뒤를 이어 3대 왕인 솔로몬까지는 단일(통일) 왕국이 이어졌다. 그러나 거기까지였다. 역사의 주관자이신 하나님은 당신의 섭리 하에 세미한 경륜으로 신실한 자를 들어쓰셔서 계속 역사를 이끌어가셨다. 통일 왕국 이스라엘은 불과 4대째 만에 둘로 나뉘어져 버렸다. 설상가상으로 북왕조나 남왕조 둘 다 하나님의 기대와는 달리 곁길로 가기에 바빴다. 그 결과 북이스라엘은 BC 722년 앗수르에 망했고, 그 앗수르는 BC 612년 바벨론에 망했다. 남유다는 BC 586년 역시 바벨론에 망하고 말았다. 역사의 주관자이신 하나님은 이스라엘 백성의 회복을 위해 징계를 결정한 후 그 징계의 막대기로 바벨론을 들어쓰셨던 것이다.

바벨론에 의한 포로생활과 그 전후 시대를 열 번째, 하나님의 '징계 시대'[150]라고 한다. 여기서 하나님의 징계는 징벌이 아니다. 회복을 전제한 훈련의 과정이다.

---

149) 왕국 시대는 이미 이스라엘의 초대 왕 사울 때부터이나 사울 왕국은 인간 왕국을 예표하기에 하나님이 인정하는 왕국인 2대왕 다윗부터 왕국 시대라고 한 것이다.

150) 징계(chasten)라는 단어는 히브리어로는 '므싸르'(the chastisement, מוּסָר)이며 헬라어로는 '파이데이아스'(discipline, παιδείας, 동사 '파이듀오'에서 파생됨)이다. 징벌이나

신명기 8장 5절은 "사람이 그 아들을 징계함 같이 네 하나님 여호와께서 너를 징계"한다고 하셨다. 심지어는 징계란 변장된 복(욥 5:17)이라고까지 말씀하셨다. 또한 아버지 하나님은 아들을 사랑하기에 책망하고 징계(correct, 바르게 하다, 요키하, 잠 3:12, 계 3:19)한다고 반복해서 말씀하셨다. 동일하게 히브리서에도 징계(히 12:6, disciplines)를 훈련으로 말씀했다.

솔로몬에 이어 이스라엘의 4대 왕이 된 르호보암은 안타깝게도 하나님의 말씀을 순전하게 청종하지 않았다. 더 나아가 아버지 솔로몬보다 더 심한 권위주의를 드러냈다. 아버지에게 아예 가정교육을 받지 못한 듯하다. 설상가상으로 르호보암의 주변에 포진했던 젊은 신하들은 더 어리석고 미련했다. 그런 르호보암이 등극 하자마자 가장 먼저 고역과 세금 삭감 문제에 직면하게 된다. 이때 그는 두 방향의 조언을 듣게 된다. 하나는 아버지 솔로몬이 살아 있을 때 왕을 섬겼던 지혜로운 원로들의 조언이었고, 다른 하나는 자신과 함께 자란 소년들의 조언이었다.

불행하게도 르호보암은 원로들의 조언을 무시했다. 그 결과 백성의 마음은 왕을 떠나게 된다. 이 일로 인해 통일 왕국이 남쪽과 북쪽이라는 두 개의 분열 왕국으로 나뉘어져버렸다(왕상 12장). 르호보암은 2지파로 구성된 남유다를 이어가고, 북쪽은 여로보암이 왕이 되

체벌의 의미로도 쓰이지만 실제로는 '훈련시키다, 바르게 하다'라는 의미로 '아이(파이스)를 훈련시켜 잘 양육하다'라는 뜻에 가깝다. 그렇다면 당시의 이스라엘 백성이나 오늘날의 우리나, 때때로 내리시는 하나님의 돌발적 징계에 대하여 다시 한 번 깊이 생각해볼 필요가 있다.

어 10지파를 다스린다. 그후의 이야기가 열왕기상하, 역대하, 이사야, 예레미야, 호세아, 요엘, 아모스, 오바댜, 요나, 미가, 나훔, 하박국, 스바냐 등에 기록되어 있다.

르호보암과 여로보암으로 시작된 분열왕국 시대를 살펴보자. 먼저 남쪽 유다는 하나님 앞에서 몸부림치며 회개하고 회복을 위해 노력한 왕이 더러 있었다. 총 20명 중 8명이 비교적 선한 왕이었고 그중 4명(3, 4, 13, 16대 왕)은 종교개혁을 일으켰다. 반면에 북쪽 이스라엘은 총 19명 중 하나님 앞에서 올바른 길을 선택한 왕이 하나도 없었다. 결국 BC 722년 앗수르에 의해 완전히 망했다. 남유다는 선한 왕이 있었음에도 하나님께로 돌아오지 않자 BC 586년에 역시 바벨론에 망하고 말았다. 이처럼 남북 이스라엘에 대한 징계의 막대기로 하나님은 바벨론을 쓰셨다.

바벨론에게 포로로 잡혀가는 것은 18대 왕 여호야김 때부터 시작된다. 이때 그 유명한 다니엘과 세 친구[151]가 붙잡혀갔다. 2차 포로는 19대 왕 여호야긴 때였고 이때 에스겔이 포로로 붙잡혀간다. 마지막 3차는 BC 586년 20대 왕 시드기야 때로 마침내 남유다가 완전히 망해버린다. 이후 70년의 바벨론포로 시대가 주어진다. 좋으신 하나님은 포로생활 70년(BC 605-538, 렘 25:11-12, 29:10)이 차면 해방시켜주마 약속하셨다. 또한 성전이 철저하게 파괴된 BC 586년으로부터 70년 후(BC 516)에는 성전의 재건도 약속(스 6:15, 단 9:2)하셨다.

---

151) 세 친구는 사드락, 메삭, 아벳느고(하나냐, 미사엘, 아사랴, 단 1:7)이다.

가만히 보면, 하나님의 징계는 결코 징벌이나 멸망이 아니다. 그것은 회복을 전제한 특별 훈련이다. 그러나 바벨론에 포로로 끌려간 이스라엘 백성이나 남아 있던 백성은 하나님의 목적과 마음을 제대로 이해하진 못했던 것 같다. 그럼에도 불구하고 하나님은 선지자들의 입을 통해 계속하여 당신의 의중을 전하셨다. 자녀를 향한 포기할 수 없는 아버지의 깊고도 아픈 마음이 느껴진다.

14강

바벨론포로후 시대, 그리고 하나님의 기다림, 실어증 시대

70년이 지나자 BC 537년부터 신실하신 역사의 주관자 하나님은 바사(Persia)의 고레스를 통해 3차례에 걸쳐 포로 귀환을 시작하셨다. 이른바 열한 번째, 회복 시대이다.

1차 포로 귀환의 지도자는 스룹바벨과 예수아로 그들은 솔로몬 성전이 파괴된 BC 586년으로부터 70년 후인 BC 516년에 학개와 스가랴의 응원에 힘입어[152] 하나님의 섭리로 성전을 재건했다. 바벨론 포로 70년 만에 그들이 처음 예루살렘에 돌아와 보니 모든 것

---

152) 학개와 스가랴는 동시대의 선지자이다. 학개는 백성들의 마음에 불을 지르며 성전(하드웨어) 재건을 격려한 노 선지자(학 2:3, 약 80세)였고, 반면에 스가랴는 젊은 선지자로 백성들의 삶(소프트웨어)을 재건하여 거룩함으로 살아가야 할 것을 격려한 젊은 선지자였다.

은 파괴되어 황량했다. 그러나 그들은 실망하지 않고 산산이 부서졌던 성전을 재건한다. 그것은 오로지 하나님의 동행하심에 대한 믿음과 회복에 대한 약속을 신뢰했기에 가능했다.

BC 458년에 시작된 2차 포로 귀환의 지도자는 학사 에스라였다. 그는 하나님의 말씀인 율법을 가르쳐 백성들의 믿음을 바로 세우고 영적 각성을 이끌었다. 그리하여 바벨론에서 돌아온 유대인들이 하나님 임재의 상징인 성전 중심으로 살게 했다. 동시에 하나님이 허락하신 율법을 삶의 기준과 원칙으로 붙들 것을 권했다.

1차 귀환 당시 페르시아에 남았던 인물 중에 우리가 잘 아는 사람이 바로 에스더와 모르드개다. 훗날 에스더는 아하수에로[153]의 왕비가 되었다. 당시 제국의 2인자는 아말렉족의 후예인 하만[154](에 3:10)이었다. 그는 유대인들을 몰살시키려 했다. 풍전등화의 위기 속에 하나님은 에스더와 모르드개를 사용해 유대 민족을 구하셨다. 이를 기념하여 부림절이라 한다(에 9:20-32). 이스라엘 백성의 제비 뽑는 도구인 부르(Pur)의 이름을 좇아 부림[155]이라고 불렀다. 하만은 이 부

153) 이는 히브리식 이름이다. 헬라식 이름은 크세르크세스이다. 영화 〈300〉에 등장해 그리스와 전쟁(BC 480, 살라미스해전) 치렀던 페르시아 왕이 바로 에스더의 남편인 아하수에로(에 2:16-18)이다.

154) 하만은 당시 거상이었다. 다리오 1세가 마라톤 전쟁(BC 490)에서 패한 후 많은 전비가 소모되었다. 이때 하만이 관직을 돈으로 샀다. 이후 아말렉족 하만이 유대인을 대적하게 된다. 이렇듯 아말렉은 역사(신 25:17)를 통하여 이스라엘 백성들의 적이 된다. 그렇기에 삼상 15:18절에는 아말렉이라는 단어 앞에 '죄인'을 첨가하여 하나님을 떠난 모든 상태를 상징하기도 했다. '아말렉'은 옛 사람의 희미한 그림자이며 구원 이후 우리가 대대로 싸워야(출 17:14, 16) 할 대상이기도 하다.

르를 이용하여 유대인 죽일 날짜를 정했다가 자기가 당하고 말았다. 이것에서 유래한 것이 부림절이다.

3차 귀환(BC 444~)의 지도자는 느헤미야인데 그는 일사천리로 52일 만에 성벽을 건축한다. 그것은 실상 하나님의 열심이요 하나님의 은혜였다. 왜냐하면 호론 사람 산발랏과 암몬 사람 도비야와 아라비아 사람 게셈의 집요한 방해 가운데 이루어졌기 때문이다(느 2:10, 6:1). 당시 이스라엘 백성은 자신들을 회복시키실 신실하신 하나님을 믿었다. 그리하여 모든 악조건 속에서도 느헤미야를 중심으로 흔들림 없이 성벽을 중수했던 것이다.

다시 세월이 흘렀다. 바벨론 포로기의 고통스럽고 암울한 시대를 살았던 귀환 첫 세대는 모두 다 열조에게로 돌아갔다. 그러자 그 후손들은 포로기의 교훈을 까마득히 잊어버렸다. 그들은 다시 조금씩 조금씩 부패하고 타락하기 시작했다. 제사장들은 하나님보다 재물을 더 사랑하여 하나님께 드리는 제사를 더럽혔다. 백성들은 이방인과 결혼하고 제멋대로 이혼을 일삼았다. 하나님에 대하여는 회의적이다 못해 냉소적이었으며 율법마저 가볍게 치부해버렸다. 말라기서는 이와 같은 제사장들과 이스라엘 백성의 죄악 된 모습을 적나라하게 고발한다.

155) '푸림'(Purim, a lot, a jewish feast, פּוּרִים, 에 9:26)은 제비뽑기나 주사위를 의미하는 아람어 '푸르(pur)'에서 온 말이다. 이날은 유대인들의 기쁨의 축일이다. 페르시아 총리 하만의 음모에서 벗어난 것을 기념하는 축제이다.

"내 이름을 멸시하는 제사장들아 나 만군의 여호와가 너희에게 이르기를 아들은 그 아비를, 종은 그 주인을 공경하나니 내가 아비일진대 나를 공경함이 어디 있느냐 내가 주인일진대 나를 두려워함이 어디 있느냐 하나 너희는 이르기를 우리가 어떻게 주의 이름을 멸시하였나이까 하는도다 너희가 더러운 떡을 나의 단에 드리고도 말하기를 우리가 어떻게 주를 더럽게 하였나이까 하는도다 이는 너희가 주의 상은 경멸히 여길 것이라 말함을 인함이니라" _말 1:6-7

"만군의 여호와가 이르노라 너희가 내 단 위에 헛되이 불사르지 못하게 하기 위하여 너희 중에 성전 문을 닫을 자가 있었으면 좋겠도다 내가 너희를 기뻐하지 아니하며 너희 손으로 드리는 것을 받지도 아니하리라" _말 1:10

"만군의 여호와가 이르노라 너희가 또 말하기를 이 일이 얼마나 번폐스러운고 하며 코웃음하고 토색한 물건과 저는 것, 병든 것을 가져왔느니라 너희가 이같이 헌물을 가져오니 내가 그것을 너희 손에서 받겠느냐 여호와의 말이니라" _말 1:13

"그러면서 너희는 오히려, '무슨 까닭으로 이러십니까?' 하고 묻는다. 그 까닭은, 네가 젊은 날에 만나서 결혼한 너의 아내를 배신하였기 때문이며, 주님께서 이 일에 증인이시기 때문이다. 그 여자는 너의 동반자이며, 네가 성실하게 살겠다고 언약을 맺고 맞아들인 아내인데도, 네가 아내를 배신하였다" _말 2:14(새 번역)

이렇듯 백성들은 죄를 범하면서도 자신들의 잘못이 무엇인지조차 모를 정도로 영적으로 무지했다. 오히려 "우리가 어떻게 여호와를 괴롭게 해드렸습니까?", "공의롭게 재판하시는 하나님은 어디에 계십니까?(말 2:17)"라면서 조목조목 대꾸했다. 심지어 "하나님을 섬기는 것이 헛되며 하나님의 명령 지키는 것이 유익이 없다(말3:14)."고 대들기도 했다. 또한 "교만한 자가 복을 받고 악을 행하는 사람이 번성하며 하나님께 도전하는 사람들이 화를 입지 않는다(말3:15)."고 언성을 높이며 비아냥거렸다. 그들의 태도는 하나님을 노골적으로 불신하고 대적하는 것이었다. 그러자 하나님은 말라기 선지자를 보내어 지도자들과 백성들이 회개할 것을 촉구했다. 그리고 하나님께로 다시 돌아오기만을 기다렸다. 더 나아가 올바른 예배로 나아올 것을 간절히 원했다.

그러면서 하나님은 메시야와 그의 길을 예비할 사자를 보내주시마 약속했다(말 3:1). 그럼에도 불구하고 고집스런 그들은 갈 데까지 가버리고 말았다. 결국 이스라엘 백성에게 실망하신 하나님은 말라기 4장 6절의 말씀을 끝으로 깊은 침묵에 들어가신다.

"그가 아비의 마음을 자녀에게로 돌이키게 하고 자녀들의 마음을 그들의 아비에게로 돌이키게 하리라 돌이키지 아니하면 두렵건대 내가 와서 저주로 그 땅을 칠까 하노라 하시니라" _말 4:6

BC 400-4년까지를 침묵기 혹은 신구약 중간기라고 한다. 노하기를 더디하시는 하나님은 BC 537년 1차 포로 귀환부터 BC 400년에 이르기까지 줄곧 당신의 백성이 올바른 관계와 교제로 돌아오길 기대하고 기다렸다. 그러나 그들은 끝까지 독하게 버텼다. 그들을 안타깝게 바라보다 말을 잃어버리신 애끓는 아버지 하나님을 상상해보라.

그리하여 열두 번째, 침묵 시대와 독립유대 시대[156]로 들어가게 된다.

구약성경을 보면 마지막이 말라기로 끝나기에 말라기 선지자를 구약의 마지막 선지자로 생각하는 경향이 있다. 그러나 구약의 마지막 선지자는 세례 요한이다. 이후 예수님이 오셨기 때문이다. 결국 하나님은 말라기가 활동하던 때로부터 세례 요한까지 약 400년 동안 어떤 선지자도 보내지 않으셨던 것이다. 아무 말씀도 없으셨다. 그러나 하나님이 주무셨던 것은 결코 아니다. 침묵기 동안 하나님은 다른 방법으로 역사에 개입하셔서 말라기 3장 1절을 통해 약속하신 '언약의 사자' 곧 메시야가 오실 길을 탄탄하게 준비하고 계셨다.

에스라, 느헤미야, 에스더서와 말라기서(다리오 2세)의 시대적 배경은 약 200년을 존속했던 페르시아이다. 당대 최강자로 군림하던 나라 바사(Persia, 다리오 3세)는 영원히 지속될 것처럼 자신만만했다. 그러나 헬라의 알렉산더에 의해[157] 아르벨라 전투(BC 331년)를 끝으로 역사에서 흔적도 없이 사라지고 만다. 이 시기를 즈음하여 두로가 범

---

156) 《신구약 중간사》, 조병호, 통독원, 2012. (발췌 및 정리)
157) 《그리스 전쟁》(잇수스 전투(BC 333), 아르벨라 전투(BC 331)), 필립 드 수자, 발데마르 헤켈, 로이드 루엘린-존스, 오태경 옮김, 플래닛미디어, 2009.

털을 건드렸다가 알렉산더로부터 처절한 응징을 받게 된다. 이는 성경의 여러 곳[158)]에서 경고한 그대로이다.

한편 페르시아를 무너뜨린 알렉산더는 그동안 흠모했던 헬라 사상과 문화를 페르시아의 문화와 혼합시켜 헬레니즘[159)]을 퍼뜨렸다. 또한 혼인을 통해 동서양의 혼합을 꾀했고 헬라어라는 국제 공용어를 사용하게 하여 세계시민주의 혹은 사해(四海)동포주의를 실현하려고 했다. 사해동포주의란 인류를 세계 시민으로 보는 입장이다. 더 나아가 알렉산더는 이집트를 치기 위해 예루살렘을 통과해 결국 이집트를 점령했다. 이후 자신의 이름을 따서 알렉산드리아라는 도시를 세웠다. 수많은 알렉산드리아 중 이집트에 세운 도시가 당시 인구 100만의 대도시로 가장 유명했다. 승승장구하던 알렉산더는 33세라는 젊은 나이에 요절하고 만다. 이후 부하 장군들은 각축전을 벌인다. 특히 이집트를 중심으로 한 프톨레미(Ptolemies) 왕조와 시리아를 중심으로 한 셀류커스(Seleucids) 왕조가 마지막까지 다툼을 벌인다. 그중 프톨레미 왕조는 약 100여 년간 유대를 지배[160)]하며 대제사장들의 입지를 인정해주었다. 헬라어는 크게 4가지로 나눈다. Attick Greek, Koine Greek, Hellenitic Greek, Byzantine Greek인데 당시 헬

158) 아모스 1:9-10, 이사야 23장, 에스겔 26-28장을 보라.

159) 헬레니즘(Hellenism)이란 '그리스인처럼 행동하다, 말하다'라는 뜻으로 그리스어 hellenizein에서 유래됨. 이는 그리스 문화와 오리엔트 문화를 융합한 것으로 세계주의(cosmopolitanism)적인 예술, 사상, 문화, 정신을 특징으로 한다.

160) 《신구약 중간사》, 조병호, 통독원, 2012. (발췌 및 정리)

레니즘 세계의 언어는 코이네 헬라어(Koine Greek)였다. 이 왕조에서 히브리어 구약성경의 헬라어 번역인 '70인역'(Septuagint, 라틴어 칭호, LXX)을 남겼다. 이로 인해 헬라 제국을 통해 성경이 전 세계로 퍼져나가게 되었다.

BC 2세기경 예의 두 왕조가 다시 갈등을 시작했다. BC 223년 셀류커스 3세[161]가 살해되자 그 형제 안티오쿠스 3세가 등극하여 나라를 넓혀갔다. 이때 대세를 파악한 유대가 안티오쿠스 3세를 도와 유대에서 프톨레미 군대를 몰아냈다. 한편 그 대가로 유대에 많은 약속을 했던 안티오쿠스 3세는 BC 190년 로마에 패하자 약속을 어겼고 예루살렘 성전까지 압류하려다가 결국 암살당하고 만다. 다시 셀류커스 4세가 왕이 되었으나 역시 암살당한 후 BC 175년 동생 안티오쿠스 4세가 왕이 된다. 그런데 이 왕이 아주 걸작이다. 그는 스스로를 '신의 현현'이라며 에피파네스(Epiphanes, 빛나는)라고 칭했다. 또한 그는 '야손'이라는 인물에게 돈을 받고 대제사장직을 팔았다. 원래 대제사장은 아론의 후손만 할 수 있었는데…. 이후 성직 매매는 계속되었다.

한편 안티오쿠스는 프톨레미 왕조가 다스리던 애굽을 빼앗고자 했으나 로마의 힘을 빌린 프톨레미에 밀려 철수하다가 그 분풀이로 BC 169년 유대를 공격한다. BC 167년이 되자 유대에 대한 핍박은 절정에 이른다. 심지어는 예루살렘 성전 안에 제우스 신상을 들여놓고 제단에는 돼지를 희생 제물로 올려놓았다. 그러자 엄청난 반대가

---

161) 《신구약 중간사》, 마틴 헹엘, 임진수 옮김, 살림출판사, 2009.

일어났다. 그때 반대하던 수많은 경건한 자들은 한 자리에서 1,000여 명까지 죽어나갔다. 이들을 하시딤(Hasidim)이라 한다. 하시딤들은 하스몬 가의 연로한 제사장 마타디아스(Mattathias, BC 167-166)와 그의 다섯 아들과 연합하여 혁명을 일으킨다. BC 166년 힘겨운 1년 항쟁에서 마타디아스는 죽는다. 이후 파르티아와의 전쟁에서 안티오쿠스 4세마저 죽게 된다. 그리하여 BC 167-BC 164년까지의 그토록 지독하던 박해는 끝이 난다. 예루살렘 성전은 회복되고 이를 기념하여 '수전절'(요 10:22, the Feast of the Dedication, 혹은 봉헌절)을 지내게 되었고 유대인들은 하누카(Hanukkah)라는 빛의 축제를 지내게 되었다.

이후 마카비(Maccabeus)라는 별명을 가진 셋째 아들이 왕위를 계승한다. 이때 하시딤은 마카비 가문과 뜻을 달리하면서 떨어져나가 세 부류로 나뉘어졌다. 귀족층, 돈 많은 상인, 정부관리, 제사장 계급의 사두개파(Sadducees)와 중간계층의 바리새파(Pharisees), 그리고 에세네파(Essenes)이다.

사두개파는 헬레니즘을 받아들이고 하스몬 왕가, 로마와 결탁했다. 그들은 예언서를 거부하고 오직 모세오경만 인정했다. 로마가 유대를 공식 합병했을 때의 대제사장은 바로 이 사두개인들이었다. AD 70년 예루살렘 성전이 파괴되며 사두개파는 종말을 고하게 된다.

찰스 파이퍼에 의하면, 오늘날의 유대교 근원은 바리새파라고 한다. 이들은 구약성경의 대부분을 받아들였다. 그들은 정치권력은 없는 경건한 평신도들이었다. 또한 율법을 엄하게 준수하다 보니 자만으로 인해 매사에 오만불손했던 것이 흠이었다. 혹자[162]는 바리새인들은 하나님의 말씀에 무엇을 더하려는 반면, 사두개인들은 성경에서 무엇인가를 빼려는 사람들이라고 정의했다.

에세네파는 수도원적인 공동체(쿰란동굴) 생활을 했다. 그들의 일부는 폭력적이었고 일부는 평화를 고수했던 독특한 사람들이다. 우리가 잘 알고 있는 세례 요한은 이 에세네 출신이다.

한편 마카비 왕조에 이은 하스몬 왕가는 아리스토블루스 1세(Aristobulus, BC 104–103)로 시작된다. 1년 후 그가 병사하자 그의 아내는 아리스토블루스의 세 동생 중 가장 나이 많은 알렉산데스 야나이우스(BC 103–76)와 결혼한다. 이후 31년간 왕의 자리에 있다가 BC 76년에 죽는다. 이후 아리스토블루스 2세가 등극하는데 그는 왕과 대제사장직을 겸직한다.

이후 로마의 전쟁영웅 폼페이우스(Pompeius, BC 106–48)가 유대를 점령하는데 그는 아리스토블루스 2세 대신 힐카누스 2세의 손을 들어주었다. 당시 눈여겨봐야 할 인물이 헤롯 가문의 원조인 안티파터이다. 그는 이두매인으로 유대교로 개종한 사람이었다. 그는 힐카누스 2세의 오른팔이었다. 한편 폼페이우스는 안티파터와 그의 두 아들 파사엘루스와 헤롯을 유대 땅 전체의 총독으로 임명했다.

역사의 시간이 흐르는 동안 온갖 잔머리를 굴리며 여기 붙었다 저기 붙었다를 반복하던 안티파터는 열정적인 유대인에게 암살당한다. 그러자 두 아들은 도망쳤다. 그들 형제는 안토니우스의 도움으로 재기했다가 여의치 않자 형은 동생을 위해 장렬한 최후를 맞는다. 동

162) 존 스토트는 말년에 '지옥이 없고 영혼은 멸절된다'고 하며 안식교 교리를 주장했다.

생 헤롯을 살리기 위해 형 파사엘루스는 돌에 머리를 박아 자결했던 것이다. 구사일생으로 살게 된 헤롯은 아리스토블루스 2세의 아들인 안티고누스를 안토니우스에 의해 참수당하게 한다. 그리하여 하스몬 왕조는 126년 만에 끝이 났다. 이후 유대의 권력은 온전히 이두매(에돔 사람을 뜻하는 헬라어) 사람 헤롯의 손에 넘어가고 말았다.

한편 헬라가 역사적으로 막을 내린 후 로마는 120년 동안 3차에 걸친 카르타고와의 포에니 전쟁에서 승리한다. 결국 로마는 BC 2세기 중반이 되어서야 제국에로의 길이 열리게 되었다. 또한 율리우스 카이사르의 양자였던 옥타비아누스가 로마의 초대황제가 되었는데 이때 원로원체제가 제정으로 바뀌었다. 총독제도도 생겼다. 로마는 특히 유대의 통치는 분봉왕과 함께 총독을 보내어 정치와 군사를 맡게 하였고, 종교는 유대의 대제사장에게 맡기는 정책을 썼다. 그리하여 헤롯이 유대의 분봉왕으로 갔던 것이다. 그는 총독과도 대제사장과도 무리 없이 잘 지냈다. 헤롯 대왕은 BC 40년에서 BC 8년까지 유대를 다스렸다.

헤롯 대왕의 정치적 감각은 짐승만큼이나 본능적으로 뛰어났다. 악티움 해전 때는 위험을 무릅쓰고 그동안 줄을 탔던 안토니우스에서 옥타비아누스로 갈아탔다. 그 예상은 적중했다. 그 후 헤롯은 자신의 아들들에게 분봉왕의 자리를 세습했다. 당시 분봉왕은 유대 종교지도자들과 유대의 민중들과 로마에서 파견한 총독의 마음에 모두 들어야만 했다. 그렇기에 마냥 좋은 자리는 아니었다. 성경에 나오는 익숙한 로마의 총독들은 다음과 같다. 로마의 두 번째 황제 티베리우스가 파견한 총독이 폰티우스 필라투스(Pontius Pilate, 본디오 빌라도)인데 사도신경 때마다 늘 들리는 익숙한 인물이다. 사도행전에 바울과 함께 등장하는 총독은 펠릭스(Felix, 벨릭스)와 베스도(Festus)이다.

한편 유대인들은 이런 상황 속에서 안정은커녕 너무 고달팠다. 쓸데없이 많은 지도자인 로마 황제, 분봉왕, 총독, 그리고 유대의 대제사장들로부터 폭정을 당했다. 세금에다가 고역이 더해져 힘든 나날을 보냈다. 결국 그들은 안정을 갈구하게 되고 진정한 왕이 다스리는 나라를 꿈꾸게 된다. 그러다 보니 메시야를 더욱 대망하게 되었던 것이다. 그런 그들에게 세례 요한을 통해(눅 3:1-2) 메시야의 도래가 선포되었다. 그리고 역사적으로 BC 4년에 예수님은 인간으로 이 땅에 오셨다.

15강

예수 그리스도 언약의 성취와 완성 시대

열세 번째가 초림의 예수님이 인간으로 오신 언약의 성취 시대이다.

언약이란 '말에 대한 약속'으로 성경의 언약은 하나님께서 일방적으로 베풀어주신 약속이다. 6대 언약으로 이루어진 성경은 종국적으로 초림인 예수 그리스도의 구속사역과 다시 오실 심판주 예수 그리스도의 재림에 초점이 맞추어져 있다. 이를 예수 그리스도의 새 언약이라고 한다.

'하나님과 같이 되려 했던' 아담의 타락으로 전 인류와 피조계는 함께 저주(영적 죽음)를 받았다. 역사의 유일한 의인이신 예수님이 십자가에서 대신 죽음으로 우리는 죄사함[163]을(롬 5:12–19) 얻게 되었다. 이것이 언약의 성취이다. 이후 부활하셔서 승천하신 예수님의 재림으로 언약이 완성된다.

구약성경에는 세 가지 언약 형태가 나타난다.

첫째, 양쪽이 동등하게 맺는 언약(삼상 18:3-4).

둘째, 유력한 쪽의 일방적인 언약(겔 17:13-14).

셋째, 하나님께서 일방적으로 행하신 언약.

이중 하나님과 사람 간의 언약은 당신만이 신실하게 행할 것을 약속한 은혜언약[164](the Covenant of Grace, 恩惠言約)이다.

은혜언약이란 전적인 은혜(엡 2:8)란 의미가 전제된 것으로 하나님의 일방언약 혹은 편무언약(片務言約)이라고 한다(히 6:17). 인간의 노력은 필요 없다는 것이다. 구속의 계획, 성취 및 인치심은 삼위 하나님의 사역이며(기능론적 종속성, 엡 1:3-5, 요 16:7-8, 19:30) 택한 사람을 향한 하나님의 구원은 영원한(삼하 23:5, 창17:9) 것으로 폐기되지 않는다. 그 삼위 하나님이 바로 우리의 주인이고 우리는 그의 백성이다(렘 31:31-34, 창 17:7).

---

163) 인류의 대표 아담이 죄를 지을 때 우리는 그의 허리에 있었다. 그러므로 우리도 죄를 지었다. 역사상 유일한 의인이신 예수님이 십자가에 못 박히실 때 우리도 함께 죽었다. 그리고 부활하심으로 승리하셨다. 우리도 살아났고 예수님 안에서 승리의 삶을 살게 되었다. 이를 연합의 원리 혹은 대표의 원리라고 한다.

164) 은혜언약(恩惠言約, the Covenant of grace), 《교회용어사전 : 교리 및 신앙》, 생명의 말씀사, 2013.

할렐루야!

특히 예레미야 31장 31-34절에서의 새 언약은 하나님께서 이스라엘의 집을 세울 것을 말씀하셨다. 그 새 언약이 AD 30년경 고린도전서 11장 25절에서 말씀하신 예수 그리스도의 피로 세운 새 언약이다. 그렇기에 유월절 어린양 되신 예수님은 십자가에 달리시기 전 마지막 만찬에서 "이 잔은 내 피로 세우는 새 언약이니 곧 너희를 위하여 붓는 것이라"(눅 22:20)고 하셨다. 그 언약은 돌판이 아닌 마음판에 새기는 것이다.

새 언약은, 예수님을 통해 이루실, 하나님과 그의 백성들이 맺은 언약이다. 이제 새 언약의 성취자이신 예수님을 믿는 자마다 죄사함을 받고(행 10:43, 롬 11:27) 구원을 얻게 된다(사 43:25, 요 5:24, 요일 1:9). 그 예수님은 모든 것을 이루시고 죽으셨다. 부활하시고 승천하신 후 예수의 영인 보혜사 성령님(요 14:16-17, 26, 15:26, 16:13, 욜 2:28)을 보내주셨다. 그렇기에 언약의 성취는 예수 그리스도와 예수의 영인 보혜사 성령님으로 나타났다고도 말한다.

은혜언약 외에 행위언약[165](行爲言約, the Covenant of Works)도 있다. 대표적인 행위언약이 아담언약인데, 선악과언약 혹은 율법언약이라고도 한다. 그것은 하나님의 명령에 대한 순종과 불순종에 따른 영생과 죽음을 두셨다는 것이다.

---

165) 행위언약(行爲言約, the Covenant of Works). 《교회용어사전: 교회 일상》, 생명의말씀사, 2013.

마지막 열네 번째가 언약의 완성 시대이다.

예수님이 오시면 역사도 개인의 모든 것도 끝이 난다. 재림 후 그분은 우리를 미래형 하나님나라로 데려가실 것이다. 요한계시록은[166] 22장, 404구절로 구성된 책으로 계시 혹은 묵시적 성격과 예언적 성격으로 나누어 해석할 수 있다.

적절한 균형점을 찾되 개혁주의적 관점에서 묵시적으로 해석하는 것이 나는 바람직하다고 생각한다. 우리가 살아가는 이 시대가 바로 묵시적 시대(apocalyptic age)이기 때문이다.

요한계시록은 단순히 예수님의 재림 전후에 일어날 일을 기록한 것은 아니다. 재림의 시간에 맞춘 사건의 순서는 더더욱 아니다. 종말에 일어날 일을 다각도로 보여준 것이다. 다시 말하면 예수님의 초림에서 재림 전까지의 종말을 여러 면에서 반복하여 보여준 것이다. 우리는 하나님이 주인 되시는 어느 곳에서든지 '하나님의 소망'에 적극적으로 동참해야 한다. 단순히 우리가 품고 있는 소망을 하나님께 구하라는 것이 아니다. 오히려 하나님이 우리에게 준 소망을 붙잡으

---

166) 계시 혹은 묵시(계1:1, The Revelation, Ἀποκάλυψις)는 조직신학적 용어로 종말에 일어날 일의 궁극적인 면을 말하였다. 다시 말하면 종말을 여러 각도에서 본 것이다. 그러므로 묵시문학의 형태는 함축적인 그림으로 잘 보여준다. 반면에 예언(계 1:3, The Prophetic, προφητείας)은 하나님의 계획이 선지자를 통해 역사적 시간 속에서 점진적(순차적)으로 주어졌다고 보는 것으로, 연대기적이며 미래에 일어날 일을 먼저 보여주셨다. prophecy는 선지자적 예언이고 prediction은 단순한 미래에 대한 예견이다. 그러나 실제적 '예언'이란 단지 미래에 대한 사건을 미리 말하는 것이 아니라 하나님의 말씀을 대언하는 것이다. 그것은 미래에 관한 것일 수도 있고 현재의 죄를 지적하고 회개를 촉구하는 것일 수도 있다. 《요한계시록 신학》, 리차드 보캄, 이필찬 옮김, 한들출판사, 2000.

라는 것이다.

오늘날은 진화론, 유물론의 산물인 물질주의에 의해 청년들이 많이 황폐화되었다. 청년들의 관심사를 보면 적나라하게 드러난다.

대부분의 청년들은 한 번 인생을 먹기 위해 사는 듯 보인다. 그들 삶의 최고 목표는 직장인 듯 보인다. 번듯한 직장을 구하기 위해 거의 인생의 절반을 땀 흘리며 공부하며 지낸다. 그리하여 돈을 벌어 편안한 삶을 누리고자 한다. 모든 목표는 오로지 돈이다. 그 와중에 크리스천 청년들조차도 돈을 잘 벌고 성공하기 위해 하나님을 믿는 듯하며 그렇게 조르듯 기도하는 경향이 있다.

바야흐로 물질주의로 인해 기독교가 위기를 맞고 있는 셈이다. 게다가 천민자본주의로 인해 오늘날의 기독교는 만신창이가 되었다. 그것은 우리로 하여금 복음을 자랑하지 못하게 하며 예수님을 향한 헌신과 사랑마저 앗아가버렸다.

그렇다면 지금 우리는 어떻게 살아갈 것인가?

육신적 연약함이 상존하기에 세상을 온전히 외면할 수는 없다. 그렇다고 세상과 타협할 수도 없다. 명확한 답은 없으나 선명한 기준은 있다. 그것은 미래형 하나님나라를 꿈꾸며 확신하며 지금 오직 말씀만을 붙잡는 것이다. 더 나아가 매일 매 순간 다가오는 영적 싸움을 피해 도망 다니지 말아야 한다. 하나님께서 주셨던 언약의 성취와 완성인 예수 그리스도의 새 언약을 붙잡자. 복음과 십자가를 자랑함으로 현재형 하나님나라를 확장하며 미래형 하나님나라를 향해 성령님을 의지하며 날마다 한걸음씩 전진해야 할 것이다.

종국적으로 언약의 완성 미래형 하나님나라에서 예수님 안의 모든 지체가 다 만나게 될 그날까지.

4부

주마가편(走馬加鞭)

연대별로 신구약의 전체 흐름 읽기

16강 BC 4000 – 1500년 기간

17강 BC 1500 – 605년 기간

18강 BC 605 – 4년 기간

19강 BC 4 – 재림 전 기간

16강

BC 4000 ~ 1500년 기간

시대별로 성경의 맥과 흐름을 보는 것은 중요하다. 그에 못지않게 역사의 시간, 즉 연대기(chronicle, 年代記)로 성경의 흐름과 핵심을 짚어가는 것도 중요하다.

반복되는 면이 있지만 그러기에 더욱 연대를 생각하며 시대별로 성경을 묵상하면 계시해주시는 하나님의 마음을 더 잘 읽을 수 있다. 달리는 말에 채찍질(주마가편)이다.

천지창조로부터 초대교회를 거쳐 현대(2019년)에 이르기까지 연대별로 성경의 전체 흐름을 살펴보자. 3부의 시대별로 보았던 성경의 내용과 중복되나 시대와 연대를 함께하며 다시 복기하려고 한다. 주마가편이다.

BC 4000년경 인간의 역사는 시작[167]된다. 성경을 문자적으로 해석하는 입장에서는 천지창조의 시점을 BC 4000년으로 생각한다.[168] 이에 대해 다양한 의견은 덮어두겠다. 분명한 것은 역사의 주관자이신 하나님만이 창조주라는 것이다.

어리석을 뿐 아니라 탐욕으로 가득 찬 인간은 하나님이 되려다 에덴동산에서 쫓겨난다. 그 결과 아담 이후 태어난 모든 인간은 '영적 죽음' 상태가 된다. 이런 인간에게 기회를 주셔서 창세기 3장 15절에 아담언약[169]을 허락하셨다. 아담언약은 사람을 구원하고자 주신 최초의 원시복음이다.

> "내가 너로 여자와 원수가 되게 하고 너의 후손도 여자의 후손과 원수가 되게 하리니 여자의 후손은 네 머리를 상하게 할 것이요 너는 그의 발꿈치를 상하게 할 것이니라 하시고" _창 3:15

---

167) 요한복음 1장 1절의 태초는 아르케(ἀρχῆ)로서 역사가 시작되기 전, 다시 말하면 시간과 공간이 창조되기 전을 말한다. 그것은 우리의 논리를 뛰어넘는 태초인 반면에 창세기 1장 1절의 베레쉬트(בְּרֵאשִׁית)는 시간이나 우주 공간이 시작된 이 세상의 시작점을 말한다. 즉, 요한복음의 태초는 누가 처음에 이 세상에 존재했느냐에 초점이 있다면, 창세기는 태초에 무슨 일이 일어났느냐에 방점이 있다.

168) 사실 인간의 역사가 언제 시작되었는지에 대해서는 복음주의 안에서도 다양한 관점이 존재한다. 그러나 이는 이 책의 초점이 아닐 뿐더러 인류 기원에 대한 여러 논쟁의 실익이 주 논제가 아니기에 한국 기독교에서 많이 수용하고 있는 입장인 문자적 해석을 따라 기술했다.

169) 성경은 6대 언약으로 이루어졌다. 아담언약으로 시작하여 예수 그리스도 새 언약에 이르기까지 모두가 다 하나님의 일방적인 언약으로 편무언약이라고도 한다. 그렇기에 성경의 언약은 모두가 다 은혜언약이기도 하다.

창세기 3장 1~14절은 '하나님과 같이' 되려다가 죽게 된 인간의 타락 이야기다. 여기서 영적으로 죽은 사람을 육신(창 6:3) 혹은 육체라고 하며 히브리어로 아담(אָדָם)이라고 한다. 땅(ground or land)의 히브리어가 아다마(אדמה)이다. 결국 말놀이(word play)를 통해 의미를 전달하셨다. 영이 죽은 육신(아담, אָדָם)은 땅(아다마, אֲדָמָה)에 불과하다는 것이다. 더 나아가 그 실체는 먼지 혹은 마른 흙(아파르, עָפָר)이라는 것이다. 반면에 영적으로 부활된, 성령님(생기, 루아흐, 니쉬마트)을 소유한 사람은 아담이 아니라 네패쉬 하야(נֶפֶשׁ חַיָּה:) 혹은 아담 네패쉬(אָדָם נֶפֶשׁ every soul of man)이다.

BC 3000년경 노아가 600세 되던 해, 홍수 심판이 주어졌다.

에덴동산에서 쫓겨난 아담과 하와는 동침하여 아이를 낳고, 10대손인 노아 때 홍수 심판이 일어난다. 홍수 전후로 2중언약인 방주언약(구속언약(창 6:8))과 무지개언약(창 9:8–17)도 주어진다.

창세기 4장부터 홍수 전 창세기 6장까지 수백 년의 수명을 가진 인간들은 부지런히 후손을 낳으며 생육하고 번성(창 6:1)했다. 이와 병행하여 점점 더 죄악도 일삼았다. 더 나아가 하나님을 경외하고 찬양하는 대신 슬그머니 네피림 사상[170]으로 하나님을 격노케 했다. 뿐만 아니라 사람들의 죄악이 극에 달하자 하나님은 탄식하셨다. 창세기 6장 5-7절은 당시 상황을 이렇게 설명한다.

---

170) '네피림 사상'이란 사람(육신, 육체)이 전능하신 하나님을 대신하는, 눈에 보이는 영웅을 숭배하는 '영웅숭배 사상'을 말한다. 네피림 사상은 육신을 설명할 때 언급했듯이 세상적 가치관으로 크기(거인 혹은 네피림), 강함(용사), 명성(유명한 사람)을 추구함을 말한다. 《라이프성경사전》, 가스펠서브, 생명의말씀사, 2006.

"여호와께서 사람의 죄악이 세상에 관영함과 그 마음의 생각의 모든 계획이 항상 악할 뿐임을 보시고 땅위에 사람 지으셨음을 한탄하사 마음에 근심하시고 가라사대 나의 창조한 사람을 내가 지면에서 쓸어버리되 사람으로부터 육축과 기는 것과 공중의 새까지 그리하리니 이는 내가 그것을 지었음을 한탄[171]함이니라 하시니라" _창 6:5-7

그리하여 하나님은 전 지구적 홍수 심판(창 7, 8장)을 하셨으나 아담언약을 기억하셔서 노아를 선택하여 방주를 짓게 하셨다. 당시 노아는 당대의 사람들과 별반 다르지 않았다. 그러나 노아는 하나님께 은혜를 입었다. 게다가 노아언약까지 받았다. 결국 소명에 응한 노아와 그 식구들은 구원을 얻게 된다. 순종이 제사보다 낫다는 말을 하고 싶은 것이다.

홍수 후 하나님은 거듭하여 "너희는 생육하고 번성하여 땅에 가득하여 그중에서 번성하라(창 9:7)"고 말씀하셨다. 이는 창세기 1장 28절의 "하나님이 그들에게 복을 주시며 그들에게 이르시되 생육하고 번성하여 땅에 충만하라 땅을 정복하라 바다의 고기와 공중의 새와

---

171) 여기서 '한탄'의 히브리어는 니하메티(נִחַמְתִּי)로서, 나함(נָחַם)에서 유래되었다. 후회라는 뜻도 있으나 "하나님은 후회가 없으시다"고 민수기 23장 19절은 말씀하셨다. NASB Lexicon을 보면 오히려 console oneself라는 의미로 훨씬 많이 사용되었음을 알 수 있다. 그러므로 하나님의 한탄(후회)이란 부성애적 표현으로 못난 자식을 바라보는 아버지의 마음을 스스로 달래셨다는 의미이다. 그렇기에 홍수 심판은 용서와 사랑을 내포한 회복을 원하신 아버지 하나님의 바람이었던 것이다. 1부 2강에서 잠깐 설명하였다.

땅에 움직이는 모든 생물을 다스리라"고 아담에게 말씀하신 문화적 위임 명령(cultural mandate)과 동일하다. 소위 아담언약의 갱신 혹은 회복이다. 이런 점에서 보면, 아담이 '창조'라면 노아는 '재창조'라고 말할 수 있을 것 같다. 노아 홍수는 인간 편에서 볼 때 하나님께 순종할 수 있는 또 한 번의 기회였다.[172] 첫 창조의 회복을 기대하는 아버지 하나님의 마음을 읽게 된다.

그런데 창세기 11장에 오면 인간의 교만은 다시 바벨탑으로 나타났다. 이를 나는 '바벨 사상'이라고 명명한다. 그들은 성과 대를 쌓되 대 꼭대기를 하늘에 닿게 했다. 게다가 자신의 이름을 내고 인간이 온 지면에 흩어짐을 면하게 하려고 했다. 여호와께서는 이런 그들을 보시고 다시 개입하셨다(창 11:4-5). 여기서 "성과 대를 쌓았다"는 것은 우상숭배를 의미한다. "대 꼭대기를 하늘에까지 닿게 했다"는 것은 인간의 힘으로 하늘에 갈 수 있다는 지독한 교만을 말한다.

바벨탑을 쌓은 인간의 의도를 조금 더 살펴보자.

창세기 28장 12절에는 비슷한 이미지가 나온다. 하늘과 땅 사이에 연결된 사닥다리 이야기이다. 그 사닥다리는 하늘까지 쌓아올린 바벨탑을 연상시킨다. 이는 벧엘에서의 야곱의 꿈 이야기이다.

야곱은 자신의 욕심 때문에 아버지 이삭의 집을 떠나야만 했다. 밧단아람의 주요도시 하란으로 가던 중 지쳐서 잠을 자게 된다. 꿈에

172) 나는 이 부분을 오늘날의 입시 상황을 빗대어 하나님의 편에서 볼 때 '하나님의 재수시대'라고 하였다.

하늘로부터 자신에게로 내려온 사닥다리를 본다. 거기에는 하나님의 사자가 오르락내리락하고 있었다. 이는 하늘의 하나님께서 땅의 인간 야곱을 찾아왔다는 의미이다. 사닥다리는 예수님을 의미[173]하는데, 하나님과 인간 사이의 영적 가교인 예수님이다. 그분은 하늘로부터 우리를 찾아오셨던 것이다.

이에 반하여 바벨탑은 인간의 노력으로 하늘에까지 올라가는 것이다. 그것은 오실 예수님을 갈망하기보다는 인간의 힘으로 하늘에 가겠다는 전형적인 교만이다. 결국 예수님 없이도 하늘나라에 갈 수 있다는 착각이다. 그러므로 바벨탑 사상은 하나님께 정면도전한 또 하나의 "하나님과 같이 되려고"한 창세기 3장 5절의 반복이요 영웅숭배로 하나님의 속을 썩게 만들었던 창세기 6장 4절의 '네피림 사상'이다.

그렇기에 하나님은 친히 강림하셔서 인간의 역사에 개입하셨던 것이다. 또한 자신들의 이름을 내고 온 지면에 흩어짐을 면하자고 한 것은 하나님의 창조원리에 정면 도전한 것이다. 창세기 1장 28절과 9장 1절에는 "생육하고 번성하여 땅에 충만하라"는 말씀이 나온다. 이는 온 땅에 흩어지라는 하나님의 명령이었다. 그러나 못된 인간은 그

173) 창 28장 12절과 거의 비슷한 이미지가 요한복음 1장 51절에 나온다. 차이가 있다면 신약에는 사닥다리가 없다. 그것은 이미 초림의 예수님이 오셨기에 하나님의 사자가 구약의 사닥다리 대신에 인자(예수님) 위에서 오르락내리락하는 것이다. 또한 창세기의 예수님을 예표한 사닥다리나 요한복음의 예수님을 통하여 우리는 하늘의 하나님께로 나아갈 수 있게 되었다. 길이요 진리요 생명이신 예수님을 다시 확인하게 된다.

명령을 보기 좋게 거절해버린 것이다. 이에 하나님은 인간들의 언어를 혼잡케 해서 서로 소통하지 못하게 했고, 그 결과 온 지면에 흩어지게 된다.

당시 하나님의 '흩어버리심'은 인류에게 엄청난 징벌로 보였다. 그러나 아담언약과 노아언약을 기억하셨던 역사의 주관자 하나님은 당신의 섭리와 경륜을 이어간 것이다.

역사의 시간이 흘러 신약에 들어서니 그 '흩어짐'에 대한 하나님의 경륜이 선명하게 드러났다. 그것은 "땅끝까지 이르러 내 증인이 되라"는 '하나님의 선교적 명령'이었다. 복음이 전 세계에로 전파되길 원하시는 아버지 하나님의 마음이었던 것이다. BC 2000년이 되자 이방인이던 아브라함이 하나님의 택하심으로 선민이 되어 역사의 전면에 등장하며 족장 시대가 펼쳐진다.

역사의 주관자 하나님은 바벨탑 사건으로 인간들에게 실망이 크셨지만, 당신의 언약(아담언약, 노아언약)을 기억하셨다. 그리하여 갈대아 우르('불'이라는 뜻)라는 이방 땅에서 우상을 섬기며 살던 아브람을 택하시고 부르신다. 이때 아브람의 나이는 약 50세로 추정한다. 아브람은 그 아버지 데라와 고향 땅 우르를 떠나기는 했으나, 티그리스 강과 유프라테스 강 사이에 발달했던 인류의 4대 문명 중 하나, 곧 메소포타미아 문명이 절정을 이뤘던 도시 하란(밧단아람 지역)에서 25년간 눌러앉는다. 하나님은 그곳에서 아버지 '데라'를 '데려'(word play는 참 재밌다)가신다. 결국 아브람의 나이 75세가 되어서야 가나안에 들어간다. 그것도 "여호와의 말씀을 좇아갔다"는 창세기 12장 4절 말씀을 보면, 그가 순종했다기보다 강권적인 하나님의 인도하심으로 간 것으로 보인다. 왜냐하면 '좇아갔다'라는 말은 '이끌리어 갔다(할라크, 동행)'라는 의미이기 때문이다.

BC 2000년경 창세기 12장과 15장, 17장을 통해 하나님은 아브라함에게 일방적인 3중언약을 주신다. 창세기 21장에 이르러는 마침내 약속의 후손 이삭을 주셨다. 기쁨과 환희의 웃음과 함께. 그리고 이삭에게는 쌍둥이 아들을 주셨다. 하나님은 동생 야곱은 선택하고 형인 에서는 '유기'(遺棄)하셨다(창 25:23, 롬 9:10-18).

얼핏 생각하면 선택과 유기 교리는 정말 많이 불편하다. 이로 인해 많은 소모적 논쟁이 벌어졌다. 하나님의 공의와 사랑이 공격받기도 한다. 물론 이해하기 어려운 것은 틀림없다. 버려짐(유기)이라는 말은 사랑의 하나님과 연결하기 어렵고 보편적인 인간 정서와 상식으로도 받아들이기 쉽지 않다.

그동안 나는 청년사역을 하며 선택과 유기에 대해 "아니, 하나님이 다 정해 놓으신 것이냐"며 당황해하고 불쾌함을 숨기지 않는 많은 청년들을 만났다. 자신이 선택된 것은 그렇다고 치더라도 "도대체 저 사람은 왜?"라며 격앙된 목소리로 대들 듯이 물어왔다. 나 또한 당황하여 '미안하다'라고 어물거리기(hesitate) 일쑤였다. 그러다가 하나님이 주신 지혜로 "내가 안 그랬다!"라며 웃어넘겼다.

선택과 유기 교리를 이해할 수 있는 범위 내에서 최선을 다해 설명해보겠다.

우선 타인을 바라보며 하나님을 비난하는 것은 곤란하다. 선택

교리는 나에게만 적용해야 한다. 무조건적 은혜와 저항할 수 없는 은혜로 전혀 의롭지 않은 나를 택하셔서 지금의 이 자리에 있게 하신 하나님께 감사하는 것이다. 또한 택함받은 나는 더 크고 막중한 책임, 아직 돌아오지 못한 사람들을 하나님께로 인도해야 할, '화목하게 할 직책(고후 5:18-19)'을 부여받았음을 알아야 한다.

이것을 오해하여 마치 '난 선택되었으니 그만이다'라거나 '아직 선택되지 않은 자들은 영원히 버린 것이냐'라고 속단하며 입에 거품 물 일은 아니라는 것이다. 거품을 무는 청년들과 대화하다 보니 그들에겐 공통점이 있었다. 그들은 마치 하나님은 불공평하고 자신은 하나님보다 더 공평하다는 듯 말하곤 했다. 나는 이런 청년들이 정말 헷갈렸다.

선택과 유기는 하나님의 주권 영역이다. 어차피 우리는 하나님의 뜻을 모두 다 이해할 수 없다. 하나님의 뜻이 이해 안 될 때는 신뢰하고 나아가면 된다.

우리가 할 일은 복음과 십자가 자랑뿐이다. 자라고 열매 맺게 하시는 분은 하나님이시다. 죽을 수밖에 없던 나를 택해주신 그 은혜와 그 사랑에 빚진 자로 살아가는 것이다. 야곱을 언약 가문의 장자로 택한 것은 야곱만 구원하려는 것이 아니라 야곱 가문을 통해 열방을 구원하려는 아버지 하나님의 경륜임을 알아야 한다.

유기 교리의 경우는 조금 더 난해할 뿐더러 속상해하는 청년들이 훨씬 더 많았다. 그러기에 에서가 구속사의 주역으로 선택받지 못한 이유를 하나님의 주권이라는 측면만 들이대면 결정론

(Determinism)[174]으로 공격을 한다. 그러면 공의와 사랑이라는 하나님의 성품이 오해될 소지도 생긴다. 그렇더라도 억지 해석하여 하나님을 대변하려는 좋은 마음보다는 하나님의 주권을 조심스럽게 견지하는 것이 바람직하다.

그래도 청년들이 불편해할 것 같아 성경 글줄 사이를 통해 유기 교리를 변명해보겠다.

창세기 25장 31-34절에 의하면 에서는 야곱에게 떡과 팥죽을 받고 장자의 명분을 팔았다. 성경은 "에서가 장자의 명분을 경홀히 여김이었더라"고 말씀하고 있다. 당시 장자의 명분은 하나님의 언약의 상징이었다. 그러나 에서는 그것을 경홀히 여겼다. 다시 말하면 보이는 팥죽을 보이지 않는 하나님의 언약보다 귀하게 여겼다는 것이다. 명분보다 실리가 먼저였다는 것이다.

여기서 '경홀'이라는 단어에 유의해야 한다. 히브리어로 바자(בָּזָה, despised)인데 '망령되다'는 의미다. 출애굽기 20장 7절은 망령된 것을 죄라고 지적했다. "하나님 여호와의 이름을 망령되이 일컫는 자를 죄 없다 하지 아니하리라"고 하셨기 때문이다. 히브리서 12장 16절은 한 그릇 음식물을 위해 장자의 명분을 판 에서를 역시 '망령되다'고 했다. 헬라어로 베벨로스(βέβηλος, godless person)라고 한다. 이는 하나님을 아무렇지 않게 여기는 것이다. 마치 문지방을 밟고 지나다니듯 하

174) 인간의 행위를 포함하여 이 세상에서 일어나는 모든 일은 우연도 선택도 아니라 인과관계의 법칙, 즉 앞서 일어난 원인에 의해 결정된다는 것이다. http:/www.doopedia.co.kr

나님을 취급했다는 의미이다. 이를 '망령되다'라고 한다.

에서의 경우, 명분을 버리고 실리를 선택했는데 먼저는 그 책임에서 자유로울 수 없다. 더 나아가 망령되기까지 했다. 결국 에서에 대한 하나님의 유기는 상식적으로 보아도 타당하다는 것을 변호하기 위해 이렇게까지 설명했다. 이런 변증의 노력을 보시며 우리의 마음 깊은 것까지도 감찰하는 하나님의 웃는 인자한 표정이 상상된다.

문제는 매사 이렇게 설명하다 보면 죄인 된 인간은 하나님의 주권 앞에서 마음 안 들거나 불만 있을 때마다 설명을 요구하고 자신의 이해를 구하라고 말하게 될 것이다. 이는 월권이다.

결론적으로 하나님의 주권은 우리가 선택했기에 결과를 주시고 선택 안 했기에 안 주시는 것이 아니다. 하나님의 주권은 우리의 생각과는 다르다. 그분은 당신의 섭리와 경륜[175]으로 역사를 주관하신다. 하나님의 주권을 다음의 문장으로 요약하겠다. 미묘한 차이점을 깊이 묵상해보길 바란다.

하나님은 항상 옳은 일을 하시는 것이 아니다.
하나님의 하시는 일은 다 옳다.

선택과 유기 교리뿐 아니라 하나님의 섭리는 인간의 이해범주를 훨씬 넘어선다는 사실을 명심해야 한다. 그렇기에 하나님의 주권과

---

175) 섭리와 경륜은 비슷한 개념이나 섭리가 훨씬 큰 개념이다. 역사의 주관자 하나님은 당신의 섭리 하에 방향과 의도, 목적을 가지고 경륜을 이어가신다.

섭리 앞에서는 그저 순복뿐이다. '그래도~'라는 인간적인 이론과 자신의 학문적 업적에서 나오는 얄팍한 모든 생각을 떨치고 그리스도에게 복종하자(고후 10:5).

한편 야곱을 살펴보면 그 선택에 있어 누가 보더라도 고개가 갸우뚱거려지는 것이 사실이다. 그런데 하나님은 왜 야곱을 선택했을까? 물론 정확히 알 수 없다. 그렇게 말하는 것이 정직하다.

확실한 것은,
하나님이 하시는 모든 일은 다 옳다.

문제는 하나님의 택함을 받았다고 하여 모두가 다 탄탄대로의 인생을 보장받지 않는다는 것이다. 이는 야곱의 인생을 통해 확실히 알 수 있다. 성경을 가만히 보면 야곱이야말로 그 누구보다 인생의 쓰디쓴 맛을 경험하며 험한 삶을 살았다. 그중에서도 가장 깊은 암흑의 인생 골짜기는 가장 사랑했던 아내 라헬로부터 얻은 아들 요셉을 잃었던 일이 아닐까 생각한다. 게다가 가장 사랑했던 아내 라헬도 일찍 자신의 곁을 떠났다.

우리가 인생에서 일어나는 일들을 모두 다 이해할 수 없듯이 야곱 역시 당시에는 자신에게 찾아온 시련에 어리둥절했을 것이다. 훗날 애굽에서 총리가 된 요셉을 만나고서야 지난 일들이 하나님의 섭리였음을 알게 되지만.

한편, 처음에는 요셉도 자신의 삶을 이해할 수 없었다. 한창 부모의 사랑을 받을 17세에 형들의 미움을 사 억울하게 이집트로 끌려갔음에랴….

먼 이국땅 애굽에서의 나날은 요셉에겐 절망과 한숨의 연속이었을 것이다. 끊임없이 계속되는 일들 속에서 육체적 고됨은 차치하고라도 향수병이나 부모와 동생 베냐민에 대한 그리움은 살을 후벼 팠을 것이다. 사별이 아니었기에 더욱 사무치는 그리움은 말로 표현하기 힘들었을 것이다. 이 모든 처절한 상황과 환경에도 불구하고 요셉은 하나님을 붙잡았고 하나님은 언제나 요셉과 함께하셨다. 요셉은 일관되게 면전의식(Coram Deo)으로 살았다.

그는 처음 시위대장 보디발의 집에 팔려갔는데 보스였던 대장의 아내가 유혹했다. 피가 펄펄 끓는 청년이 여인의 유혹을 물리치기란 쉽지 않았을 것이다. 게다가 '누이 좋고 매부 좋은' 경우가 될 수도 있었다. 그러나 요셉은 면전의식 속에서 지속적으로 상황을 잘 피해 다녔다. 가만히 보면 요셉은 누가 보더라도 예수님을 모형하는 사람인 것이 틀림없다. 그러나 요셉 이야기를 이런 관점에서 보면 하나님의 동행하심과 크신 은혜는 묻히게 된다. 성경은 인간을 드러내어서는 안 된다. 오로지 하나님만 드러내야 한다.

요셉 이야기에서 중요한 점은 태도나 자격이 어떠했느냐가 아니라 변함없는 하나님의 함께하심(אֵת)과 동행하심(הָלַךְ)이다. 그런 요셉을 주변의 사람들은 단박에 알아보았다(창 39장). 성경은 "여호와께서 그와 함께하심을 보며 또 여호와께서 그의 범사에 형통케 하심을 보았더라"고 말씀하셨다.

결국 하나님의 경륜은 택한 백성의 삶에서 고난을 제거해버리는 데 있지 않다는 것을 기억해야 한다.

또한 성경에 나오는 '형통함'(창 39:2–3, 23)의 의미를 구분할 필요가 있다. 형통함의 히브리어는 둘인데 그 의미가 극명하게 다르다. 세상적 형통과 하나님의 형통이다. 전자는 셸라우(욥 12:6, שָׁלֵו)라고 하며, 후자는 첼리하(창 24:42, צָלַח, 창 39:2, 3, 23)라고 한다.

세상적 형통이란 번영과 풍요, 승승장구함, 소위 잘 나감을 말한다. 반면에 하나님의 형통이란, 하나님의 계획이 나(me)를 통하여 과정이 진행(~ing)되어가고 종국적으로 완성되는 것이다. 그러다 보니 하나님의 형통은 그 과정이 아플 수도 있다. 그렇기에 우리는 삶을 살아가다 혹시 돌발 상황이 생기더라도 너무 당황하지 말자. 그 돌발 상황은 우리를 형통케 하시려고 허락하신 하나님의 훈련과정이기 때문이다. 그러므로 고난이나 심지어 인간적으로 볼 때 간혹 실패처럼 보여도 하나님의 형통이라면 틀림없이 아름다운 결과로 인도하실 것이다.

17강

BC 1500 ~ 605년 기간

BC 1500년, 모세가 하나님의 소명을 받게 된다. 얼마나 떨렸을까? 소명받아 그분의 사명을 감당했던 모든 신앙인들은 그 첫 설렘을 잊지 못한다. 왜냐하면 보잘것없는 나를 사용해주셨기 때문이다.

모세가 소명받기 수백 년 전, 야곱의 아들인 요셉은 형제들에게 팔려 애굽으로 들어갔다. 요셉은 하나님의 함께하심과 동행하심으로 때가 되매 이집트의 총리에 오르게 된다. 과정의 아픔은 더 이상 언급하지 않겠다. 그의 나이 30세에 당대 최강국인 이집트의 총리가 된 것이다. 노예로 팔려왔던 가련한 소년이었던 점을 생각하면 그야말로 극적인 대반전이다. 신실하시고 다이내믹한 하나님이 느껴진다.

바로의 꿈에 대한 요셉의 해몽대로 기근은 이집트를 포함해 팔레스타인 땅을 뒤덮었다. 이로 인해 야곱의 가족은 이집트로 이주하게 된다. 이 과정에서 야곱은 죽은 줄 알았던 요셉을 만난다. 형들과 요셉의 화해도 이루어진다.

이후 야곱의 후손들은 이집트의 고센 지역 라암셋에서 살며 자손을 낳고 또 낳았다. 그렇게 430년이 흘렀다. 인구가 많아지자 애굽인들은 이들을 부담스럽게 여기기 시작했다. 이스라엘 백성의 힘이 커질 것을 우려한 애굽인들은 그들을 학대하고 감독들을 세워 노예로 부려먹기 시작했다.

이와 같은 배경 속에서 모세가 등장하는데, 처음 순간부터 순탄하지 않았다. 모세 출생 당시 바로 왕의 명령이 있었던 것이다. 그것은 위기였다. 가만히 보면 하나님 편에서의 섭리는 근사해 보이나 인간 편에서는 맞닥뜨려야 하는 그 상황과 환경이 만만치 않은 경우가 대부분이다.

출애굽기 2장 15-16, 22절에 의하면 당시 애굽 왕 바로는 히브리 남아가 출생하면 모조리 죽이라는 명령을 내렸다. 그것은 지도자를 주시마 약속했던 언약이 사라지는 것과 다름없었다. 그러나 하나님의 섭리는 역사의 모든 것들을 사용해서라도 당신의 경륜을 이루시고야 만다.

출애굽기 3장은 하나님의 산 호렙에서 모세를 만나주시는 장면을 다루고 있다. 나의 기억에 오래 남은 것 중 하나다. 당시 80세 된 모세를 산으로 부르셨고 여호와의 사자는 떨기나무 불꽃 가운데 나타났다. 불꽃은 점점 더 심해졌다. 그러나 나무는 전혀 타지 않았다.

"모세야 모세야"라며 두 번이나 연거푸 부르셨다. 발에서 신을 벗으라고도 하셨다. 모세의 편에서는 어질어질할 정도의 상황이었고 평생 잊지 못할 광경이었을 것이다. 이 모든 것은 무엇을 의미할까?

탁탁 튀며 맹렬하게 불이 타들어가는 소리는 모세를 두려움에 떨게 했을 것 같다. 금방이라도 나무는 새까맣게 재로 변할 것만 같고 불꽃은 이내 곧 스러지고 말듯 보였을 것이다. 그러나 시간이 흘러도 불꽃은 여전히 활활 타올랐고 나무는 전혀 타지 않았다.

이 장면에 대한 나의 묵상을 나누겠다. 내게 다가온 하잘것없는 떨기나무는 노예 된 이스라엘 백성의 모습으로 보였다. 동시에 별 볼 일 없는 나의 모습이었다. 불이 타는 것은 당시 불같은 애굽 압제 하에서 신음하는 백성들의 뜨거운 고통이자 목마름이다. 불꽃이 사라지지 않은 것은, 자연법칙에 의해 나무가 타는 것이 아니라 직접 하나님이 하셨다는 것을 보여준 것이다.

신을 벗으라는 것은 죄에 대한 철저한 회개와 더불어 이제 너는 나의 종이라는 것을 깨우쳐준 것이다. 이제 종된 너는 '네 마음대로 하지 말라, 네 마음대로 돌아다니지 말라'는 의미이다. 결국 이를 통해 하나님은 모세와의 관계 설정을 하신 것이다. 신을 벗는 것에 대한 동일한 의미를 여호수아 5장 15절에도 보여주셨다.

그렇다면 왜 모세를 두 번이나 연거푸 부르셨을까?

하나님은 성경의 여러 부분에서 당신의 사람들의 이름을 두 번 반복해서 부르는 것을 볼 수 있다. 모세를 두 번이나 연거푸 부르신 것은 앞으로 하고자 하는 계획에 대한 하나님의 마음을 나타낸다. 하나님은 역사의 고비마다 사람을 사용하셨다. 그때마다 두 번씩 연거푸 부르시며 당신 마음의 굳은 작정과 속 타는 급함을 나타내셨다.

창세기 22장의 모리아 산에서 "아브라함아 아브라함아" 하시며 다급하게 부르신 긴박했던 장면은 잊을 수 없다.

창세기 46장에는 야곱이 가족들을 이끌고 애굽으로 내려가는데 밤에 이상 중에 나타나셨다. 그리고는 "야곱아 야곱아"라시며 "나는 네 하나님이다. 너와 함께 나도 애굽으로 내려갈 것이다. 애굽으로 내려가기를 두려워 말라. 훗날 큰 민족을 이루어 다시 올라올 것이다"고 말씀하셨다.

사무엘상 3장에는 "사무엘아 사무엘아"라고 두 번 부르셔서 당시 대제사장이던 엘리 집안의 죄악을 통탄하시며 영영히 심판하겠다고 하셨다.

사도행전 9장 4절에는 다메섹으로 예수 믿는 자들을 처단하러 가던 사울에게 "사울아 사울아"라며 두 번 부르셨다. 그리고는 사울에게 당신의 부활을 보여주셨다. 하나님의 전능하심은 그동안의 잘못된 복음에 대해 비록 짧은 시간이지만 사울에게 올바로 가르쳐주셨다. 당연히 하나님의 편에서는 시간의 길고 짧음은 의미가 없다. 그런 후 복음의 일꾼으로 파송하셨고 바울이 된 사울은 다메섹에서 복음을 힘 있게 전하게 된다.

이 모든 것을 이어보면 역사의 시간 속에서 정확하게 행하시는 하나님의 경륜을 보게 된다.

이스라엘 백성은 하나님께서 조상들에게 했던 아담언약, 노아언약, 아브라함언약을 굳게 붙잡았다. 애굽의 압제가 심해지자 그 약속을 믿고 하나님께 부르짖었던 것이다. 그 응답으로 모세는 이스라엘의 구원자로 부름받고 하나님께 쓰임을 받은 것이다. 출애굽 사건은 구원사의 놀라운 장면이자 하나님의 열심을 보여주신 것이다.

한편 모세를 필두로 출애굽 한 이스라엘 백성은 40년간 혹독한 광야훈련을 거친다. 후에 여호수아의 인도로 약속의 땅 가나안으로 들어간다. 무혈입성일 줄 알았는데 이미 다른 족속들이 살고 있었다. 그들은 창세기 9장 25-27절에 노아의 족장 선언을 통해 형제들의 종이 될 것이라고 했던 가나안 족속들이었다(행 13:19). 형제들의 종 된 가나안 족들은 실제로 그 땅에 먼저 들어갔다. 그리고는 척박한 땅을 개간하는 종의 역할을 충실히 했다. 이는 정확하게 노아의 족장 선언이 이루어진 것이다.

노아의 족장 선언은, 가나안은 그의 형제 셈 및 야벳 족속의 종이 되리라는 것이었다. 훗날 가나안에 들어간 셈과 야벳 족속은 그 선언의 성취에 따라 그들이 개간한 그 땅을 주인처럼 사용했던 것이다.

요단 강 동편에서 모세가 죽자 여호수아를 지도자로 한 이스라엘 백성은 요단 강을 건너 약속의 땅 가나안으로 들어갔다. 가사, 가드, 아스돗을 제외하고 약속받은 땅을 거의 모두 취하게 된다(수 11:21-23). 문제는 극히 일부분이지만 가나안 땅을 약간이나마 정복하지 않고 남겨둔 것이다. 이것은 하나님의 명령을 순전하게 복종한 것이 아니었다. 결국 남겨둔 그 땅은 역사의 고비마다 이스라엘 백성의 눈엣가시와 등의 채찍이 되었다.

세월이 흘러 여호수아가 죽었다. 그리고 뒤이어 사사들이 약 300여 년간 이스라엘을 이끌어간다. 흔히 영적 암흑기로 묘사되는 사사 시대이다. 사사기 21장 25절은 "그때에 이스라엘에 왕이 없으므로 사람이 각각 그 소견에 옳은 대로 행하였더라"고 했다. 사사 시대는 하나님을 무시하고 자기 마음대로(왕이신 하나님의 주권을 무시하고) 살며 자기만을 위해(이기적으로) 살았던 시대였다.

하나님은 이스라엘 백성이 가나안에 들어가게 되면 그 주변국들처럼 왕을 요구할 것을[176] 아셨다. 그리하여 신명기 17장 15절에 미리 왕이 될 자의 조건을 말씀하셨다. 17장 16-19절에는 왕이 금해야 할 것들과 해야 할 일들도 말씀하셨다. 하나님만이 왕이심에도 불구하고 인간 왕을 찾는 그들을 보며 '분노적 허용(호 13장 10-11절)'을 하신 것이다.

사사 시대와 단일(통일) 왕국을 잇는 구약성경이 바로 룻기와 사무엘상이다. 특히 사무엘상은 사사 시대가 배경인데 엘리에서 사무엘 그리고 이스라엘의 초대 왕 사울의 죽음까지를 담고 있다. 사울 왕국과 다윗 왕국에 대한 하나님의 마음은 사도행전 13장 17-22절의 "그 사울을 폐하시고 당신의 마음에 합한 다윗을 왕으로 세우시며 당신의 뜻을 다 이루게 하리라"고 하신 말씀에서 잘 알 수 있다.

룻기는 자칫 마라(괴로움)가 될 번했던 나오미와 그의 며느리인 이

176) 사무엘상 8장 5절, 19-22절, 신명기 17장 14-20절을 살펴보라.

방 여인 룻과 훗날 그녀의 남편이 된 보아스를 통해 계승되는 단일 왕국의 2대 왕 다윗의 족보(룻 4:18-22)를 보여주고 있다. 약 BC 1000년경 가나안의 사사 시대와 단일왕국 시대의 가교가 연결된 것이다. 그나마 단일 왕국도 잠시 BC 931년이 되자 이스라엘은 남과 북의 두 나라로 분열되고 만다. 이른바 단일(통일) 왕국의 종말이다.

하나님의 시야에서 밀려난 사울 왕은 논외로 두고 다윗 왕을 살펴보자. 약 BC 1000년경에 시작된 하나님의 마음에 합한 다윗 왕국은 단일 왕국이자 통일 왕국이었다. 사무엘하 1장에서 24장까지는 다윗 왕국의 다사다난한 이야기가 나온다. 극악무도한 죄를 지었으나 철저한 회개를 통해 용서받은 다윗은 하나님 앞에서 오히려 의인으로 인정받았다.

열왕기상 1장은 "다윗은 나이 많아 늙으니 이불을 덮어도 따뜻하지 않았다"고 되어 있다. 2장에는 결국 다윗도 죽어 열조에게로 돌아가게 된다. 다윗과 마찬가지로 그 뒤를 이은 솔로몬도 40년간 이스라엘을 다스렸다. 솔로몬은 분열 왕국의 단초를 제공한 3대 왕이다. 솔로몬은 우리가 흔히 알고 있던 지혜의 왕은 아니었던 듯하다. 조금 디테일하게 이야기해보자.

열왕기상 2장에는 죽음이 임박하게 된 다윗의 유언 이야기가 나온다. 그리고 왕이 된 솔로몬은 표면적으로 보기에 잔인해 보이는 숙청작업을 하나씩 마무리해나간다. 그 이후 2장 46절에 이르러야 "이에 솔로몬의 나라가 견고하여지니라"고 했다.

3장이 되자 가장 먼저 당대 최강국이었던 애굽 왕 바로의 딸과

정략결혼을 한다. 당시의 결혼풍습을 볼 때 이는 이집트의 통치제도나 그들의 신을 받아들이는 행위였다. 지혜의 대명사 솔로몬의 명성이 약간 헷갈리는 부분이다. 왜냐하면 하나님의 지혜는 잔꾀나 잔머리가 아니기 때문이다.
열왕기상 3장 9절은 지혜를 가리켜 '잘 듣는 마음'이라고 했다. 결국 지혜란 자신의 명석함이 아니다. 하나님의 음성을 잘 듣고 순종하는 것이 지혜이다. 그러므로 하나님이 주신 지혜는 히브리어로 레브 쇼메아(לֵב שֹׁמֵעַ, 잘 듣는 마음, an understanding heart)라고 한다.

왕권 확립 후 솔로몬은 일천번제(왕상 3:4)를 드린다. 일천 마리의 희생제물을(대하1:6) 드렸다는 것이다. 이후 솔로몬의 지혜는 창기 두 계집의 아들 판결 사건에 처음으로 나타났다. 당시 친모로 말하면, 아들이 바뀌었을 때 가슴이 철렁 내려앉아 한 번 죽음을 경험했던 터였다. 그런데 지혜의 왕이라는 솔로몬에게 갔더니 칼을 가져와 반으로 공평하게 나누라는 소리를 듣게 된다. 정신이 아득해진 친모는 그 아이를 진정 사랑함으로 양보해야만 했을 때 또 다시 죽음을 맛보아야 했다. 결국 생모는 두 번이나 죽음을 맛본 것이다. 물론 바른 판결을 통해 아기를 찾아준 것은 귀한 일이었다. 그러나 그 과정을 가만히 살펴보면 하나님의 지혜와 사람의 지혜는 큰 차이가 있음을 알 수 있다.

사람의 지혜는 죽음을 경험하게 한다. 반면에 하나님의 지혜는 시작부터 끝까지 모든 사람을 살린다. 그리스도는 우리를 살리고 자신을 죽이셨다. 고린도전서 1장 24절은 그 하나님의 지혜가 바로 그리스도라고 말씀하셨다.

하나님의 지혜인 듯 보였던 솔로몬의 지혜는 살아 있는 아이를 칼로 죽여 나누라는 것이었다. 이는 당시 이집트 신화에 나오는 진리와 지혜의 신인 마아트(Maat)의 세상적 지혜에 불과했다. 결국 솔로몬의 지혜는 세상적 지혜였던 듯하다. 논란이 되는 구절이 열왕기상 3장 28절에 있기는 하다. 왜냐하면 "이는 하나님의 지혜가 저의 속에 있어 판결함을 봄이더라"고 기록되어 있기 때문이다. 그러나 이는 사실(fact)이라기보다는 문예적 표현이자 희화화한 것이라 생각된다.

4장에 이르면 왕국의 조직은 점점 더 제대로 모습을 갖추어간다. 그런데 가만히 보면 거의 모두가 당대의 애굽을 흉내 내고 있을 뿐이다. 결국 하나님의 방식으로부터 멀어져 감을 보여주는 것이다. 게다가 흥청망청 낭비하듯 사용하는 음식물과 사치품들을 보면 적어도 하나님이 원하는 삶의 모습은 아닌 듯하다.

8장에는 자기중심적 사고방식에 갇힌 언어와 행동들이 자주 눈에 띈다. '나~ 혹은 내가~'라는 단어가 쉽게 보인다. 더하여 숫자나 크기, 규모 등에 관한 디테일이 너무 많다(3:4, 4:22-26, 8:5, 63-65 등).

열왕기상 11장에 이르면 결정적으로 신명기적 율법과는 반대로 가버린다. 왕 된 자는 병마를 많이 두지 말고 아내를 많이 두지 말고 재물을 많이 쌓지 말라고 했건만. 10장 26-27절과 11장 3절을 보면 정확하게 신명기 17장 14-17절의 말씀을 거역한 것이다.

상기의 사실로 보아 솔로몬은 하나님의 마음에 합하지 않았던 듯 보인다. 더구나 하나님의 지혜도 아니었던 듯하다. 솔로몬의 경우 그의 말년만이 곁길이 아니다. 오히려 처음부터 솔로몬은 문제가 있었다. 그 이름에서 유래된 살롬도 솔로몬 통치 하의 백성들에게서는 전혀 없었다(왕상 12:4). 그 결과 솔로몬의 아들 대에 이르러는 통일 왕국이 둘로 나뉘어져 버렸다. 이런 사실을 보면 '솔로몬의 지혜'라는 명성에 고개가 갸웃거려진다.

BC 931년경 그 아들 르호보암 대에 이르러 결국 통일 왕국이 둘로 나뉘고, BC 722년이 되자 19명의 악한 왕이 통치하던 12지파 중 10지파로 구성된 북이스라엘은 앗수르에게 멸망당했다. 반면에 2지파인 남유다는 르호보암을 시작으로 19명의 왕이 더 있었는데 이중 8명은 선한 왕이었고 4명(3대-아사, 4대-여호사밧, 13대-히스기야, 16대-요시야)은 종교개혁을 감행했다. 성경의 흐름을 알려면 2명의 왕, 13대 히스기야와 16대 요시야를 기억하는 것이 도움 된다.

13대 히스기야는 살아생전에 여러모로 하나님의 은혜를 많이 경험했다. 나름대로 하나님 앞에서 바르게 살려고 무던히 노력했다. 더하여 하나님께 나아가 자주 물었다. 이점은 이사야서에서 보여주듯 그 아버지 아하스 왕[177]과는 사뭇 다른 태도이다. 이해할 수 없는 사실 중 하나는 사무엘의 경우처럼 자식 농사에 실패한 것이다. 그를 이어 14대 왕이 된 므낫세는 자그마치 55년 동안[178] 유다를 통치하는데, 악하기로는 둘째가라면 서러울 정도였다. 그것도 북이스라엘이 아닌 남유다 왕인데.

---

177) 12대왕이었던 아하스는 하나님께 묻지 않았고 그닥 하나님을 신뢰하지도 않았다. 오히려 눈에 보이는 것에 더 집착했다. 더 나아가 인신공양제사를 드린 남유다 2명(아하스, 므낫세)중 하나였다. 사 7장과 왕하 16장을 읽어보라.

178) 므낫세는 바벨론에 포로로 잡혀갔다가 돌아오게 된다. 그리하여 마지막 6년은 비교적 선하게 살다갔다.

이런 역사적 사실을 볼 때마다 자식교육이야말로 부모들이 하나님께 드리는 '거룩한 산 예배'임을 강하게 느끼게 된다. 성경은 자녀들을 말씀으로 양육하는 일의 중요성을 반복해서 강조하고 있다. 그 중 한 구절이 요엘서 1장 3절이다.

> "너희는 이 일을 너희 자녀에게 고하고 너희 자녀는 자기 자녀에게 고하고 그 자녀는 후시대에 고할 것이니라" _욜 1:3

이는 하나님의 진리의 말씀을 자녀들에게 힘써 전하고 가르치라는 것이다. 더 나아가 대를 이어 후대에까지 지속적으로 신앙 교육을 하라는 명령이다. 만약 이 명령을 따르지 않으면, 어떤 결과가 초래되는 지를 무섭게 경고했다. 결국 신앙 교육의 중요성을 강조하고 있는 것이다. 호세아서 4장 6절을 보라.

> "내 백성이 지식이 없으므로 망하는도다 네가 지식을 버렸으니 나도 너를 버려 내 제사장이 되지 못하게 할 것이요 네가 네 하나님의 율법을 잊었으니 나도 네 자녀들을 잊어버리리라" _호 4:6

그리스도인으로서 부모 된 자는 이런 성경말씀에 민감해야 한다. 만약 세상의 대세에 밀려 신앙 교육을 게을리한다면 자녀들은 세상의 흐름에 떠밀려 거짓 복음, 가짜 진리, 세속화라는 큰 강물 속으로 수장될 것이다. 종국적으로 그들은 하나님을 떠나는 세대가 되어버릴 것이다. 사사기 2장 7절과 10-14절의 말씀은 이 사실을 분명하게 말해주고 있다.

"백성이 여호수아의 사는 날 동안과 여호수아 뒤에 생존한 장로들 곧 여호와께서 이스라엘을 위하여 행하신 모든 큰일을 본 자의 사는 날 동안에 여호와를 섬겼더라" _삿 2:7

"그 세대 사람도 다 그 열조에게로 돌아갔고 그 후에 일어난 다른 세대는 여호와를 알지 못하며 여호와께서 이스라엘을 위하여 행하신 일도 알지 못하였더라 이스라엘 자손이 여호와의 목전에 악을 행하여 바알들을 섬기며 … 여호와를 진노하시게 하였으되 곧 그들이 여호와를 버리고 바알과 아스다롯을 섬겼으므로 여호와께서 이스라엘에게 진노하사" _삿 2:10-14

18강 BC 605 ~ 4년 기간

므낫세에 이어 15대 왕이 된 아몬은 역사의 주관자이신 하나님의 준엄한 섭리를 할아버지와 아버지를 통해 보며 자랐다. "흉보면서 닮는다"고 했던가? 아몬은 할아버지 히스기야의 길과는 달리 그 아비의 악한 행실을 그대로 답습하고야 말았다. 타산지석을 무시한 채 살아가던 아몬은 결국 즉위 2년 만에 심복들에게 독살당하게 된다.

이후 요시야는 8살이라는 어린 나이에 유다의 16대 왕이 되었다. 다행히도 요시야 곁에는 삼촌인 스바냐 선지자, 친구인 예레미야 선지자, 대제사장 힐기야와 서기관 사반 등 귀한 동역자들이 있었다. 그는 31년을 치리하며 여호와 보시기에 정직히 행하였고 다윗의 모범을 따라 좌우로 치우치지 않았다고 성경은 기록하고 있다(왕하 22:2).

요시야에게는 네 아들이 있었다. 17대 왕으로는 요시야의 넷째 아들인 여호아하스(살룸)가 나라를 다스렸는데, 여호와 보시기에 악을 행하다가 애굽의 바로 느고에게 포로로 잡혀갔다가 죽게 된다. 그는 겨우 석 달을 치리하였다. 18대 왕이 된 요시야의 둘째 아들 여호야김[179)]은 11년 동안 나라를 다스렸다. 정확한 이유는 알 수 없으나 요시야 왕의 사후, 왕위 순서가 뒤바뀐 사실을 알게 된 애굽 왕이 넷째 아들 여호아하스(17대 왕)를 폐하고 둘째 아들 엘리야김을 18대 왕으로 삼았던 것이다. 그러나 이번에는 유다 왕의 친 애굽 정책에 불만을 품은 바벨론 왕 느부갓네살이 쳐들어와 백성을 포로로 잡아가게 되는데, 이때 다니엘과 그의 세 친구가 포로로 잡혀가며 1차 포로생활(BC 605년)이 시작된다.

19대 왕으로는 여호야김의 아들인 여호야긴이 뒤를 이었는데 그 또한 겨우 석 달을 치리하였다. 역시 바벨론이 쳐들어와 2차 포로로 용사들과 함께 유능한 기술자들을 끌고 가면서(왕하 24:14), 에스겔도 함께 잡아간다. 바벨론 왕은 여호야긴도 포로로 데려가는데 대신 그의 삼촌인 맛다니야를 시드기야로 개명하여 20대 왕으로 세웠다. 그는 11년을 치리하게 된다.[180)]

---

179) 여호야김은 애굽의 바로느고에 의해 개명당한 엘리야김이다. 그 이름의 뜻은 '여호와께서 세우신다'이다. 이는 마치 애굽의 바로느고가 스스로를 야훼 신이라고 조롱하며 모독한 것과 같다.

180) 이스라엘 왕조의 역사를 가만히 보면 반복되는 숫자가 있어 흥미롭다. 17대와 19

시드기야를 끝으로 남유다는 BC 586년에 바벨론에 의해 완전히 망한다. 본격적인 남유다의 포로생활(BC 605년 1차, 597년 2차, 586년 3차)이 시작되었다.

이때 솔로몬 성전 또한 처절하게 파괴되는 수모를 겪었다. 돌 위에 돌 하나도 남지 않게 된다. 당시 솔로몬 성전은 벽을 쌓을 때 돌과 돌 사이에 금을 넣었다. 이 금을 얻기 위해 갈대아인들이 돌 위에 돌 하나도 남기지 않고 허물어버렸다고 전해진다.

한편 바벨론은 남유다가 완전히 망한 BC 586년 이후 유대 땅에 남게 된 백성을 서기관 사반의 손자 아히감의 아들이었던 그달리야에게 관할하게 했다. 그러나 그는 곧 암몬 왕의 사주를 받은 왕족 이스마엘의 손에 죽게 된다(왕하 25:25). 그 후 이스마엘은 자기의 행위에 대한 바벨론 왕의 보복이 두려워 자기를 따랐던 사람들과 함께 애굽으로 도망가게 되고, 예루살렘은 남겨진 유대인들에 의해 겨우 겨우 명맥을 유지하게 된다.

70여 년의 세월이 흐르자 하나님은 이스라엘(남유다)을 기억하셔서 바벨론에서 노예생활 하던 백성을 귀환시킨다.

바벨론 포로생활(렘 26:11, 29:10)은 생각보다 힘들고 길었다. 일제치하 36년[181)]을 생각해보면 얼마나 끔찍한 세월이었을지 짐작된다.

대 왕은 여호와 보시기에 악을 행하여 겨우 3개월을 치리하였는가 하면 18대와 20대 왕은 시원찮았으나 여호와의 진노하심이 이를 때까지 11년을 치리하였다. 또한 3차에 걸쳐 포로생활이 시작되었고 3차에 걸쳐 포로 귀환이 있었다. 흥미로운 숫자의 나열이다.

181) 1910년 8월 29일 경술국치일 이후 1945년 8월 15일 광복까지 총 34년 11개월 18일.

지배국의 나라에서 포로로 사는 것은 아무리 잘 적응한다고 해도 고단한 삶이다. 그렇게 고달픈 세월이 하루하루 쌓여가자 이스라엘 백성은 점점 더 자신들의 정체성(original design or who they are)을 잊어버렸다. 심지어 바벨론에 부역하여 이득을 보려는 무리들도 있었다. 이런 상황이 뒤엉키자 더욱더 자기 정체성을 놓아버렸을지도 모르겠다.
세월이 흘러 하나님의 약속의 시간이 다가오자 역사의 주관자이신 하나님은 바사(Persia) 왕 고레스를 들어쓰셨다(대하 36:22).

고레스는 이미 그 당시로부터 150여 년 전 이사야를 통해서 미리 이스라엘의 포로 귀환을 위해 사용되리라 예언되었던 왕이다(사 45:1). 하나님께서는 포로생활(BC 605년) 70년이 지나면 바벨론으로부터 포로가 귀환하고, 성전 파괴(BC 586년) 70년이 지나면 성전 재건 및 회복이 있을 것이라는 약속을 주신 바 있다. 결국 고레스 왕 원년(BC 537년)을 기점으로 세 차례에 걸쳐 포로 귀환이 있었다.

그렇게 시작된 포로 귀환에서 1차로 돌아왔던 대표적 인물이 바로 성전 건축을 재개한 정치지도자 스룹바벨과 종교지도자 예수아다. 이들이 예루살렘에 돌아와서 가정 먼저 한 일은 성전을 재건한 것이었다. BC 516년, 당시 나이 80세 정도였던 노 선지자 학개의 도움으로 스룹바벨 성전(스 6:15, 단 9:2)이 재건되었다. 솔로몬 성전과 비교하면 규모가 훨씬 작고 초라했다. 그러나 하나님의 임재를 상징하는 성전에 대한 백성들의 마음을 상상해보면 정말 감격스러웠을 것 같다. 그들은 성전에 임하시는 하나님을 확신했기에 비록 화려함이나 규모는 아쉬우나 마음은 흡족했을 것이다.

1차 귀환 때 바사에서 미처 돌아오지 못했으나 이스라엘의 구원

역사에 귀하게 쓰임받았던 하나님의 사람이 바로 크세르크세스의 왕비였던 에스더와 그의 삼촌 모르드개다. 하나님은 에스더를 왕비 되게 하셨고 모르드개를 바사의 2인자로 삼으셨다. 그 모르드개에 의해 발탁된 인물이 에스라와 느헤미야이다.

2차 포로 귀환은 훨씬 뒤인 BC 458년에 있었는데, 그때 학사 에스라가 돌아왔다. 그는 예루살렘에 돌아와, 하나님의 율법을 가르침으로 백성이 말씀을 삶의 기준과 원칙으로 삼게 했다. 3차 귀환은 BC 444년에 이루어졌으며, 이때 정치지도자 느헤미야가 돌아와 성벽을 재건하게 된다.

징계의 막대기로 바벨론을 사용하신 역사의 주관자 하나님은 이스라엘 백성을 3차례에 걸쳐 포로로 잡혀가게 하셨다. 또한, 동일하게 3차에 걸쳐 귀환이 이루어졌다. 이 모든 것은 하나님의 개입이며 경륜 안에서 이루어진 것임을 대조하여 보여주는 것이다. 성경을 통해 이런 부분을 만날 때마다 하나님의 오묘하심이 절절히 느껴진다. 역사의 변곡점마다 나는 숨겨진 하나님의 섭리를 발견하며 무한한 행복감을 느끼곤 한다.

바벨론 포로 귀환 이후 선지자들은 하나님의 뜻을 여러 방법과 여러 모양(히 1:1)으로 백성들에게 전했다. 하나님을 떠난 그들을 향해 다시 돌아와야 할 것을 줄기차게 외쳤다. 하지만 그들은 끝끝내 하나님의 시선으로부터 고개를 돌렸다.

BC 400-4년 사이의 역사를 신구약 중간기인 하나님의 역사적 침묵기라고 한다. 하나님께서는 선지자 말라기를 통해 이스라엘 백성에게 찬찬히 그들의 패역함을 설명했다. 그들은 정말 고집불통이요 요지부동이었다. 심지어 하나님께 대들기도 했다. 이런 상황 속에서도 말라기 3장 16절에는 '남은 자(remnant)'에 대한 언급이 등장한다. '남은 자' 소위 '하시딤'이라는 구별된 무리들이다. 하시딤은 하시드의 복수로 헤세드에서 파생된 단어이다.

"그때에 여호와를 경외하는 자들이 피차에 말하매 여호와께서 그것을 분명히 들으시고 여호와를 경외하는 자와 그 이름을 존중히 생각하는 자를 위하여 여호와 앞에 있는 기념 책에 기록하셨느니라" _말 3:16

이 말씀에서 여호와를 경외하는 자와 여호와의 이름을 존중히 여기는 자를 가리켜 구별된 무리, 즉 '성도'라고 한다. 히브리어로 하시드[182]인 성도는 그 복수가 하시딤, 곧 거룩한 무리들이다. 신실하신 하나님은 침묵기에 들어가기 전, 택한 자들을 '남은 자(remnant)'로 두셨던 것이다.

한편, 예루살렘은 평화의 도시라는 이름과 달리 역사적으로 많은 피를 묻혀가며 주인이 바뀌었다. 바벨론을 이어 해가 지지 않을 것 같이 기고만장하던 페르시아(BC 539-331)가 약 200년 만에 헬라의

182) 히브리어 헤세드(חסד)는 하나님의 사랑, 긍휼, 인애, 자비를 말한다. 헤세드에서 파생된 단어가 하시드인데 구별(set apart)된 무리, 성도를 가리킨다. 그 하시드의 복수가 하시딤이다.

알렉산더에 의해(아르벨라 전투, BC331년) 역사의 뒤안길로 사라졌다.

헬라(BC 331-143)는 20세에 왕으로 등극했던 알렉산더가 33세라는 젊은 나이에 병사하자(BC 323) 그 휘하의 장군들에 의해 다시 분할 통치되었다. 그 후 끝까지 남은 두 장군에 의해 시리아를 중심으로 한 셀류커스 왕조(Seleucus, BC 198-167)와 이집트를 중심으로 한 프톨레미 왕조(Ptolemy, BC 301-198)로 양분되었다. 후에 프톨레미 왕조는 BC 30년 안토니우스와 클레오파트라가 연합하여 로마의 옥타비아누스와 싸우다 전쟁에서 진 후 역사의 주 무대에서 사라지게 된다.

한편 셀류커스 왕조는 안티오쿠스 에피파네스 4세 때(BC 167) 예루살렘을 정복하여 성전에 제우스 신상을 세울 뿐 아니라 돼지고기를 제단에 올리고 돼지 피를 성전에 뿌리는 만행을 저지른다. 이에 대해 마카비는 3년간 싸움을 벌인다. 그 후 마카비 왕조(BC 166-143)에 이어 하스몬 왕조(BC 142-63)가 이어진다.

이 두 왕조의 성립에 결정적 역할을 했던 무리가 핫시딤이다. 핫시딤은 침묵기 시대의 다사다난했던 그리스(헬라)의 지배를 끝까지 견뎌냈고 이어진 프톨레미 왕조와 셀류커스 왕조의 모진 박해를 잘 버텨냈다. 특히 셀류큐스 왕조의 안티오쿠스 에피파네스 4세는 앞에서 언급했듯 유난한 사람이었다. BC 167년 예루살렘을 정복한 후 많은 핫시딤을 죽였던 인물이다.

당시 대제사장이었던 마타디아스와 그의 다섯 아들은 그들 핫시딤과 함께 목숨 걸고 성전 탈환을 위해 싸웠다. 결국 그의 셋째 아들 유다 마카비에 의해 BC 164년에 성전을 탈환한다. 이를 기념한 것이 하누카 혹은 수전절(요 10:22)이다.

신구약 중간기 동안에 여러 분파들이 등장하는데, 사두개인, 바리새인, 에세네인, 열심당원, 서기관, 헤롯당 등이다.

이중 바리새인과 사두개인은 복음서에 많이 등장한다. 이들은 종교지도자로 기득권을 누리게 되자 첫 마음을 잃어버리고 자신의 지위를 이용해 온갖 불의를 저질렀다. 이런 연유로 바리새인과 사두개인은 세례 요한과 예수님으로부터 많은 질타를 받았다.

역사를 보며 배우는 것은, 죄인인 인간에게 권력과 돈은 탐욕과 결합되어 타락의 늪으로 빠뜨린다는 것이다. 권력과 돈을 현재형 하나님나라 확장에 사용하면 얼마나 아름다울까? 돈이 일만 악의 뿌리는 아니다. 돈을 하나님보다 더 사랑함이 일만 악의 뿌리다. 돈에 대한 바른 자세는 착하고 충성된 청지기다. 그러므로 그리스도인은 말씀 앞에서 수시로 자신을 점검하며 재물과 권력에 대해 착하고 충성된 청지기로 살아가야 할 것이다.

나는 청년사역자로서 면전의식(코람데오, Coram Deo), 즉 하나님 앞에서 다음의 3가지를 충고하고자 한다.

첫째, 죄를 너무 쉽게 짓거나, 습관적으로 반복하는 것에 부담을 가지라. 물론 복음 훼방죄 외에는 어떤 죄를 지어도 하나님의 구원은 취소되지 않는다. 그렇다고 하여 아무 죄나 계속적으로 짓는 것은 그리스도의 복음에 합당하지 않다.

둘째, 원치 않은 죄를 알게 모르게 지었다면 진정으로 회개하라.

회개 후에도 죄는 다시 반복될 수 있다. 그렇더라도 낙심하지는 말라. 그러나 매번 죄와 싸우되 피 흘리기까지 싸워야 함을 기억하라. 죄 짓는 것에 무감각해서는 곤란하다.

셋째, 무감각이 합리화를 거듭하며 이상한 명분을 세우지 말라. 왜냐하면 반복된 죄에 대한 합리화는 신앙과 결합하여 괴물 그리스도인을 만들기 때문이다. 그러다 보면 우리 모두 정체성을 잃은 또 하나의 사두개인과 바리새인이 될 수 있다.

BC 63년이 되자 로마의 폼페이 장군이 예루살렘을 점령하며 스룹바벨 성전을 파괴한다. BC 44년에는 브루투스에 의한 카이사르의 암살이 일어나고 BC 40년 어간에는 이두매(Idumea, 에돔) 출신이었던 헤롯 가문의 유대 지배가 시작된다. 당시 헤롯은 자신을 은근히 무시하던 유대인들의 환심을 사고자 헤롯 성전을 건축한다(BC 20-AD 26년까지 건축, 준공은 AD 63년).

19강

BC 4 ~ 재림 전 기간

BC 4년이 되자 세례 요한이 출생했다. 그 6개월 후에 동정녀 마리아에게서 약속하신 말씀을 따라 여인의 후손으로 예수님이 탄생하셨다. 남성의 후손이 아닌 성령님에 의해 여인의 후손으로 오셨기에 구속주로서 완전하고 충분할 수 있었다. 그런 초림의 예수님은 역사상 유일한 의인이시다.

AD 26년이 되자 예수님은 공생애를 시작하셨다. 이때는 헤롯 성전이 막 완공되던 해였다(BC 20년-AD 26년, AD 63년에 온전히 준공됨). 예수님은 AD 30년 중반에 우리 위해 십자가에서 대속[183]하시기까지 3년여의 공생애를 보내며 제자들을 양육하셨다. 유대 땅을 다니며 천국복음을 전파(Preaching)하시고 하나님의 말씀을 가르치셨다(Teaching). 동시에 병 고침과 죽은 자를 살리는(Healing) 이적을 통해 자신이 구약에서 약속한[184] 바로 그 메시야이며 구세주임을 증거하셨다. 또한 십자가에서 죽은 지 3일 만에 부활하셨고, 40일간 이 땅에 계시다가 500여 성도들이 보는 앞에서 하늘(미래형 하나님나라)로 승천하셨다.

왜 승천하셨을까? 우리를 위해 거처를 예비하러 가셨다.

왜 재림하실까? 우리를 그 나라에 데리고 가기 위해 오신다.

예수님 승천 후 그리스도인을 핍박하고 죽이려던 사람들 가운데 정통 율법학자이자 구약학자인 가말리엘의 수제자 사울이 있다. 그는 개혁 진보를 주장하는 열혈 진보, 힐렐학파의 대표 주자였다. 이미 10대 때 구약과 율법을 터득했다.

그는 AD 5년에 길리기아 다소에서 로마 시민권자인 유복한 유대인 가정에서 태어났다. 어릴 적 예루살렘에 유학했던 듯하다. 바로 가말리엘의 문하로 들어갔다.

사울은 스데반이 돌에 맞아 죽음에 이르도록 이끈 주동자였다. 그는 당시 그리스도인들을 핍박하던 무리들 중 가장 열심이자 최선

---

183) 대속 혹은 구속의 히브리어는 가알(גָּאַל, redeemed)이며 헬라어는 아포류트로시스(redemption, ἀπολύτρωσις)이다.

184) 이를 Messianic Sign(이사야는 BC 735년에 예언하고 있다)이라고 한다. 마 11:5, 눅 7:22, 사 29:18, 35:5, 42:7, 61:1-3을 참고하라.

봉이었다. 사도행전 8장은 그 사실을 잘 말해주고 있다. 그는 유대와 사마리아로 피해간 그리스도인들까지 좇아가 박해했다. 심지어 240km나 떨어진 먼 이방 땅 다메섹까지 박해의 여정을 떠났다. 그런 열혈청년 사울이 다메섹에서 예수님을 만났던 때가 대략 AD 35년으로, 그의 나이 30세 때였다.

열정적인 사울의 성향은 그의 배경을 보면 쉽게 이해할 수 있다. 당시 바리새파 주류에는 두 분파가 있었다. 하나는 보수를 지향하던 샴마이 학파였고 다른 하나는 진보개혁을 표방하던 힐렐 학파였다. 사울은 힐렐 학파에 속했다. 그 학파를 창설한 랍비 힐렐은 대단히 강한 사람이었는데, 사울의 스승인 가말리엘이 힐렐의 손자였다.

어느 시대나 진보개혁을 주장하는 사람들의 열정은 대단하다. 당시 열정 하나로 똘똘 뭉친 사울은 그리스도인들을 박해하러 다메섹으로 향했다. 가던 중 예수님이 그에게 나타났다. 이 놀라운 경험은 사울로 하여금 이전과는 정반대의 삶을 살게 했다. 결국 사울은 예수님이 진정한 하나님임을 알게 되고 예수님을 따르는 제자이며 사도[185]가 되어 순교하는 순간까지(대략 AD 68년경) 하나님의 은혜의 복음을 전하며 모든 그리스도인들의 모델이 되었다.

예수를 핍박하던 자리에서 완전히 돌아서서 충성스런 종이 된

---

185) 사도는 초대교회에 한시적으로 두신 직분이다. 하나님께서는 사도들을 통해 성경을 기록하게 하셨고 아울러 교회를 시작하게 하셨다. 수리아 안디옥에서 사역을 시작한 시기는 대략 AD 45년인 40세 때로 추정한다. 즉 전도사를 막 시작한 때가 40이라는 늦은 나이였다.

사울, 곧 바울은 이방인에게 복음을 전파하는 자신의 사명에 끝까지 충성했다. 그는 아시아와 유럽에 이르기까지 현재형 하나님나라 확장에 일생을 바쳤다. 바울이 이방인에게 보내진 자라면 유대인에게는 베드로, 야고보, 유다, 요한을 비롯한 사도들을 통해 복음이 전해졌다.

나는 신약의 역사서를 4복음서와 사도행전의 5권으로 분류한다. 이를 제대로 공부하려면 성육신하신 예수님과 바울의 생애를 비교하며 그 역사를 따라감이 중요하다.

BC 4년의 예수님과 AD 5년 출생의 바울은 9살 차이였다. 예수님의 공생애 시작은 AD 26년이었고 AD 30년 중반에 우리 위해 죽으시고 부활하시고 열흘 후에 승천하시면서 다시 오마, 재림을 약속하시며 미래형 하나님나라로 가셨다.

예수님의 공생애 시작 때 바울의 나이는 21세였다. 당시 구약학자이자 율법학자였던, 힐렐 학파의 얼굴인 바울에게 유대인 청년 예수의 메시야로서의 커밍아웃은 기가 찼다. 가소로웠을 것이다. 약간 의아하기도 했다. 그러나 구약학자의 매서운 눈으로 예수를 지켜보니 헷갈리게도 예수의 사역 중 치유사역이 메시야닉 사인(Messianic sign, 사25:5–6, 29:19, 42:7, 61:1)과 정확히 일치했다. 영 마뜩잖았으나 지켜볼 수밖에 없었을 것이다.

AD 30년 중반이 되었다. 십자가 처형을 받는 예수를 보았다. 생각보다 맥없이 십자가 나무 위에서 죽는 것이 아닌가? 순간 신명기 율법(신 21:22–23)을 떠올렸다. 그리고는 확신했다.

'가짜였구나.'

오순절이 되어 120여 명이 모인 마가 요한의 다락방에 성령님이 오셨다는 얘기가 들렸다. 그런데 일자무식으로 알았던 베드로가 부르심을 받았다고 했다. 그는 “예수 그리스도의 이름으로 세례를 받고 죄사함을 얻으라 그리하여 성령을 선물로 받으라(행 2:38)”고 외쳤다. 그랬더니 3,000명(행 2:41)이 돌아오고 5,000명(행 4:3)이 돌아오는 것이 아닌가? 시간이 흐르며 믿고 주께로 나오는 사람은 점점 더 많아지기 시작했다(행 5:14). 그리하여 초대교회가 든든히 섰다. 일곱 일꾼을 세우는가 싶더니 그럴듯한 제도까지 정비했다.

바울은 당황했다. ‘예수는 가짜인데.’ 예수는 비록 공생애 때 메시야닉 사인을 보인 것은 사실이나 정확하게 신명기 율법과는 상반됨을 보였었다. 그러므로 예수는 확실히 가짜라고 생각했던 것이다. 그러기에 예수가 부활 승천했다며 거짓말하는 무리들이 곧 해산될 것으로 예상하고 있었다. 대게 교주가 사라지면 추종자들도 사라지기 마련이다. 사도행전 5장 36-37절의 드다와 갈릴리 유다가 그러했다. 그런데 정반대의 현상이 일어나고 있었다. 게다가 바울에게 찬물을 끼얹은 사람이 나타났다.

일곱 일꾼 중 한 사람인 스데반이다. 그는 은혜와 권능이 충만하였고 민간에 큰 기사와 표적을 행했다(행 6:8). 그는 7장에서 그 유명한 설교를 한다. 긴 설교다. 자그마치 52절(행 7:2-53)이다. 그 설교는 바울의 활활 타오르던 가슴에 휘발유를 끼얹었다. 결국 스데반은 그 한 번의 설교 후 순교당한다. 설교가 약간 길기는 했다.

설교를 정리하자면 세 가지로 요약된다.

첫째, 유대인의 국부였던 아브라함은 믿음이 좋아서가 아니라 하나님의 은혜로 믿음의 조상이 되었다고 했다.

둘째, 모세가 율법을 신탁받은 것은 대단하나 그 율법은 죄를 깨닫게 할 뿐이라고 했다. 더 나아가 율법은 십자가 보혈로 죄를 사하신 예수 그리스도에게로 시선을 옮기는 역할, 다시 말하면 메시야이신 예수님이 오셔야 할 당위성을 말하는 몽학선생일 뿐이라고 했다.

셋째, 할례를 자랑할 것이 아니라 그리스도의 은혜로 살아야 하며 할례는 육신에 할 것이 아니라 마음에 하라고 했다.

스데반을 죽인 후에도 바울은 분이 풀리지 않았다. 사도행전 8장에 들어서면 예루살렘에 있는 교회에 큰 핍박을 가한다. 그것도 모자라 핍박을 피해 유대와 사마리아로 흩어져가는 것들을 좇아가며 잔멸하기까지 했다. 분이 풀리지 않자 먼 이방 땅 다메섹까지 좇아갔다. 예루살렘에서 그곳까지는 약 240km였다.

결국 다메섹에 가까이 갔을 때 부활의 예수님을 만나 메시야가 예수님임을 직접 가르침받았다. 그리고 파송을 받게 된다. 그때가 바울의 나이 30세인 AD 35년이다. 즉시로(행 9:20) 3년간(행 9:23) 다메섹에서(AD 38년까지) 복음을 전한다. 그러다가 유대인(행 9:23)과 아레다 왕(고후 11:32-33)의 핍박으로 밤에 광주리를 타고 성을 탈출하여 예루살렘으로 간다. 그곳에서 바나바의 도움으로 사도들과 지내다가(행 9:27) 다시 위협을 받게 되자 고향인 다소(행 9:30)로 갔다.

고향 땅 다소에서는 AD 41년(바울 36세)이 되자 놀라운 경험을 하게 된다. 3층천(고후 12:2)에 이끌려갔다 온 것이다.

다시 AD 45년(바울 40세)이 되자 다소의 동남쪽 39km 지점의 수리아 안디옥 교회에 바나바가 초대 담임목사로 부임한다. 성품 좋은 솔선수범의 지도자 바나바는 친히 다소에 가서 바울을 설득해 안디옥에 데려온다. 지난날 예루살렘에서 졌던 사랑의 빚이 있었기에 바울은 교육전도사로 순순히 동역했을 것이다.

바나바와 바울은 안디옥 교회에서 일 년간 아름답게 동역한다. 그리고는 그 다음해인 AD 46년에서 AD 48년까지 두 사람은 함께 1차 선교여행을 떠난다. 이때 동행했던 마가요한은 밤빌리아에서(행 15:36-37) 중도 포기해버린다. 역사의 주관자 하나님의 섭리와 경륜은 이 사건(마가의 중도포기 사건)으로 인해 2차 선교여행의 또 다른 방향을 설정하신다.

AD 50년이 되자 2차 선교여행(AD 50-52년)을 떠나게 된다. 이때 바나바와 바울은 마가요한 때문에 크게 다툰다. 얼핏 이해가 안 되는 부분이다. 하나님의 섭리는 모든 것에 우리의 이해를 구하지 않는다. 아무튼 한 치 양보 없는 대판 싸움의 결과 바나바는 마가를 데리고 고향 땅인 구브로(행 15:39)에 가버린다. 그곳에서 마가를 찬찬히 교육시켜 훗날 마가복음을 기록하게 했고 바울의 멋진 동역자가 되게 한다.

한편 바울은 바나바 대신 실라(실루아노, 로마시민권자, 행 15:40)와 함께 본격적으로 아시아를 관통하며 서북쪽으로 복음을 전한다. 복음이 잘 전해지자 하나님의 뜻이라고 판단한 그는 무시야(행 16:6-7)에서 성령님의 권고를 '무시'한다.

'무시야에서 성령님을 무시하다니.' (나는 말장난을 보며 성령님의 해학적인 부분을 만끽한다.)

바울은 드로아까지 갔다. 그리고는 동북쪽 비두니아로 가려했다. 그러나 밤에 다시 성령님께서 나타나셨다. 마게도냐 환상(행 16:9)을 보여주셨다. 그제야 바울은 무시야 생각이 떠올랐다. 곧바로 드로아에서 배를 타고 에게 해를 건넜다. 빌립보를 거쳐 데살로니가로, 다시 베뢰아로, 그리고 아덴을 거쳐 고린도에 이른다. 고린도는 항구도시이다. 여기서 브리스길라와 아굴라 부부(행 18:2-3, 22, AD 49-50년 글라우디오칙령 때 로마에서 추방당함)를 만난다. AD 53년이 되자 바울은 3차 선교여행(AD 53-57년)을 떠난다. 에베소를 기점으로 두란노(Tyrannus, 철학자 이름) 서원에서 2년간(행 19:10) 소중한 동역자들을 많이 길러낸다. 그 후 예루살렘에 가고자 하는 뜻을 밝힌다. 가이사랴에 이르러는 빌립의 집에 유숙했다. 이때 빌립의 네 딸과 아가보라는 선지자가 성령님의 말씀을 전하며 예루살렘 행을 만류(행 21:8-11)한다. 그러나 이미 나도 통보를 받았다며(행 20:23) 사도행전 20:24, 21:13절을 외친다.

> "나의 달려갈 길과 주 예수께 받은 사명 곧 하나님의 은혜의 복음 증거하는 일을 마치려 함에는 나의 생명조차 조금도 귀한 것으로 여기지 아니하노라" _행 20:24

> "바울이 대답하되 너희가 어찌하여 울어 내 마음을 상하게 하느냐 나는 주 예수의 이름을 위하여 결박 받을 뿐 아니라 예루살렘에서 죽을 것도 각오하였노라하니" _행 21:13

AD 58-59년에 바울은 가이사랴(행 25:4)에 구금된다. 예루살렘의 재판(행 25:15)에서는 로마의 가이사(행 25:11)에게 정식 재판을 청구한다. 이리하여 바울은 사도행전 27장에 이르면 로마로 압송된다. 배를 타고 가다가 유라굴로(행 27:14)라는 광풍을 만나고 파선하여 멜리데(행 28:1)에 간다. 거기서 성령님의 능력으로 여러 가지 기적을 행하며 예수님의 하나님 되심을 드러낸다.

바울은 AD 61-63년까지 로마에 1차 투옥이 된다. 이때는 로마의 상중하 감옥 중 상옥에 갇히는데, 마치 셋집(행 28:30)에 유하듯 하면서 자유롭게 사람을 만났다. 이때에도 복음을 가르치고 복음만 전했다. 그의 관심은 오로지 복음과 십자가(고전 2:2, 빌 3:7-16)였다. AD 63년에 로마의 1차 감옥에서 석방되는데, 이후 약 3-4년의 시간동안 스페인까지 가서 복음을 전했다고도 하며 혹은 그동안 복음 전했던 곳을 다시 다녔다고도 한다.

AD 67-68년이 되었다. 바울은 2차로 로마의 감옥에 갇혔다. 바울은 AD 67년 어간에 휴양도시 니고볼리(딛 3:12, BC 31년 악티움 해전의 전초기지가 된 성읍)로 간다. 당시는 인생 말년이 되었을 뿐만 아니라 그동안 복음을 전하며 수많은 어려움(고후 11:23-27)을 겪었던 터라 춥고 온 몸이 쑤시고 아팠다. 재충전하러 갔던 그곳에서 바울은 체포가 된다. 당시 로마 황제는 5대 왕 네로였다.

니고볼리(Νικόπολις, victorious city, Nicopolis, a city in Achaia, νῖκος(nn) or νίκη(nf) + πόλις)

니고볼리는 '승리의 도시'라는 의미이다. 니고볼리(Νικόπολις)는 니코스(νῖκος) 혹은 니케(νίκη)와 폴리스(πόλις)라는 헬라어 두 단어의 합성어이다. 니케는 승리라는 뜻이다. 나이키 운동화의 이름은 여기에서 따온 것이다. 폴리스는 도시라는 의미이다.

평생 죽음을 불사하고 그렇게 멋지게 사역을 감당했던 바울이 맥없이 체포되다니. 그것도 승리의 도시에서.

나는 처음에 이 부분을 이해할 수가 없었다. 점점 속이 상하기 시작했다. 그러다가 성령님의 세미한 속삭임에 무릎을 꿇고 말았다. 말년의 바울을 데려가시려는 하나님의 따스함을 느꼈기 때문이다.

죽음은 미지의 세계이기에 두렵기는 하나 우리에게는 끝이 아니라 새로운 시작이다. 이 땅에서의 고통과 고생을 마감해주시는 하나님의 부르심이기에 그의 체포는 영적으로 보면 승리였다.

결국 AD 67년에 로마 감옥에 2차로 투옥되었다. 그것도 하옥에. 오죽 추웠으면 드로아 가보의 집에 둔 겉옷(딤후 4:13)을 가지고 오라고 했을까.

그 다음해인 AD 68년, 바울은 63세에 순교라는 아름다운 죽음을 통해 하늘나라로 불려갔다.

역사적 사실을 통해 성경을 선명하게 이해하려면 6명의 로마 황제[186]를 알아야 한다. 1대에서 5대까지와 11대 황제[187]이다.

로마의 5대 황제 네로는 AD 54년에 등극하는데, 그는 기독교 역

---

186) 아우구스투스(Augustus, 위엄 있는, 존귀한)는 황제들의 칭호이다. 율리우스 카이사르의 성을 5대 황제까지 세습하였다. 그래서 황제를 부를 때 카이사르(Kaesar)라고도 했다. 그러므로 아우구스투스와 카이사르라는 호칭이 결합되어야 진정한 황제이다.

187) 1대-아우구스투스(옥타비아누스), 2대-티베리우스, 3대-칼리굴라, 4대-클라우디우스, 5대-네로, 11대-도미티아누스.

사에서 가장 못된 짓을 했던 인물이다. AD 64년에는 그 악랄한 '로마 대화재 사건'(7월 19일)을 일으키고, 로마 시민들의 분노가 끓어오르자 기독교인에게 누명을 씌웠다. 당연히 그의 말로는 좋지 못했다. 베드로전서가 바로 로마대화재 1년 전에 쓰인 것이다. 베드로는 고난에 대비할 것과 산 소망이신 예수 그리스도를 통해 주어질 영광을 바라보고 즐거움으로 이겨나갈 것을 말씀하셨다.

AD 66-73년(74년)에는 부패한 로마(총독과 점령군)와 유대인들 간에 1차 유대 전쟁이 일어나는데, 그것은 로마의 잔혹한 범죄행위였다. AD 70년에는 디도 장군에 의해 예루살렘이 함락되었고, AD 73년에는 마지막으로 남아 있던 '맛사다'[188]마저 완전히 점령되며 1차 유대 전쟁은 막을 내린다.

AD 81년에는 11대 황제 도미티아누스가 즉위했는데, 이 황제가 사도 요한을 밧모 섬으로 유배시켰던 인물이다. 논란은 있으나, 대략 AD 130년부터는 전 유대인들에게 강제추방 명령이 내려져 로마 제국 말기까지 계속되었다고 한다. AD 180년이 되자 비록 기독교는 박해를 했으나 세상적으로는 현자라고 일컬어졌던 마르쿠스 아우렐리우스가 사망한다.

AD 313년이 되자 콘스탄티누스 황제에 의해 기독교가 공인되었

188) 시카리(sicari)파가 마지막까지 맛사다에서 버티다가 전멸되었는데, 그들은 성격이 강하기로 유명하였다. 시카리란 '자객들'이라는 뜻으로 옷 속에 단검을 품고 다녔던 자들이다. 그들은 에세네파 4개 분파 중 하나로 열심당(the zealots)이라고 하는데, 셀롯(눅 6:15, 행 1:13) 혹은 가나안인(막 3:18, 마 10:4)으로도 불렸다.

다. 핍박으로 지쳐 있던 기독교인들에게는 한줄기 빛이었다. 그러나 다른 한편으로는 기독교가 박해를 벗어나자 순수함을 잃어버리고 타락의 길로 접어드는 첫 발자국이 되기도 하였다.

AD 325년에는 1차 니케아 공의회가 열렸는데, 부활절과 삼위일체 등이 논의되었다. 니케아 신경을 통해 삼위일체 교리가 채택되었으나 교리 논쟁은 더욱 격화되었다. AD 787년 2차 니케아 공의회가 열렸는데 성화 공경은 우상숭배가 아니라는, 성상 숭배전통이 복원되었다.

AD 395년 데오도시우스 황제 1세가 사망하자 두 아들에 의해 동서 로마로 분리되었다. 서로마는 AD 476년에 망하고 동로마(비잔틴 제국)는 콘스탄티노플을 수도로 삼고 AD 1453년까지 버티다가 오스만투르크에 망하고 말았다.

한편 AD 11C 말에서 13C 말까지(1096-1270, 1272, 1291년 등 다양한 의견)는 일으키지 말았어야 할 십자군 전쟁이 있었고, 14-16C까지는 그 유명한 르네상스운동(문예부흥)이 있었다. 마틴 루터의 종교개혁은 AD 1517년이다.

AD 1912-1913년에는 발칸 전쟁이 일어난다. 이 전쟁으로 인해 오스만투르크 제국(1299-1922)이 유럽에서 축출된다. 1922년에는 오스만 제국이 멸망하면서 근대 터키가 건립된다.

한편 AD 1917년, 영국의 벨푸어에 의해 유대국가 건설이 지지된다. 그 다음해 AD 1918년이 되자 영국에 의해 팔레스타인이 점령되었다. AD 1922년, 영국은 국제연맹으로부터의 위임통치를 승인받게 되고 1948년 5월 14일에 이스라엘의 독립이 이루어졌다.

다시 조금 다른 관점으로 초대교회로부터 지금까지 2000여 년의 전체 파도타기를 시도해보자.

먼저 AD 1-3세기 초대교회에 끼어든 영지주의로 그 흐름을 시작하겠다.

영은 거룩하고 육은 더럽다고 하는 영지주의(Gnosticism)가 1-3세기 어간에 극성을 떨었다. 그들은 예수님의 인성은 부인하고 신성만을 인정하면서(요일 4:2-3) 많은 그리스도인을 미혹시켰다.

이런 영지주의는 한편은, 더러운 육을 깨끗하게 해 보고자 극단적 금욕주의(stoicism or asceticism)로 나갔다. 반면에 다른 부류는 어차피 더러운 육은 당연히 방탕을 일삼는 것이며 육이 더러워야 상대적으로 영이 더 거룩하다는 궤변으로 쾌락주의(hedonism or epicureanism)로 나아갔다.

한편 예수님의 신성은 부정하고 인성만을 인정하면서, 예수를 도덕주의자요 고귀한 윤리적 선생님으로 추앙하는 사람도 생겨났다. 그들은 참으로 무지몽매요 어리석은 자들이었다.

우리 예수님은 신인 양성 완전한 하나님이시다. 역사상 유일하신 의인이셨다. 구원자 예수님만이 성부 하나님의 유일한 기름 부음받은 자로서 그리스도요 메시야이시다. 그러므로 예수님만이 우리의 구원자(Savior)이시요 영원히 우리의 주인(Lordship)이시다.

3-10세기에는 금욕적인 수도원 생활을 통한 개인의 체험이나 자신의 내면을 중시하는 수도원주의((monasticism, monachos, monos-홀로,

고독한, ―)가 나타났다.

뒤이어 11-14세기에는 스콜라주의(scholasticism)를 중심으로 지성의 강세가 계속되었다. 바로 그 전 시대와는 반대로 열정적이고 뜨거운 신앙보다는 신앙의 냉정하고도 이성적인 부분을 강조했다.

그러다가 다시 14-15세기에 오면 개인의 체험을 중시하는 신비주의운동(mysticism)이 대두된다.

가만히 보면 역사 속에서 균형추가 부지런히 양쪽을 오가는 것을 보게 된다. 결국 역사는 계속 반복됨을 알아야 한다. 그러므로 우리는 지난 역사를 잘 살펴 장점을 키워가고 약점을 보완해야 한다. 그렇지 않으면 실수를 반복하게 되고, 반복해서 동일한 고통을 겪게 된다. 그래서 우리는 역사를 배워야 한다.

'역사를 통해 배우지 않으면 반복되는 역사로 인해 고통을 겪게 된다.'

AD 4세기 이후, 성령님께서 허락하신 정확무오한 66권의 말씀이 정경으로 자리잡으며 '오직 말씀'이 가능했다. 정경은 오류가 없는 완전하고도 명료한, 충분한, 권위를 지닌 최종적인 하나님 말씀이다.

문제는 기독교가 그 말씀을 해석하는 바른 잣대인 교리에 무지한 것이다. 초대교회로부터 1,000년이 흘러 11세기가 되자 교리의 미약함으로 삼위일체 논쟁이 벌어졌고 이로 인해 초대교회는 동서 교회로 분리되어버렸다. 예수 그리스도의 십자가 보혈 아래 초대교회는 성령님의 인도하심과 사도들의 순종으로 약 1,000년간 잘 유지되었는데….

삼위를 강조하는 동방교회와 일체를 강조하는 서방교회로 갈라진 후 동방교회는 삼위를 지나치게 강조했다. 결국 삼신론[189](tritheism)으로 빠져들었고 종국적으로는 다신론으로 들어갔다. 대표적으로 아리우스(Arius)의 삼신론이 있다. 삼신론은 세 분 하나님이며 같은 하나님으로 생각한다. 더 나아가 다른 두 신이 한 신에 비해 본질과 등급에 있어 열등하다고 본다. 성부는 영원하나 성자는 그 다음이며 성령은 그보다 더 열등하다고 했다. 그렇기에 당연히 서로의 사역에 충돌이 있게 된다. 또한 삼위 하나님이 동시에 존재하지 않았던 때가 있었고 성부 하나님 외에 두 신이 존재하지 않았던 때가 있었다고 주장하기도 했다. 결국 니케아 종교회의에서 이단으로 정죄되었다. 동방교회에서 나온 기독교가 정교회[190](Orthodox church)와 콥트교회[191](Coptic church)이다.

이에 반하여 서방교회는 일체를 강조했다. 그러다 보니 지나쳐 단일신론에 빠져버렸다. 성부 하나님만이 유일한 신이라는 것이

---

189) 아리우스의 삼신론이 대표적이다. 《교회용어사전 : 교리 및 신앙 》, 가스펠서브, 생명의말씀사.

190) 그리스도교회의 총칭으로 그리스 정교회 혹은 동방 정교회라고 한다. 헬라어 orthos(진리 혹은 올바름)와 doxa(믿음)이 합쳐져 만들어졌다.

191) 그리스도 단성설(Monophysitism) 혹은 단성론을 신봉하는 교회로 알렉산드리아 총주교 관할인 이집트 그리스도교의 일파이다. 단성설이란 그리스도가 신인양성이 완전 결합 혹은 융합하여 단일의 성을 이룬다고 하는 기독론의 학설이다. 칼케돈 공회의(AD 451)에서 신인양성 일인격이라는 양성설을 채택하였다.

다. 단일신론(Monarchianism)은 다시 양자론 혹은 역동적 단일신론[192] (Dynamic Monarchianism)과 사벨리우스주의 혹은 양태론적 단일신론[193] (Modalistic Monarchianism)으로 나뉘어졌다. 결국 유일신론적 배경에서 같은 하나님이 세 가지 모습(양식 혹은 양태)으로 나타난 것이라고 했다. 그렇기에 양태론은 삼위 하나님이 환경에 따라서 다른 방식으로 자신을 표현한다는 것이다. 다시 말하면 '같은 한 하나님의 세 가지 나타남'이라는 것이다. 이런 서방교회에서 나온 기독교가 로마가톨릭교회[194](Roman Catholic Church, RCC)와 프로테스탄트교회[195](Protestant)이다.

나는 아직까지도 삼위일체를 쌈빡하게 설명은 못한다. 그러나 분명한 것은, 삼위일체는 유일신론으로 '다른 하나님이자 동시에 한 분 하나님'이라는 것이다. 다시 말하면, 한 신적 본체(One Substance) 안에 세 인격(Three Persons)을 말한다.

즉 삼위 하나님은 절대 독립성을 가진 다른 하나님이면서 절대

192) 양자론이라고도 한다. 오늘날 유니테리언파의 신념이기도 하다.

193) 양태론(Modalism)은 삼위 양식론으로서 사벨리우스(Sabellius)가 주장하였다. 성자종속설에 이의를 제기하며 성부와 성자는 동일한 분의 다른 이름으로 같은 하나님이라는 것이다. 《교회용어사전 : 교리 및 신앙》, 가스펠서브, 생명의말씀사.

194) 사도 베드로의 후계자로서 교황을 세계교회 최고 지도자로 받들고 있는 그 휘하의 그리스도교의 교파이다. 단순히 가톨릭이라고 할 때에는 동방 정교회를 포함한다. 이들은 최고 지위가 로마 교황이라고 하기에 RCC라고 하는 것이다.

195) 16세기 종교개혁 이후 서방교회에서 RCC와 분리된 신교도를 말한다. 종교개혁운동은 독일의 Martin Luther, 스위스의 Huldrych Zwingli, 프랑스의 Jean Calvin 등에 의해 강력하게 추진되었다. 프로테스탄티즘은 많은 국가로 퍼져나가 성결파, 침례파, 회중파, 퀘이커, 루터파, 메소디스트파, 장로파, 청교도, 개혁파 등의 교회와 유니테리언 학파 등 다양한 종파를 낳았다.

구분되지 않는 한 분 하나님이다. 기능론적 종속성과 존재론적 동질성을 말한다.

그렇기에 삼위는 신적인 능력이나 영광, 본질에서 동등하다. 사역에 있어서 완벽할 뿐더러 충돌이 없다(페리코레시스). 당연히 태초부터 삼위는 함께 계셨고 지금도 함께 계시고 앞으로도 그럴 것이다.

16세기가 되자 종교개혁운동이 일어났다. 반복되는 역사의 소용돌이 속에, 하나님의 때가 되매 인간의 탐욕으로 얼룩진 기독교에 한 줄기 빛을 허락하셨다. 그것은 '다시 말씀으로 돌아가자'는 슬로건 아래 일어난 1517년 10월 31일의 종교개혁운동(the Reformation)이다.

종교개혁운동은 마르틴 루터의 95개조의 의견서[196]에서 시작되었다. 루터의 의견서는 면죄부 판매에 대한 항의서였다. 라틴어로 쓰인 이 반박문은 비텐베르크 성의 교회 문에 붙여졌다. 교회 문은 당시 게시판 역할을 했다. 루터는 면죄부를 비판하며 죄는 돈으로 소멸되는 것이 아니라 회개함으로 용서된다고 했다. 그런 루터의 반박문은 이신칭의를 바탕으로 쓰였고 파렴치한 신성모독에 대한 항의가 주목적이었다. 처음에는 종교개혁의 의도가 아니었다는 것이다. 그러나 하나님은 당신의 뜻을 따라 섭리를 이루어갔다. 결국 작은 불씨를 불길로 변하게 하셨다.

종교개혁에 대한 단견(短見)을 나누고자 한다.

---

196) 《Basic 고교생을 위한 세계사 용어사전》, 강상원, 신원문화사.

종교개혁은 예수님만을 그리스도요 메시야로 믿던 기독교가 복음의 본질을 외면하고 비본질과 세상적 가치에 입각한 윤리적, 도덕적인 행위로 나아가자 그것에 제동을 건 것이다. 종교개혁은 다시 복음과 십자가로 되돌아가자는 운동이다. 그러므로 새로운 것을 내세운 것이 아니다. 본질에서 벗어난 부분은 과감히 벗어버리고 본질로 되돌아가자는 것이다.

우리는 정기적으로 본질을 점검함이 필요하다. 그런 후 복음의 본질에서 멀어져가는 증후가 나타나면 언제든지 제2, 제3의 종교개혁을 일으켜야 할 것이다.

오늘날은
과연, '누가' 제2 종교개혁의 불쏘시개로 쓰일 것인가?

기독교란 예수를 믿는 종교이다. 복음을 진리로 믿는 종교이다. 하나님의 전적 은혜에 힘입어 성령님 허락하신 믿음으로 우리가 예수를 믿어 값 없이 구원 얻게 된 생명 종교이다.

언제부터인가 믿음만으로는 조금 부족하다는 생각이 편만하게 되었다. 게다가 인간의 탐욕이 더해지며 행위가 슬쩍 추가되었다. 행위나 자기 의를 드러내는 것은 율법신앙이다. 이들은 겉으로 보기에는 '깔쌈한' 것이다. 그러나 실상은 쓰레기임을 알아야 한다.

암튼 당시 루터가 종교개혁을 의도했든 아니든 그것은 우리의 관심사가 아니다. 오직 우리의 관심사는, 현 상황이나 흐름에 대해, 루터처럼 아닌 것은 아니라고 하는 것이다. 조그마한 개혁부터 시작하면 그것이 파장을 일으킨다. 이른바 불쏘시개이다. 작은 하나가 모여 큰 것이 된다. 바로 나를 통해서 그 작은 일을 시작하실 성령님을 기대하며 지금 작은 것부터 실천하자.

17-18세기가 되자 이번에는 경건주의(Pietism)[197]운동이 일어났다. 이는 독일의 프로테스탄트교회에서 일어난 강력한 신앙운동으로 살아 있는 신앙운동이었다. 특별히 주관적인 종교적 체험을 귀하게 여겼다. 또한 살아 있는 신앙이 되려면 윤리적인 결실이 필요하다고 했다. 한편 금욕적 색채도 드러났다.

경건주의운동은 기존의 교파나 제도적 교회를 인정했다. 그렇기에 집회나 교회 내 소그룹 활동은 할 수 있었다. 이런 경건주의운동이 오늘날의 에큐메니즘운동을 촉발했다.

한편 정교분리를 촉진하기도 했다. 정교분리는 정치와 종교를 분리하여 '종교는 정치에 간섭하지 말라'는 것이었다. 그러나 역으로 '정치가 종교에 간섭하며 감 놔라 배 놔라 하지 말라'는 것이기도 했다. 그러므로 정치는 특정 종교단체와 유착하지 말아야 한다. 또한 특정 종교인에게 불이익을 주어 불공평한 과세를 하지 말아야한다.

또한 경건주의운동은 주관적 경험을 존중했다. 시대정신과 결합되어 교육을 중시하기도 했다. 계몽주의[198](the Enlightenment)에 대한 교량 역할도 하였다.

---

197) 《종교학대사전》, 편집부, 한국사전연구사.

198) 이성 및 자연의 빛을 다방면에 미치도록 하는 것으로 구습을 타파하고자 18세기 후반 유럽 전역에 일어난 혁신적 사상운동이다.

19-20세기가 되자 이번에는 복음과 말씀보다 윤리적이고 도덕적인 삶을 누리려는 인본적인 자유주의[199]운동(liberalism)이 활발하게 나타났다.

자유주의운동은 각 개인이 고유한 가치를 지니고 있다고 보며 각자의 자유로운 표현과 개개인의 다양한 생각을 중시하였다. 그 자유를 누리기 위해 저항도 했다. 그러나 죄인인 인간은 기준 없이 자유를 누리다 보면 오히려 죄의 길로 치달을 뿐이다. 그렇기에 자유주의는 계몽주의 사상과 함께 완전한 인간, 죄인 됨의 부정 등 점점 더 신본적인 관념을 벗어나 곁길로 나가기 바빴다. 당연히 하나님의 형상으로 지음 받은 개인은 소중하다. 그렇기에 개개인의 인권 및 자유로운 표현과 생각 또한 귀하다. 그러나 진리인 말씀의 기준이 없으면 울타리 밖으로 나가게 되어 있다.

"진리를 알지니 진리가 너희를 자유케 하리라" _요 8:32

"주의 영이 계신 곳에 자유함이 있느니라" _고후 3:17

기준 없이 자유를 표방하는 인간은 자신의 그릇된 결정으로 인해 점점 더 죄의 구렁텅이로 빠져든다. 결국 개인의 자유를 대변하는 자유주의 사조는 개개인들을 신앙으로부터 더 멀리 벗어나게 했다.

---

199) 《개념어사전(통합논술)》, 한림학사, 청서.

더하여 인본주의 교육은 아예 불에 기름을 부어버렸다.

신앙의 기준은 보호막이다. 가이드라인은 우리를 향한 그분의 사랑이다. 그러나 자유주의 사조에 물든 인간은 신앙의 기준을 굴레라고 우기며 복음을 배격했다. 그러다 보니 이 시기에는 상대적으로 복음주의가 많이 위축되었다.

물론 자유주의란 너무 복합적이어서 한 마디로 간단하게 개념을 설명하기는 어렵다. 그러므로 앞서 언급한 것은 복음적 측면에서 설명한 것이다. 결국 자유주의란, 인권은 보편적인 권리이며, 개개인의 개성과 다양성은 존중되어야 한다는 것이다. 그러다 보니 자신의 생각이나 권리가 하나님보다 앞서 버리는 우를 범하게 되었다.

21세기가 되자 이번에는 종교다원주의(religious pluralism)가 극성을 부리고 있다. 이로 인하여 복음주의의 위기가 찾아왔다. 앞서 언급한 자유주의처럼 다원주의도 한 마디로 정의하기 어렵지만, 다원주의는 개개인의 가치관, 이념, 추구하는 목표 등이 서로 다름을 인정하자는 것이다. 그러다보면 개인주의가 두드러지게 된다. 그래서 최고의 가치를 개인의 이익이나 행복에 둔다. 당연히 개인의 가치를 제어하는 모든 것은 부정될 수밖에 없다.

이것이 신앙의 영역으로 뻗치면 절대 진리가 공격을 받게 된다. 그렇기에 종교다원주의는 21세기 기독교의 최대 적이다. 그것은 절대 진리인 복음을 공격한다. 여러 가지 구원에의 길을 제시함으로써 진리를 상대화시킨다.

종교다원주의는 모든 종교를 아우르려 한다. 그러다 보니 걸림돌인 기독교를 배타적이라며 공격한다. 또한 종교다원주의는 신앙의 문제를 문화의 문제로 이해한다. 게다가 다종교 사회에서 일어날 수 있는 종교분쟁을 막고 동시에 서로를 인정함으로써 종교간 화목도 가져올 수 있다고 속삭인다. 무서운 사탄의 속삭임이다.

한편 복음주의(Evangelicalism)는 '예수는 그리스도요 메시야이시다'는 것에 중점을 둔다. 그렇지만 복음주의 안에도 복잡하게 여러 갈래가 나뉘어져 있다.

이신칭의 이신득의를 중시하는 부류가 있다. 성육신과 십자가 및 부활만을 중시하는 부류도 있다. 미래형 하나님나라를 도외시하는 부류도 있다. 성경말씀 자체에만 치우쳐 연구하는 부류도 있다. 성령 체험을 지독하게 강조하는 입장도 있다. 성경의 신학적 탐구보다 실제적인 삶에 관심을 두는 부류도 있다.

나는 구원다원주의 시대를 살아가는 청년들에게 이렇게 권한다. 물타기를 하려는 사탄의 속임수인 교단의 정치화나 지나친 교권주의에 관심을 끄자. 그들을 비판하는데 거품을 물지말고 세월을 아끼자. 때가 너무 악하다.

먼저는 유월절 어린양이신 예수 그리스도의 구원자(Savior)이심을 인정하고 적극적으로 자랑하며 다니자.

둘째, 예수님을 통해 장차 들어가게 될 미래형 하나님나라를 소망하며 구주(Savior) 예수님의 주(Lordship) 되심을 인정하자.

그리하여 지금 여기서(Now & Here), 우리를 향하신 하나님의 뜻이 무엇인지 잘 분별하여, 열심히 알차게 현재를 살아갈 것을 권한다.

* 참고도서

《복음과 하나님의 의(로마서강해1)》, 존 파이퍼, 주지현 역, 좋은씨앗, 2013.
《복음과 하나님의 은혜(로마서강해2)》, 존 파이퍼, 주지현 역, 좋은씨앗, 2013.
《복음과 하나님의 구원(로마서강해3)》, 존 파이퍼, 주지현 역, 좋은씨앗, 2013.
《복음과 하나님의 사랑(로마서강해4)》, 존 파이퍼, 주지현 역, 좋은씨앗, 2013.
《복음과 하나님의 주권(로마서강해5)》, 존 파이퍼, 주지현 역, 좋은씨앗, 2013.
《복음과 하나님의 백성(로마서강해6)》, 존 파이퍼, 주지현 역, 좋은씨앗, 2013.
《복음과 하나님의 나라(로마서강해7)》, 존 파이퍼, 주지현 역, 좋은씨앗, 2013.
《복음과 하나님의 나라》, 그레엄 골즈워디, 김영철 역, 성서유니온, 1988.
《복음과 하나님의 계획》, 그레엄 골즈워디, 김영철 역, 성서유니온, 1994.
《내가 자랑하는 복음》, 마틴 로이드 존스, 강봉재 역, 복있는사람, 2008.
《바이블 키(신약의 키)》, 송영목, 생명의양식, 2015.
《바이블 키(구약의 키)》, 김성수, 생명의양식, 2015.
《최신 구약개론(제2판)》, 트렘퍼 롱맨, 레이몬드 딜러드, 박철현 역, 크리스챤다이제스트, 2009.
《구약탐험》, 찰스 H. 다이어, 유진 H. 메릴, 마영례 역, 디모데, 2001.
《성경배경주석(신약)》, 크레이그 키너, 정옥배 외 역, IVP, 1998.
《성경배경주석(창세기-신명기)》, 존 월튼, 빅터 매튜스, 정옥배 역, IVP, 2000.
《한권으로 읽는 기독교》, 앨리스터 맥그래스, 황을호, 전의우 역, 생명의말씀사, 2017.
《성경해석》, 스코트 듀발, 다니엘 헤이즈, 류호영 역, 성서유니온, 2009.
《성경을 어떻게 읽을 것인가?》, 고든 D 피, 더글라스 스튜어트, 오광만, 박대영 역, 성서유니온, 2014.
《책별로 성경을 어떻게 읽을 것인가?》, 고든 D 피, 더글라스 스튜어트, 길성남 역, 성서유니온, 2016.
《성경파노라마》, 테리 홀, 배응준 역, 규장, 2008.
《넬슨성경개관》, 죠이선교회, 2012.
《이 책을 먹으라》, 유진 피터슨, 양혜원 역, IVP, 2006.
《성경통독(통박사 조병호의)》, 조병호, 통독원, 2004, 2017.
《성경해석학》, 권성수, 총신대학출판부, 1991.
《그랜드 종합주석》, 성서교재간행사(1-16권), 1993.
《현대신학연구》, 박아론, 기독교문서선교회, 1989.
《두란노 HOW주석》, 목회와신학 편집부, 두란노아카데미, 2008.

《요세푸스(1-4권)》, 요세푸스, 김지찬 역, 생명의말씀사, 1987.
《기독교강요(상,중,하)》, 존 칼빈, 김종흡, 신복윤, 이종성, 한철하 공역, 생명의말씀사, 1986.
《프란시스 쉐퍼전집(1), 기독교철학 및 문화관》, 프란시스 쉐퍼, 생명의말씀사, 1994.
《프란시스 쉐퍼전집(2), 기독교 성경관》, 프란시스 쉐퍼, 생명의말씀사, 1994.
《프란시스 쉐퍼전집(3), 기독교 영성관》, 프란시스 쉐퍼, 생명의말씀사, 1994.
《프란시스 쉐퍼전집(4), 기독교 교회관》, 프란시스 쉐퍼, 생명의말씀사, 1994.
《프란시스 쉐퍼전집(5), 기독교 사회관》, 프란시스 쉐퍼, 생명의말씀사, 1994.
《바벨탑에 갇힌 복음》, 행크 해네그래프, 김성웅 역, 새물결플러스, 2010.
《복음의 진수》, 프란시스 쉐퍼, 조계광 역, 생명의 말씀사, 2014.
《요한계시록 신학》, 라챠드 보쿰, 이필찬 역, 한들출판사, 2000.
《첫째는 유대인에게》, 대렐 보크, 미치 글래이저 공동편집, 김진섭 역, 이스트윈드, 2009
《한눈에 보는 성경 조직신학》, 안명준, 성경말씀사관학교, 2014
《게제니우스 히브리어 아람어사전》, 이정의 역, 생명의말씀사, 2007.
《스트롱코드 헬라어사전》, 로고스편찬위원회, 로고스, 2009.
《Biblehub.com》, English - Hebrew / Greek Interlinear Bible, Strong Exhaustive Concordance, NAS Exhaustive Concordance(Nasec), Englishman's Hebrew Concordance, NASB Lexicon, BDB(Brown-Driver-Driggs) Hebrew and Greek Lexicon
《로고스 스트롱코드 히브리어 헬라어사전(개혁개정4판)》, 로고스편찬위원회, 2011.
《핵심 성경히브리어》, 김진섭, 황선우, 크리스챤출판사, 2012.
《핵심 성경히브리어》, 김진섭, 황선우, 크리스챤출판사, 2013.
《직독직해를 위한 히브리어 400 단어장》, 박철현, 솔로몬, 2016.
《직독직해를 위한 헬라어 400 단어장》, 박철현, 솔로몬, 2017.
《성경 히브리어》, Page H. Kelley, 류근상, 허민순 역, 크리스챤출판사, 1998.
《신약성경 헬라어 문법》, S. M. BAUGH, 김경진 역, 크리스챤출판사, 2003.
《Oxford Learner's THESAURUS, A dictionary of synonyms》, OXFORD, 2008.
《아가페성경사전》, 아가페성경사전편찬위원회, 아가페출판사, 1991.
《순례자의 노래》, 스탠리 존스, 김순현 역, 복있는사람, 2007.
《영성을 살다》, 리처드 포스터, 게일 비비, 김명희, 양혜원 역, IVP, 2009.

《하나님나라를 욕망하라》, 제임스 스미스, 박세혁 역, IVP, 2016.
《성령을 아는 지식》, 제임스 패커, 홍종락 역, 홍성사, 2002.
《쉽게 읽는 진정한 기독교》, 윌리엄 윌버포스, 조계광 역, 생명의말씀사, 2001.2009
《세계개혁교회의 신앙고백서, 본문 및 해설》, 이형기, 한국장로교출판사, 1991, 2003.
《복음은 삶을 단순하게 한다》, 이선일, 더메이커, 2018.
《자칫하면 대충 살 뻔 했다》, 이선일, 산지, 2018.
《세계관, 그 개념의 역사》, 데이비드 노글지음/박세혁 옮김, CUP, 2018.
《하나님 나라》, 조지 래드지음/원광연 옮김, CH북스, 2016.
《하나님 나라》, 헤르만 리델보스지음/오광만 옮김, 솔로몬, 2012.
《하나님 나라 복음》, 김세윤, 김회권, 정현구지음, 새물결플러스, 2013.